진안, 가슴으로 담다

진안, 가슴으로 담다

초판 1쇄 펴낸날 2020년 6월 8일
초판 2쇄 펴낸날 2020년 11월 2일

글 이상훈
펴낸이 서경석
편집 김진영, 박고은 | **디자인** 박호준
마케팅 서기원 | **영업, 관리** 서지혜, 이문영

펴낸곳 청어람M&B
출판등록 2009년 4월 8일(제313-2009-68)
주소 경기도 부천시 부일로 483번길 40 서경빌딩 3층 (14640)
전화 032)656-4452
팩스 032)656-4453

ISBN 979-11-86419-63-2 03300

이 도서의 국립중앙도서관 출판예정도서목록(CIP)은 서지정보유통지원시스템
홈페이지(http://seoji.nl.go.kr)와 국가자료공동목록시스템(http://www.nl.go.
kr/kolisnet)에서 이용하실 수 있습니다.(CIP제어번호: CIP2020019736)

진안,
가슴으로
담다

이상훈 칼럼집

청어람 M&B

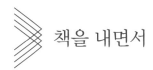

책을 내면서

    1991년 진안고등학교 교사로 발령을 받고 진안에서 생활하기 시작했으니 그 시간이 짧지만은 않다. 진안은 나의 연구와 글쓰기 관심 분야인 민속과 풍수에 관한 공부도 심화시켜 주었다.

    1990년대 중반 용담댐의 건설을 본격화하던 때부터 진안의 수백여 마을을 답사하면서 지역 문화를 발굴하기 시작했다. 그 시기에 《진안의 마을 신앙》,《진안의 마을 유래》,《진안 지역 돌탑》,《진안의 마을 숲》 등에 관련된 연구를 수행하였다. 이 과정에서 진안이 타 지역에 비해 나름 독특한 문화를 가지고 있음을 알게 되었다. 이것은 곧 진안 문화에 대해서 깊은 애정을 갖게 만들어 주었다.

    진안 문화에 대한 관심은 진안 마을을 조사하는 것에서 시작되었다. 진안의 마을을 답사하면서 많은 주민을 만났다. 그들은 마을 문화에 관한 선생님이자 전수자들이었다. 실제로 마을은 끊임없이 샘솟는 우물처럼 마르지 않는 이야기가 펼쳐지는 장이다. 마을은 수백 년의 모듬 살이를 이어온 터라 이야깃거리가 무궁무진하다. 그 이야기는 대를 이어 전승되면서 주민들의 삶 속에 녹아들어 있다. 답사를 하다가 군내 버스가 끊길 때는 마을 회관에서 신세를 지기도 했다. 마을 회관에서 만난 어느 아주머니는 나를 보고 아들 같다며 국수를 삶아 주시기도 하셨다. 소주 한 잔을 권하는 것은 기본이다. 이럴 때 마을 어른들의 호의를 거절하는 것은 예의가 아닐 뿐더러, 마을마다 전승되어 오는 이야기를 듣지 않겠다는 것이나 다름없다. 이런 일은 수없이 반복되었고, 마을을 자주 찾는 필자는 명예 주민이 된 듯한 기분이 들기도 했다.

진안에 관한 관심은 돌탑으로 이어졌다. 진안의 돌탑은 좋은 땅을 만들기 위한 비보 장치이다. 돌탑은 자연과 조화를 이루려는 진안 사람들의 소박한 소망이 담긴 민속 문화유산이다. 진안에서의 돌탑 탐구는 풍수가 의미하는 바를 깨닫게 해 주었다. 요즘은 진안의 마을 숲에 대해서 탐구하고 있다. 마을 숲은 마을의 종합적인 문화유산이자 생태 문화유산이다. 진안은 타 지역에 비해서 내세울 만한 마을 숲이 많다. 진안의 소중한 문화 자산인 마을 숲을 '국가중요농업유산'으로 지정하기 위한 노력도 하였다. 진안의 마을 숲을 보기 위해 외국에서 찾아온 사람들에게 지역의 마을 숲을 소개할 때면 진안에 대해서 자부심 그 이상의 것을 느꼈다.

진안에서 근무하는 교사로서 지역 사회에서 치러지는 다양한 교육 프로그램에도 참여하였다. 뜻을 같이하는 많은 동지들과 함께, 진안 어린이날 큰 잔치, 진안 독서 교실, 학생 신문 제작, 청소년 문화 체험, 청소년 문화 축제, 벽화 그리기 등의 프로그램을 수행하였다. 진안의 교사로서 지금도 지역 유관 단체와 함께 학생들이 행복한 삶을 살 수 있는 방법과 지혜를 찾고 있다. 앞으로도 진안에서 진안을 사랑하는 많은 사람들과 함께 이런 시도를 계속할 것이다.

진안에서의 삶은 참 행복하다. 진안이라는 터전에서 삶을 살아가는 사람, 그리고 진안과 인연을 맺은 사람 모두가 행복했으면 좋겠다. 진안 사람이라면 누구나 진안이라는 삶터가 생기를 얻는 해방구가 되었으면 좋겠다.

나는 꿈을 꾸었다. 우리나라의 대표적인 풍수지리학자인 최창조 선생님과 진안에서 사는 꿈을 꾸었다. 당시 그분은 나에게 소박한 이야기를 해 주셨다. 진안에 거창한 시설을 갖춘 집이 아니라도 마이산이 바라보이는 곳이라면 작은 집이라도 좋다고 하셨다. 그 말씀을 듣는 순간 얼마나 가슴이 뛰었는지 모른다. 그 뜻을 이루지는 못했지만, 최창조 선생님은 언제나 마이산이 있는 진안에서의 삶을 그리워하신다. 진안은 그런 곳이다. 터 잡고 행복하게 살고 싶은 곳이다.

《진안, 가슴으로 담다》는 2014부터 3년 동안 〈e-진안〉 신문에 기고한 100여 편의 글들을 묶은 것이다. 글을 쓰던 당시 상황에서 지역 현안에 대해 나름대로 생각을 정리한 내용들이 많다. 그래서 글이 중복되기도 하고, 일부 내용은 지역 사회에서 실천되기도 하였다. 때론 감정이 지나치게 노출된 내용도 있고, 다듬어지지 않아서 질책을 받아야 할 글도 있다. 이것은 글쓰기 능력이 부족한 필자의 몫이다.

청어람 출판사 서경석 대표님께서 거친 원고를 다듬어 글이 독자에게 편하게 전달될 수 있도록 해 주셨다. 진심으로 감사드린다. 또한, 예쁘게 편집해 주신 청어람 직원 여러분께 깊이 감사드린다.

《진안, 가슴으로 담다》는 〈이진안〉 신문 발행인 최규영 전 진안문화원장의 배려 속에 게재된 글이다. 마음으로 감사드린다. 그리고 우덕희 진안문화원장의 격려가 큰 힘이 되었다.

봄날, 진안에서 편안하고 행복한 삶이 계속되기를 꿈꾸어 본다.

2020년 봄 마령고등학교에서

이상훈

차례

책을 내면서 · 4

I 지역

앞으로 작은 일도 무시하지 않고 최선을 다해야 · 14

다시, 지역이다 · 17

호남의 지붕 진안고원으로 오세요 · 20

버스 단일 요금제 1,300원과 버스 공영제 · 25

진안군의 인구 정책과 기본 소득제 · 28

100년을 준비하는 인구 정책 만들어야 · 32

'진안고원길' 가는 길 · 36

우리 지역 농촌의 미래를 꿈꾼다 · 40

농촌 마을 개발 사업, 이제 새로운 길 모색해야 · 43

마을마다 부군수가 있다 · 46

마을 만들기 사업을 '마을 공동체 사업'이라 부르자 · 49

우리들의 일그러진 마을 사업 · 52

진안군 소식지 《희망진안》 · 56

'농촌 중심지 활성화 사업' 마령면 발전 기회 삼아야 · 60

제비는 언제나 돌아온다 · 63

진안군 새로운 브랜드 슬로건을 고민해 보자 · 67

진안군 사업 난맥상 제대로 점검해야 · 70

진안 진산(鎭山), 부귀산 개발은 신중하게 · 73

마이산 케이블카 설치 공론화 과정을 충실히 해야 · 76

마이산 케이블카 설치 출구 전략이 필요하다 · 80

산은 살아 있는 유기체 · 83

산이 죽으면 인간도 죽을 수밖에 없다 · 86

지방 의원의 품격 · 89

농촌 빈집 활용에 관심을 갖자 · 93

마을 회관 · 96

마을 공동체 핵심 공간, 마을 회관(2) · 99

우리의 두려움과 꿈은? · 102

진안군 암 환자 발생 역학 조사 시급하게 필요하다 · 106

진안이 사라지고 있다 · 109

위험에 노출된 진안, 대책 마련 시급 · 112

한국잡월드(Job World)와 마이산 케이블카 · 115

진안군 라돈 대책 세워야 · 118

마령에서 희망을 보다 · 121

국도 30호선 선형 개선 공사와 지역민의 관심 필요 · 124

II 역사와 사람

민심(民心) · 130

역사 달력 · 133

영화 〈인천상륙작전〉 · 136

진안 평화의 소녀상 건립추진위원회를 제안하며 · 139

촛불 시민혁명과 마이산 케이블카 · 142

2016년 '촛불 시민혁명'으로 국정 역사 교과서를 퇴출하자 · 146

국정 역사 교과서 폐지에 힘 모아야 · 150

역사 교과서 국정화는 역사 왜곡과 미화 · 153

정치인 막말과 정신 장애 · 156

정유년에 촛불 시민혁명을 완성하자 · 159

유권자가 주인이 되자 · 162

보수와 진보, 그리고 대선 · 165

세도 정치와 박근혜-최순실 게이트 · 168

기본 소득과 증세 · 171

막장 정치, 투표로 끝내자 · 174

2017년 대선, 생쥐 나라 이야기 · 177

국민은 정치 학습을 제대로 받고 있다 · 180

그리운 노무현 · 183

밀정과 김원봉 · 186

이재명 의사(義士) · 189

남도 고을에서 본 것 · 193

진안, 정신적인 인물을 발굴하자 · 196

이상향을 꿈꾸는 배넘실마을 · 199

주례 없는 결혼 · 202

맛집의 조건 · 205

쌍용 아파트를 추억하며 · 208

안호영 국회의원 당선자에게 · 211

지진과 정치인 자세 · 214

III 문화

'진안 마이산 축제'를 제안한다 · 218

마이산 풍수박물관을 제안한다 · 221

'축제 발전 위원회'를 구성하여 끝장 토론하자 · 224

중평 초기 청자 요지, 국가사적 지정이 시급하다 · 227

진안 전통 마을 발굴 작업이 필요하다 · 230

진안 팔경(八景) 재지정, 필요하다 · 233

제향(祭享)과 전통문화 · 236

진안문화원 · 239

진안 모정, 문화재로 보존하자 · 242

진안고원, '마령평야 생활사 박물관' · 245

자존심이 상한다 - 《나의 문화유산답사기 2》 진안 관련 글 · 248

세시 풍속은 마을 축제의 보물 · 251

삼굿, 감자삼굿, 길쌈 · 254

버렁·통아리·시치미 · 257

기우제(祈雨祭)의 의미 · 260

거북이 마을로 온 까닭은? · 263

마을 달력 · 266

마을 축제, 연중 실시하는 것이 맞다 · 269

IV 생태와 농업

국제적인 진안 마을 숲 · 274

마을 숲과 국가중요농업유산 · 277

마이산과 마을 숲 · 280

마령에 제비가 왔다 · 283

진안 가로수 잘 관리하자 · 287

진안 숲풀 · 290

골프장, 푸른 사막 · 293

'농촌구전(口傳) 자원'의 활용 방안을 강구하자 · 296

농사지으면 다 같은 농민이다 · 299

대형 원형 볏짚과 토양 산성화 · 302

동향 가는 길 · 305

제초제 사용 자제되어야 · 308

V 교육

새로운 출발 · 312

진안 지역 교육 공동체 운동 · 317

진안중과 진안여중, 진지한 학교 통합 논의가 필요하다 · 321

진안 어린이날 큰 잔치 · 324

진안 청소년 독서 교실 · 327

우리 지역 다양한 역사 탐방 프로그램 · 331

진안 혁신 학교, 혁신 교육 지구 사업이 필요하다 · 334

지역사 교과서 개발이 필요하다 · 337

진안 휴먼 라이브러리를 세우는 사람 · 340

진안군과 진안지원교육청, 파트너십이 필요하다 · 343

추억을 담은 교무 수첩 · 346

학급과 담임 · 349

청소년에게 시를 읽히자 · 352

방학 이야기 · 357

교장 단임제나 선출보직제가 필요한 이유 · 360

장학사와 교장, 교감 수업 · 363

교사로 산다는 것은? · 366

I

지역

앞으로 작은 일도 무시하지 않고 최선을 다해야

6·4 지방 선거가 끝났다. 출마자 모두에게 그동안의 수고에 격려를 표한다. 아울러 지방 선거가 조금이나마 민주주의 초석(礎石)이 되는 씨앗이 되길 진심으로 바란다. 군민에게 심판받은 출마자는 이제 일상으로 돌아와 지난 선거 기간뿐만 아니라 그동안의 삶을 성찰해 볼 일이다. 출마자 모두가 《중용(中庸)》 23장을 진즉에 새겨듣고 실천했더라면 좋은 열매를 맺었을 것이다. 영화 〈역린〉을 통해 접한 《중용》 23장은 다음과 같다.

작은 일도 무시하지 않고 최선을 다해야 한다. 작은 일에도 최선을 다하면 정성스럽게 된다. 정성스럽게 되면 겉에 배어 나오고, 겉에 배어 나오면 겉으로 드러나고, 겉으로 드러나면 이내 밝아지고, 밝아지면 남을 감동시키고, 남을 감동시키면 이내 변하게 되고, 변하면 생육된다. 그러니 오직 세상에서 지극히 정성을 다하는 사람만이 나와 세상을 변하게 할 수 있는 것이다.

영화 속에서 몇 번이나 되풀이된 이 말이 지방 선거에 출마한 후보자들에게 하는 말 같다는 느낌을 받은 것은 필자만이 아니었을 것이다.

적어도 지방 선거에 출마하고자 하는 사람은 평소에 몸가짐을 낮추고 열심히 공부하고 실천하는 자세를 보여야 한다. 평소에 준비하고 때를 기다려야 한다. 그러나 대부분은 선거 때만 나타나 표를 달라고 구걸한다. 애처로울 정도다. 제대로 준비도 안 된 후보들이 나타나 지역을 바꾸겠다고, 지역을 발전시키겠다고 외친다. 그런 후보자는 번번이 실패하고 만다.

'어리석은 사람은 할 수 있는 일은 하지 않고 반대로 할 수 없는 일을 하려고 애쓴다. 그러나 지혜로운 사람은 할 수 없는 일은 하지 않고 자기가 할 수 있는 일만 열심히 한다.' 《증일아함경》에 등장하는 참 지혜로운 말이다. 후보자는 지혜로운 사람이 되어야 한다. 이번 출마자들의 공약을 살펴보면 어리석은 자가 누구이고 지혜로운 자가 누구인지 분별하기 어렵지 않다. 지혜로운 자는 시대정신을 읽고 방향을 제시한다.

지형 스님(청암사승가대 학장)은 '시숙(時熟)'을 들려준다. 시간이 무르익기를 또는 익숙해지기를 기다린다는 뜻이다. 봄에 좋은 꽃을 틔운 나무가 여름 햇살을 지나 가을에야 비로소 건강한 열매를 맺는 것처럼 자연은 자신을 가장 잘 알릴 수 있는 시간을 기다린다. 시간이 익기를 기다려야 열매도 맛볼 수 있기 때문이다. 이어서 스님은 공자 이야기도 들려준다. 공자가 패기만만하게 왕들을 찾아가 자신을 등용해 줄 것을 요청했으나 번번이 내쫓겼다. 지친 공자는 잠결에 은은한 난 향기를 맡았다. 자세히 보니 나비 한 마리가 앉아 있었다. 여기에서 공자는 깨닫는다.

'아, 저 난은 깊은 산중에 가만히 숨어 있어도, 그 향기가 사방에 퍼져 나비가 스스로 찾아오는구나. 하물며 사람의 향기가 난보다 못할까! 나를 알아봐 주지 않는 왕에게 실망하고 탓하기 전에 내게서 향기가 나도록 한다면 사람들이 제 발로 나를 찾아올 것이 아니겠는가!', '남이 나를 알아주지 않음을 탓하지 말고 내가 남을 알지 못함을 먼저 탓하라!' 이렇듯 왕이 자신을 알아주지 않는다고 탓했던 공자는 심산유곡에서 이름 없는 난초를 보며 스스로의 어리석음을 깨닫는 동시에 성인의 길을 발견하게 된다.

'오직 세상에서 지극히 정성을 다하는 사람만이 나와 세상을 변하게 할 수 있다.'

지금부터 준비해 보자. 실천해 보자. 나에게 향기가 풍기도록 말이다.

진안, 가슴으로 담다

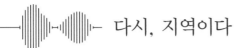# 다시, 지역이다

대선이 끝났다. 김대중, 노무현 정부를 잇는 민주 정부 3기인 문재인 정부가 출범하였다. 촛불 시민의 여망이 담긴 정부가 출범한 것이다. 문재인 정부의 출범은 박근혜−최순실 국정 농단에서 비롯되었지만 오롯이 촛불 시민 혁명에서 찾아야 한다. 이제야 새로운 대한민국을 만들 수 있는 기회를 가지게 된 것이다.

대선 후보마다 제시한 수많은 공약들 중에서 국가와 국민을 위한 공약을 찾아 제대로 실현시켜야 한다. 특히 문재인 정부 출범과 함께 지난 정권의 잘못된 정책을 하루속히 바로 세워야 한다.

가장 시급한 사안은 남북 관계의 회복이라고 생각한다. 지난 김대중, 노무현 정부에서 신뢰 속에 추진됐던 남북 경협을 비롯한 남북 교류가 완전히 단절된 상태이다. 남북 관계의 회복은 현재 북핵 문제부터 주변 열강들에 의해 빚어진 위기 상황까지 일거에 타개해 낼 수 있는 유일한 방안이다. 과거 남북 정상 회담의 경험을 토대로 하여 남북한 정상이 주도적으로 남북 관계를 복원했으면 하는 바람이다. 이 점은 특히 남북한이 주도적으로 돌파해 내야 한다. 문재인 정부는 무엇보다도 남북 관계의 정상화를 토대로 하여 한반도의 긴장 완화는 물론이고 개성 공단과 금강산 관광 재개 등 경제뿐만 아니라 민간 교류 활성화를 기반으로 통일의 로드맵을 만들어야 한다. 남북 경협은 문재인 대통령의 중요한 공약이기도 하다. 문재인 대통령은 공약집에서 남북 경협과 관련해 남북한 시장을 하나로 통합하는 '한반도 신경제지도' 구축 구상과 북한 내 시장 확산을 촉진하는 방향으로 남북 경협을 추진하고, 동해권 에너지·자원 벨트, 서해권 산업·물류·교통 벨트, 동해·DMZ 환경·관광 벨트 조성 등을 추진하겠다고 제시했다. 남북한의 교류는 단순한 교류로 그치는 것이 아니라 불투명한 세계 경제를 돌파해 낼 수 있는 기회가 될 수 있다. 이런 점을 해결할 실마리를 마련하기 위해서는 조속히 남북 정상 회담을 추진할 수 있는 특사단 파견을 검토해야 할 것이다.

다른 하나는 완전한 지방 자치의 실현이다. 문재인 대통령도 연방제에 버금가는 지방 분권 공화국을 추진하겠다고 밝혔다. 지방 분권 실현은 노무현 정부와 맥락을 같이한다. 지방 자치는 민주주의를 실현하는 해방구이다. 인간이 사는 세상에서 가장 이상적인 정치 형태가 완전한 지방 자치이다. 우리나라에서 새롭게 지방 자치가 시작된 때가 20여 년이 훨씬 넘어섰다. 그럼에도 아직 제대로 뿌리를 내리지 못하고 있다. 아니, 오히려 관선만 못하다는 말을 흔히 듣고 있을 뿐만 아니라, 광역만 두고 시·군 단위의 지방 자치는 폐지해야 한다는 여론이 높다. 그러나 지방 분권의 이상을 실현하기 위해 지방 자치는 필수다. 대신 지역민의 의식

진안, 가슴으로 담다

과 출마자의 자질이 높아져야 함은 선결되어야 할 숙제라 하겠다.

흔히 지역민 의식에 의하여 지역 수준이 결정되기도 하지만 출마자의 자질이 한탄스러울 때가 많다. 최근에 접한 이순신 장군의 리더십을 출마자에게 언급하고 싶다. '옳은 것이 강한 것을 이긴다.', '용기는 두려움을 이긴다.', '정성은 고난을 이긴다.', '헌신은 기적을 이룬다.', '공감은 열정을 키운다.', '올바른 신념은 세월을 뛰어넘는다.', '진심을 다하면 기회가 온다.' 등을 두고두고 되새기면서 평소 삶에 정성을 다하여야 한다.

벌써 내년 6월이면 지방 선거가 있다. 대통령 선거의 중요성은 두말할 필요가 없지만 우리네 삶과 밀착된 군수, 도의원, 군의원 등을 뽑는 일도 매우 중요하다. 지역에서 벌어지고 있는 사안들을 보면 주권 행사가 참으로 중요하다. 작은 지자체라 해도 한 해 예산 3,500억 원을 집행하고 있다는 생각을 하면 결코 소홀히 해서는 안 될 일이다.

우리는 그동안 대선 열기에 맞춰 역동적인 정치 환경을 거쳐 왔다. 이제는 우리의 삶과 밀착된 지역 일꾼을 뽑는 데 보다 세심한 주의를 기울여야겠다.

호남의 지붕
진안고원으로 오세요

　진안은 전라북도 동부 산간 지역에 위치합니다. 쫑긋한 말 귀를 닮은 두 개의 봉우리가 있는 곳입니다. 진안이란 이름보다 마이산이란 이름으로 잘 알려진 곳입니다. 해발 1,000m의 금남호남정맥이 지나는 지역이며, 진안군 전체를 놓고 보면 해발 300m 정도에 위치한 고원 지대입니다. 그래서 교과서에서 '진안고원'이라 불리는 곳입니다.

　전주에서 진안을 오려면 지금은 소태정재(보룡고개)를 넘어 4차선 도로로 오면 되지만 아직도 옛 정취를 잊지 못하는 사람은 구불구불한 모래재를 넘어서 옵니다. 그전에는 곰재로 다녔습니다. 최근에는 익산-장수 간 고속도로가 나면서 서울, 부산 등에서도 편안하게 진안을 다녀갈 수 있게 되었습니다.

　진안이 험한 산세를 이루고 있는 것은 백두대간의 장안산에서 분기하여 금남호남정맥으로 이어지는 산세를 타고 진안에 와서 말 귀같이 생긴 그 유명한 마이산을 쫑긋 세웠고, 마이산에서 부귀산과 운장산을 만들어

진안, 가슴으로 담다

놓았기 때문입니다. 무엇보다도 진안에서 빼놓을 수 없는 곳이 마이산입니다. 마이산은 언뜻 보기에도 많은 이야기를 간직한 듯합니다. 진안 사람들은 마이산을 식상할 정도로 자주 봅니다. 진안 사람들 기억에는 초등학교 때부터 고등학교 때까지 매년 소풍 가던 곳이 마이산입니다. 자주 접하니 신비로움이랄 것이 있을 수 없고 마이산을 보는 것이 지겨웠을 것입니다. 그러나 진안을 떠나 생활하다가 고향을 찾을 때면 고향의 상징처럼 다가오는 것이 마이산입니다. 마이산 주변에 있는 몇 개의 초등학교 학생들에게 마이산을 그려 보라고 하면 학교에서 보이는 마이산을 그립니다. 읍내 학교 학생들은 우리가 생각하는 말 귀와 같이 쫑긋 서 있는 마이산을 그리며, 반월리에 사는 학생들은 우람한 수마이산을, 은천마을에 사는 학생들은 폭격받은 듯한 두 봉우리의 마이산을 그립니다. 이렇게 마이산은 아주 다양한 모습으로 그려집니다.

기록에 의하면 마이산 동봉 위에는 작은 못이 있고, 서봉의 정상은 평평하고 샘이 있어 적병을 피할 수 있었으며, 날이 가물어 비가 오기를 빌면 감응이 있었다고 합니다. 이미 신라 시대에는 소사(小祀)를 설치하여 제사를 지낼 정도로 신령스러움을 인정받는 산이었습니다. 그 명칭도 다양한데 가장 오래된 기록은 신라 때 서다산(西多山)이며 이후 용출산(湧出山), 마이산, 속금산(束金山) 등으로 불렸고, 계절별로 돛대봉, 용각봉(龍角峯), 마이봉, 문필봉(文筆峯)이라 불립니다.

마이산에 얽힌 전설도 있습니다.

마이산은 남녀 두 산신이었다고 한다. 수도를 한 뒤에 마침내 승천할 기일이 되었다. 남신은 사람들이 승천 장면을 보면 부정을 타서 안 되니 한밤중에 떠나자고 주장하였고, 여신은 새벽에 떠나자고 하였다. 여신의 주장대로 새벽에 떠나게 되었는데, 마침 새벽에 물 길러 나왔던 동네 아낙네가 그 장면을 보고 "어머나, 산이 하늘로 올라가네." 하고 놀라는 바람에 부정을 타게 되어 두 산신의 승천이 무산되었다고 한다. 그러자 화가 난 남자 산신은 여자 산신에게서 아기를 빼앗아 지금의 애기 봉이 아빠 봉 곁에 있게 되었고, 여자 산신은 토라져 뒤돌아 다소곳이 외면하며 고개를 숙이게 되었다 한다.

 이 전설이 생성된 주요 이유는 마이산의 형상 때문으로 여겨집니다. 마이산을 진안읍 쪽에서 보면 동봉(수마이봉)에 새끼처럼 보이는 작은 봉 2개가 붙어 있고, 서봉(암마이봉)은 반대쪽으로 돌아서 고개를 숙이고 있는 모습으로 보이기 때문입니다. 한편 마이산 남쪽 암벽에 부스러져 나간 흔적이 많은데 이것을 '옛날 이곳이 바다였을 때 고래가 파먹은 자국'이라는 이야기도 구전되어 내려오고 있습니다.

 이렇듯 말 귀를 닮은 두 봉우리가 삐죽 솟은 마이산은 독특한 생김새로 인해 많은 사람들의 호기심을 불러일으키고 있으며, 세계 최대의 타포니 지형은 지질학계의 큰 관심거리가 되고 있습니다.

 마이산 아래 자리 잡은 탑사에는 수천수만의 돌을 쌓아 올린 돌탑들이 마이산을 지키는 수호신인 양 아슬아슬한 자태를 뽐내고 있습니다. 진안에는 마이산 탑사 같은 돌탑들이 마을마다 세워져 지킴이 역할을 하고 있습니다. 돌탑뿐만 아니라 거북, 짐대, 마을 숲 등은 터 잡아 사는 사람들을 편안하고 안정되게 해 주고 있습니다.

건강한 수맥(水脈)으로 호남 일대를 적시고 있는 섬진강의 발원지가 진안이란 것을 아는 사람은 그렇게 많지 않습니다. 진안 백운면 신암리 상추막이골 '데미샘'이 바로 섬진강의 발원지입니다. 그렇게 낮지 않은 산줄기에 맑은 물을 품고 있는 곳입니다. 진안의 깊은 계곡마다 맑은 물이 넘쳐나고 있는데 그 물은 진안 사람들이 모여 살도록 하는 가장 근원적인 역할을 해 주고 있습니다. 또 맑은 물은 진안 사람들의 심성을 맑게 닦아 주는 중요한 역할을 해 왔습니다. 맑은 물로 유명한 곳으로 운일암·반일암, 백운동 계곡, 갈거 계곡 등이 있습니다.

　진안에는 물이 산을 감싸고 돌아 흐르는 육지의 섬 죽도(竹島)도 있습니다. 죽도는 조선 선조 때 대동계(大同契)를 조직하여 모반을 꾀했다가 자결한 정여립의 전설이 깃들어 있는 곳입니다. 그때 그 역모의 비참함을 아는지 모르는지 맑은 물줄기는 하얀 억새 머리를 휘날리고 있는 죽도를 휘돌아 흘러가고 있습니다.

　또한 구한말 천주교 박해를 피해 모인 사람들이 세운 어은동 공소·한들 공소, 유교 정신의 산실인 진안향교·용담향교·황단 등도 진안인의 가슴에 뿌듯한 긍지와 함께 자부심을 심어 주는 유적들입니다. 특히 임진왜란 때 군관민이 합치되어 왜구를 막았던 곰재 전투에서 이름 없이 죽어 간 천인의총이 발굴되어 진안인의 가슴에 안타까운 역사를 전해 주기도 하였습니다.

　진안은 마치 과거에 머물러 있는 듯 자연이 그대로 보존된 곳입니다. 진안의 자연 문화유산 중에서 가장 빼어난 것은 마을 숲입니다. 마을 숲은 마을의 역사, 문화, 신앙 등을 바탕으로 하여 이루어진 마을 사람들의 생활과 직접적인 관련을 가지고 있는 숲으로써, 마을 사람들에 의하여 인위적으로 조성되어 보호 또는 유지되어 온 숲을 말합니다. 마을 숲은 마을 사람들의 사회적 활동은 물론 정신문화적 생활, 그리고 다양한 이용을 담은 마을 공용의 녹지로, 마을 문화가 오랜 세월에 걸쳐 집적되어 온 상징적 대상물입니다. 이런 마을 숲 1번지가 진안에 자리합니다. 하초, 은천, 원연장, 원반월 마을 숲이 그런 대표적인 곳입니다.

진안의 명품은 홍삼입니다. 좋은 토양, 좋은 사람들에 의해 키워진 홍삼은 이제 전국적인 명품이 되었으며 표고버섯, 더덕, 인진쑥, 고추 등도 인기 상품으로 각광을 받고 있습니다.

또한 귀농·귀촌의 1번지로 마을 만들기가 지속적으로 추진되고 있으며, 매년 마을 축제가 자리 잡아 도시민의 시선을 끌고 있습니다. 여기에 더 나아가 '진안고원 길 행사'는 소박하지만 진안의 진면목을 알리는 행사로 자리 잡았습니다.

계사년을 맞아 이런 진안의 것들을 토대로 진안인들이 힘껏 기지개를 켜고 있습니다. 호남 옥야(沃野)의 지붕에 살고 있는 사람들로서, 유서 깊은 고장에 살고 있는 사람들로서, 남들보다 한 걸음 더 앞으로 나아가기 위함입니다. 호남의 지붕 진안고원으로 오세요.

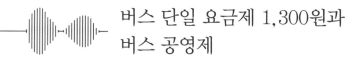

버스 단일 요금제 1,300원과 버스 공영제

필자는 형식적인 진안 군민이다. 주소지가 진안읍 당산길로 되어 있다. 지역에 거주하지는 않지만 자주 지역에 와서 막걸리 한 잔 정도는 먹기 때문에 이렇게 말한다. 온전한 지역 주민이 될 날도 멀지 않았지만 아직은 형식적인 진안 군민임을 고백한다. 주말을 이용해 우리 지역 답사를 할 때면 군내 버스를 이용한다. 그래서 지난 10월부터 시행된 버스 단일 요금제 1,300원의 수혜자가 되었다. 꿀맛이다. 일단 이 군수의 공약 중 첫 번째로 실행에 옮겨진 것이다. 이 군수의 주요 공약이 23개가 있다고 하는데 꼼꼼히 챙겨 실행되길 기대해 본다. 우리 지역 현실에 맞지 않는 공약은 충분히 심사숙고해 볼 일이다. 제대로 검증해 본 결과 지역에 도움이 되지 않는다고 판단되면 과감하게 포기하는 것도 용기일 수 있다.

필자가 한창 우리 지역을 답사할 때 군내 버스에 자전거를 싣고 종점에서 내려 거슬러 올라가며 마을을 답사하는 방식을 택했다. 운전면허증이 없는 필자로서는 고심해서 생각해 낸 방안이었다. 그렇다고 언제나 자전거를 이용할 수는 없었다. 그래서 군내 버스를 자주 이용했었다. 한참 기다려야 하고 시간이 걸리기도 하였으나 우리 지역을 조금이나마 제대로 볼 수 있는 시각을 그때 익힌 것 같다.

요즘 군내 버스는 장날이나 월요일에 그나마 손님이 있지 평소에는 아주 적은 편이고 심지어 주말에는 손님이 없다시피 한다. 지난 주말에 우리 지역을 다니면서 더더욱 실감했다. 우리 지역의 고령화 추세야 다시 언급해서 뭐 하겠느냐만 전국 대부분 군 단위 지자체와 마찬가지로 매우 안타까운 상황이다.

우리 지역 버스 단일 요금제 1,300원은 진안군 어디든 1,300원 요금으로 갈 수 있다는 것인데, 기존 거리 요금제에서 단일 요금제로 바뀐 것은 지역민을 배려한 정책이라고 할 수 있다. 필자는 버스 단일 요금제에서 더 나아가 버스 공영제를 추진할 것을 제안한다. 버스 공영제는 지자체가 버스 회사를 인수하여 직접 노선을 운행하고 수익성보다는 지역민에게 교통 편의를 제공하는 것에 역점을 둔 제도이다. 전남 신안군의 경우 버스 회사를 인수하여 지자체에서 직접 운영하는데, 일반인은 1,000원, 학생은 500원, 65세 이상 군민에게는 무임승차 버스 카드를 발급하여 무상으로 버스를 이용하도록 하고 있다. 우리 지역에서 버스를 이용하는 주 계층은 노령층, 주부, 학생 등으로 교통 취약자이다. 그렇다면 버스 공영제의 당위성은 확실해진다. 버스 공영제를 실시하기 위해 우리 지자체에서 굳이 버스 회사를 인수해서 재정적 어려움을 겪을 필요까지는 없을 것 같다. 지금보다 예산을 좀 더 확보하여 우선 65세 이상 군민에게는 무임승차 버스 카드를 발급하여 무상으로 버스를 이용하게 하고 나아가서는 전 군민에게 혜택을 확대해 나가면 된다. 그리고 버스 회사와 노선을 협의, 조정해 나가면 교통 취약지를 완전히 해소할 수 있을 테고, 결국 버스 공영제를 이룰 수 있을 것이다.

버스 공영제를 실시하면 과연 어떤 성과가 나타날까? 앞서 버스 공영제를 실시한 신안군의 성과를 살펴보면 예측할 수 있지 않을까 생각된다. 우선 군민의 교통 불편을 해소하는 일차적인 효과가 나타날 것으로 생각된다. 이와 더불어 많은 군민이 버스를 이용함으로써 병원, 약국, 목욕탕, 재래시장 등을 이용하게 되어 지역 상권 활성화에 기여할 것으로 생각된다. 더 나아가 취미, 건강, 문화생활을 누릴 수 있는 기회가 보다 확대될 것이다. 그래서 버스 공영제는 단순히 교통 복지뿐만 아니라 삶의 질을 향상시킬 수 있는 기반이 될 수 있다.

그러나 완전한 버스 공영제를 이루기 위해서는 몇 가지 어려움을 극복해야 한다. 중요한 문제 중 하나는 택시 업체와 같은 이해 관계자들의 협조가 절대적이다. 신안군은 이러한 문제를 택시 쿠폰제, 택시 감차 등의 노력을 통하여 극복하였다. 나아가 수익 사업이 아닌 투자 사업으로 버스 공영제에 대한 인식과 단체장의 확고한 실천 의지가 버스 공영제를 이룰 수 있는 중요한 관건이기도 하다.

진안군의 인구 정책과
기본 소득제

　우리나라 228개 시·군 중에서 84개 소인 36.9%가 30년 후면 '지방 소멸' 위험에 처해 있다고 한다. 전북의 경우 전주시, 익산시, 군산시를 제외한 모든 시·군이 여기에 해당된다. 이러한 시·군은 대부분은 농어촌 지역으로 저출산과 고령화 여파로 '지방 소멸'이 현실화된다는 것이다. 소위 '인구 절벽' 상황에 처해 있다. '인구 절벽(Demographic Cliff)'이란 국가 인구 통계 그래프에서 생산 가능 인구의 비율이 급격하게 하락을 보이는 현상을 의미한다.

　인구학자들은 지구상에서 가장 먼저 소멸될 우려가 있는 국가로 대한민국을 꼽는다. 이러한 예측은 통계에 근거한다. 20～39세 여성 인구 수를 65세 이상 고령 인구수로 나누어서 1.0 미만으로 떨어지면 인구학적인 쇠퇴 위험 단계에 접어들었다고 보는데 한국은 2016년에 1.0 미만으로 떨어졌다. 지수가 0.5 미만으로 소멸 위험에 있는 시·군은 전국적으로 2014년에 79개에서, 2016년에 84개로 늘어났다. 서울과 수도

권을 제외한 우리나라 대부분은 인구 절벽 위기에 놓였고, 84개 시·군과 1,383개 읍·면·동은 30년 뒤에 소멸될 위기에 빠졌다는 것이다(이용교). 그렇다고 하여 이 예측이 현실화되지는 않을 것이다. 그 전에 생활권을 중심으로 한 행정 구역을 개편하는 등 다양한 대책이 수립될 것이다. 그럼에도 이러한 예측은 앞으로 인구 감소로 나타날 심각성을 느끼기에 충분하다.

특히 진안군도 이러한 상황에서 자유롭지 못하다. 최근 진안군은 행정지원과 내에 인구 정책을 담당할 부서를 설치하였다. 물론 그동안 진안군이 인구 정책에 손을 놓고 있었던 것은 아니다. 출산 장려책부터 고령화 대책, 귀농·귀촌 정책, 공무원 진안 살기 운동 등 다양한 정책을 실시했다. 그러나 현실은 2016년 12월 말 현재 26,069명으로 과거 1960년대 중반 10만 명이 넘어섰을 때에 비하면 4분의 1 수준에 불과하다. 더욱 심각한 것은 매년 5년마다 실시하는 인구센서스 통계에 의하면 실거주 인구는 2만 명 선에 가깝다는 것이다. 즉, 2005년 23,992명, 2010년 20,446명, 2015년 22,886명이다.

현재 진안군에서 추진할 수 있는 인구 늘리기를 위한 대책은 앞에서 언급한 것 이상을 제시하기 어려운 실정이다. 그래서 어떻게 생각하면 역설적으로 현재 인구에서 더 이상 감소(유출)하지 않게 하는 것이 대책일 수 있다.

필자는 현재 국가적으로 기본 소득을 지급하기에는 어렵다고 생각한다. 물론 이재명 성남 시장의 기본 소득 지급 대선 공약은 매우 유익하다. 서구 여러 나라에서는 기본 소득제에 대한 인식이 오래전부터 있어 왔고 핀란드는 국가적으로 실험 중이다. 핀란드 중도 우파 정부는 지난 1월부터 25~58세 실업자 2,000명에게 매달 560유로(약 70만 원)를 조건 없이 지급하는 실험을 시작했다. 평균 월 소득(3,500유로)의 16% 수준이다. 기본 소득으로 지급되는 돈은 용처를 보고하지 않고 자유롭게 사용해도 되고 일자리를 구하더라도 계속 지급된다. 다만 실업 급여 등 기존 사회 보장 혜택은 기본 소득으로 대체된다고 한다. 그리고 국가적으로 시행하지는 않지만 지역별로 기본 소득제와 유사한 제도를 도입하거나 실험하고 있는 곳은 많다.

지방자치체는 민주주의 이상을 실현하기 위한 제도이다. 모든 시민이 참여하여 단체장과 의원을 뽑는 작은 국가와 같은 조직체이다. 재정 자립도는 약하지만 만만치 않은 예산을 집행한다. 진안군의 경우 2017년 본예산이 3,457억 원에 이른다. 이재명 성남 시장이 나름대로 전국적인 인지도와 대선 후보가 될 수 있었던 점은 성남시의 대규모 토목 공사를 지양하고 복지 정책을 성공적으로 추진했기 때문이다. 그리고 청년 수당을 지급하는 등 다양한 정책을 추진하였기 때문이다.

진안군은 복지의 천국이다. 요람에서 무덤까지 행복한 지역이다. 그런데 지역에 청년층이 두텁지 않다. 지역의 미래를 위한 투자로 25~35세 청년들에게 진안군에서 기본 소득을 지급하는 정책을 실시하면 어떨까? 월 100만 원을 100명에게 지급하면 1년이면 12억 원이다. 마이산 케이블카 조성 사업을 위한 실시 설계 용역비가 10억 원이다. 청년 100명이 지역에 살면서 결혼하고 출산하고 교육한다면 많은 예산도 아니거니와 아깝지 않은 예산이다. 지역이 활력에 넘칠 것이다. 500명이면 60억 원,

1,000명이면 120억 원이다. 앞으로 예산을 어떤 방향으로 집행하느냐에 따라 지역을 위기에서 탈출시킬 수 있다. 누군가는 퍼 주기라고 할지 모르지만 다 함께 고민해 볼 시점에 와 있다. 이런 기본 소득제를 생각하는 것이 지나친 망상일까?

# 100년을 준비하는
인구 정책 만들어야

　2015년 인구 주택 총조사(2015. 11. 1.)에 의하면 우리나라 총인구는
5,107만 명이다. 주요 특징은 수도권 인구 집중과 고령화다. 진안군은
22,557명으로 나타났으며 주민등록상 인구는 26,203명으로 3,500여
명 차이가 난다. 진안군 인구 특징도 역시 고령화가 뚜렷하게 나타났다.
진안군 고령 인구 비율은 31.0%였다. 전북에서 임실군(31.5%)이 가장 높
게 나타났으며 진안군이 다음으로 고령 인구 비율이 높았다.

　2015년 인구 주택 총조사에서 15년 만에 성씨 및 본관이 조사되었는
데 우리나라 성씨는 5,582개로 전체 성씨 중 한자가 있는 성은 1,507개,
한자가 없는 성은 4,075개로 나타났다. 이렇게 성씨가 많아진 것은 이
민자들이 귀화하면서 자신의 성씨를 등록했기 때문이다. 전에 볼 수 없
는 새로 등장한 성씨는 혁(赫)씨, 펌(貶)씨, 팔(八)씨 등이며 늘어난 성씨
의 대부분은 중국인 성씨로 재중 동포나 중국인이 귀화하면서 등록한 성
씨이다. 그 수가 1,200여 개에 이른다. 또한 한자를 쓰지 않은 성씨가

3,500개에 이르는데 맥과이어, 스즈키, 존슨, 벤, 명 등이 있다. 성씨별 인구는 김씨 21.5%, 이씨 14.7%, 박씨 8.4% 순으로 나타났다. 역시 김, 이, 박순이었다. 다음으로 최씨 4.7%, 정(鄭)씨 4.3%, 강(姜)씨 2.4%순으로 나타났다. 우리나라 성씨 본관은 36,744개로 나타났으며 개별 본관 수는 7,543개이다. 본관이 많은 이유 역시 귀화자들이 새로 만들었기 때문이다. 성씨 본관별 인구는 김해 김씨가 4,457천 명(9.0%)으로 가장 많고, 밀양 박씨 3,104천 명(6.2%), 전주 이씨 2,362천 명(5.3%), 경주 김씨 1,801천 명(3.6%), 경주 이씨 1,392천 명(2.8%), 진주 강씨 968천 명(1.9%) 순으로 나타났다.

《신증동국여지승람》 제39권에 진안현은 이(李)·백(白)·전(全)·한(韓)·김(金)·최(崔)·유(庚), 마령현은 한(韓)·전(全)·송(宋)·가(價)·이(李)·김(金)·장(張), 용담현은 고(高)·문(文)·가(賈)·염(廉)·림(林)·임(任), 동향(銅鄕)은 가(賈) 등 성씨가 기록되어 있다.

2015년 인구 주택 총조사 결과 진안군 총인구는 진안군 22,557명이다. 진안군 성씨별 인구는 과연 어떻게 될까? 번잡을 무릅쓰고 나열해 본다. 강(姜) 580명, 강(康) 18명, 경(慶) 7명, 경(景) 5명, 고(高) 356명, 공(孔) 20명, 곽(郭) 60명, 구(具) 110명, 국(鞠) 18명, 권(權) 152명, 기(奇) 18명, 길(吉) 42명, 김(金) 4,488명, 나(羅) 43명, 남(南) 96명, 노(盧) 91명, 노(魯) 49명, 도(都) 9명, 동(董) 29명, 두(杜) 6명, 라(羅) 18명, 류(柳) 18명, 마(馬) 11명, 모(牟) 11명, 문(文) 297명, 민(閔) 11명, 박(朴) 1,890명, 반(潘) 12명, 방(房) 20명, 방(方) 13명, 배(裵) 183명, 백(白) 217명, 변(卞) 21명, 변(邊) 12명, 빈(賓) 14명, 서(徐) 307명, 석(石) 5명,

선(宣) 6명, 설(偰) 6명, 설(薛) 31명, 성(成) 269명, 소(蘇) 53명, 손(孫) 247명, 송(宋) 583명, 승(承) 6명, 신(愼) 143명, 신(申) 234명, 신(辛) 146명, 심(沈) 90명, 안(安) 474명, 양(梁) 380명, 양(楊) 17명, 엄(嚴) 65명, 여(余) 5명, 여(呂) 10명, 연(延) 5명, 염(廉) 28명, 오(吳) 282명, 옥(玉) 5명, 온(溫) 5명, 왕(王) 33명, 우(禹) 97명, 원(元) 136명, 위(魏) 6명, 유(俞) 64명, 유(劉) 202명, 유(柳) 269명, 육(陸) 38명, 윤(尹) 295명, 은(殷) 7명, 이(李) 2,862명, 임(任) 67명, 임(林) 443명, 장(張) 438명, 전(全) 722명, 전(田) 59명, 정(丁) 216명, 정(程) 39명, 정(鄭) 840명, 조(曺) 132명, 조(趙) 289명, 주(周) 14명, 주(朱) 73명, 지(池) 20명, 진(晋) 11명, 진(陳) 82명, 차(車) 57명, 채(蔡) 40명, 천(千) 37명, 최(崔) 1,094명, 추(秋) 51명, 탁(卓) 14명, 태(太) 19명, 표(表) 10명, 하(河) 72명, 한(韓) 468명, 함(咸) 10명, 허(許) 175명, 현(玄) 14명, 홍(洪) 156명, 황(黃) 368명, 기타 163명 등이다. 진안군에서도 김(金)씨 4,488명으로 가장 많았고, 이(李)씨 2,862명, 박(朴) 1,890명, 최(崔) 1,094명 순으로 나타났다.

진안군 인구에 이해하기 어려운 통계 자료가 있다. 인구 주택 총조사 2005년도 인구는 23,992명에서 2010년에는 20,446명으로 급감한다. 2005년 당시 주민 등록 인구는 29,199명으로 5,200여 명의 차이가 난다. 그러다가 2010년인 경우에는 주민 등록 인구가 27,817명으로 무려 7,400명 가까운 차이가 난다. 실제 거주 인구와 주민 등록 인구를 정확히 파악하고 분석할 필요를 느끼는 부분이다. 2016년 현재 진안군 주민 등록 인구는 약 26,117명이다. 1966년 10만 명을 넘겨 정점을 찍었던 진안군 인구는 급격히 감소되고 있는 실정이다.

진안, 가슴으로 담다

이러한 통계 자료는 매우 유익한 자료이며 미래를 설계하는 중요한 요소이다. 그리고 지역 장기 발전 계획을 세우는 데에 매우 유용한 자료다. 그래서 지자체의 인구 정책은 매우 중요하다. 지역의 존립과 관련되기 때문이다. 50년, 100년을 내다보는 인구 정책과 지역 발전 계획이 더더욱 필요한 시점이다.

'진안고원길' 가는 길

전국적으로 수많은 길이 만들어졌다. 길 만들기 사업이 유행처럼 번져 지자체별로 없는 곳이 없을 정도인데, 잘 알려진 바대로 그 연원은 제주의 올레길, 지리산 둘레길이다. 처음에 진안의 길 이름은 '진안 마실길'이었다. 이후 '진안고원길'로 이름을 바꾸었는데, 마실길에서 고원길로 길 이름을 명명한 것은 옳은 판단으로 보인다. 고원이라는 이미지 가치를 진안 것으로 만들었으니 말이다.

관심 있는 군민이라면 진안군 홈페이지에도 새로운 '진안고원' 브랜드 슬로건을 선보이고 있다는 것을 익히 알고 있을 것이다. 홈페이지를 열면, 메인 화면 중앙 상단에 마이산을 형상화하고 그 아래 한글과 영문으로 된 '진안고원'의 새로운 브랜드 슬로건이 매우 단순한 형태로 나타난다. "진안의 상징인 마이산을 모티브로 직관적으로 표현하였고 청정하고 아름다운 진안을 한국 고유의 색으로 표현하였으며 진안만의 아름다운 곡선을 로고 타입에 적용하여 고전미를 함축해 표현하였다."라는 설명을 듣고 보면 그 의미가 쉽게 다가온다.

하지만, '진안고원'을 브랜드로 삼고 있는 현재의 지방 자치 단체는 지나칠 정도로 집요하게 '진안고원'에 애착을 갖고 있는 듯한 인상을 지울 수 없다. 가령 '북에는 개마고원, 남에는 진안고원'이라고까지 언급할 필요는 없다는 생각이 든다. '진안고원' 하면 생각나는 결정적인 그 '무엇'을 만들어야 하는데 아직은 충분치 않다. '진안고원' 하면 마이산과 함께 곧바로 연상되는 지역적 특성을 만들어야 할 것이다.

올해 '진안고원길' 14구간을 완주하려는 뜻을 두었으나 이미 물 건너간 상태이고 현재는 빠지지 않고 열심히 참석하는 것으로 마음먹었다. 지난 주말에는 출장으로 출발 시간을 맞추지 못해 점심을 먹기로 한 옥거마을 회관으로 갔다. 이날 진안고원길 걷기는 10구간 '용담호 보이는 길' 구간이었다. 용담에서 출발하여 주천으로 가는 경로이다. 약속 시간이 다소 남아 있어 옥거마을에서 용담 방향으로 거슬러 갔다. 경사가 급한 산길을 따라 용강산 정상에 다다랐을 때 진안고원길 중간중간 쉬는 곳에서 차와 막걸리를 공급해 주는 ○○○ 씨가 이미 올라와 있었다. 부슬부슬 내리는 가을비는 용담호 주변에 안개를 일으키며 용담호를 더욱 신비롭게 만들었다. 흡사 선경을 방불케 하는 모습이었다. 평상시 같으면 이곳에 수몰된 과거 용담면 소재지를 가늠해 볼 수 있었겠지만 안개 때문에 시야 확보가 되지 않았다. 자연이 빚어낸 멋진 경관 앞에 넋을 잃고 있는 사이 일행들이 도착해 반갑게 인사했다. 현재 우리 일행이 도착한 곳이 과거 용담현의 진산이 아니던가? 용담과 용담 사람들을 아버지같이 든든하게 지켜 준 용강산! 태고정 주변에 드리워져 있던 소나무 숲은 사라지고, 태고정은 다른 곳으로 옮겨진 채 옛터를 그리워하고 있으리라. 용담 사람이라면 태고정과 소나무 숲에서 보낸 한여름 추억을 하나씩은 모두 가지고 살아가고 있을 것이다. 어디 그뿐인가. 주자천 변의 원장마을 숲도 추억의 장소 중 하나였다.

옥거마을 회관에서의 점심은 정감이 넘쳤다. 언제나 각자가 준비해 온 반찬은 집집마다 비밀 병기라도 꺼내 온 듯 맛이 특별했다. 이야기꽃도 피운다. 와룡을 지나 탁조봉 고개를 지날 때쯤엔 성급히 다가온 가을 냄새가 물씬 났다. 사그락거리는 낙엽을 밟으며 걷자니 땅속에서 전해지는 촉감이 부드럽고도 편안하게 온몸을 휘감아 든다. 약간 호흡이 가빠지고 이마에 땀이 맺힐 무렵 당도한 고갯마루에서 맞이한 소슬바람의 쾌감이란, 자연이 주는 아주 특별한 선물 같았다.

수몰된 광석마을을 지나며 마을도 유기체인 양 형성되었다가 사라지는 운명을 맞이하는구나, 하는 생각을 했다. 널따란 광석 뜰 너머에 새롭게 '신광석'이란 마을 이름하에 옹기종기 또 다른 터전을 형성하였지만, 여전히 그 사람들의 고향은 우리 일행이 지나는 광석마을 옛터일 것이다. 수몰이 될 무렵에 다녔던 진안의 마을 곳곳에서 정겹게 살아왔던 흔적들이 또 다른 추억으로 우리 앞에 선다.

성암마을을 지나 금평마을 골목길을 굽이 돌아가는 것처럼 주자천 역시도 마을을 굽이쳐 돌며 우리가 지나왔던 길을 따라 흘러간다. 마지막 행선지로 닿은 와룡암. 대불리와 무릉리에서 발원한 맑은 물이 주천 소재지를 굽이굽이 돌아 나가는 곳에 마치 용이 승천하는 듯한 모습으로 형성된 기암괴석. 마치 약속이나 한 듯 일행들은 멈춰 서서 넋을 잃고 와

룡암을 바라보다 이내 다음 구간 준비를 시작한다.

이번 주 구간은 9구간으로 '운일암반일암 숲길'이다. 많은 사람들이 참여하여 늦가을의 정취를 한동안 넋 놓고 즐겼으면 한다. 다음 카페 '진안고원길'에서 행사 소식을 쉽게 찾을 수 있다.

우리 지역 농촌의 미래를 꿈꾼다

《한겨레 21》 1116호(2016. 6. 20.)에 실린 〈독일에서 발견한 농업의 미래〉를 읽으면서 독일과 오스트리아 농촌 특징 10가지가 부러웠다. 어느 분야나 다른 나라의 좋은 점을 보면 부럽고 따라 하고 싶은 마음이 드는 건 당연하다. 그리고 선진지 견학이란 명분으로 다녀와 그 분야의 전도사가 되기도 한다. 그것이 유일한 진리인 양, 신앙과 다를 바 없이 숭배하는 경향까지 나타난다. 그러나 아무리 좋은 제도라 해도 주변 환경이나 문화가 다르면 이식이 쉽지 않다. 나무를 이식하면 한동안 나무가 심한 몸살을 앓기 쉽다. 토양 등 주변 환경이 다르기 때문이다. 잘못되면 생기를 잃고 시름시름 죽어 갈 수도 있다. 전라북도 교육청에서 신앙처럼 시행하고 있는 혁신 학교 정책이 그렇다. 나라마다 역사와 문화, 교육 철학과 방식이 수천 년 동안 내려온 터라 변화된 환경에 따라 계승해도 되는 부분과 고쳐야 할 부분이 있을 것이다. 그런데 하루아침에 누군가에 의하여 이보다 더 좋은 교육이 없다며 핀란드 학교로 연수를 보낸다.

마치 성지로 순례단 보내듯 말이다. 혁신 학교에 예산 및 인사 특혜를 주면서 시행하지 않는 학교와 비교한다. 예산과 인사 특혜를 준 학교가 좋을 수 있겠지만 절대적이라고 말할 수는 없다. 관점에 따라서는 오히려 혁신 학교가 아닌 학교의 만족도가 더 높은 학교도 많다. 교육은 어떠한 경우라도 기본적으로 공평해야 한다. 도시든 농촌이든, 크든 작든 모든 학교와 학생은 공평한 가운데서 교육을 받을 권리가 있다. 그리고 교사들도 그런 입장에서 교육을 할 수 있어야 한다. 진안군에서 시행하는 마을 만들기 사업도 그렇다. 마을 만들기의 모범이라는 일본에 수없이 연수를 보낸다. 특정한 마을에 몇 개의 사업을 통하여 적개는 몇 억 원, 많게는 수십 억 원을 지원한다. 지원하는 마을과 그렇지 않은 마을을 비교하기도 한다. 참으로 어리석은 일이다. 이런 상황이 전개되는 곳이 우리 지역이다.

서두가 너무 번잡스러웠다. 필자도 그런 함정에 빠져 독일 농업을 부러워하는지 모르겠다. 주간지에 실린 글을 보고 말이다. 그럼에도 우리나라, 우리 지역의 농업이 이랬으면 좋겠다는 마음으로 몇 가지 언급하고자 한다. 독일은 농촌 전문학교, 현장 실습을 거쳐 농민 자격증을 따야 농부가 된다. 독일이 농촌, 농부, 농사짓는 일을 어떻게 생각하고 인식하는지를 단적으로 말해 주는 제도이다. 우리나라에서는 무슨 일이 제대로 풀리지 않을 때 '농촌에 가서 농사나 짓겠다.'라고 하는 말을 아주 쉽게 한다. '농사나 짓겠다.'라는 말 함부로 하지 마라.

그리고 독일의 농부는 65살이 되면 은퇴한다. 그리고 후계자에게 농장 대표권 등을 물려줘야 한다. 우리나라의 농부는 농사짓다가 생을 마치는

데, 독일은 은퇴를 보장하고 노년의 인생을 배려해 주고 있다. 요즘 우리나라는 폭발적인 육류 소비와 함께 공장식 사육을 하고 있다. 독일의 축산업의 모습은 이렇다. 동물 복지 차원에서 소의 등을 긁어 주는 기계가 축사에 있다. 그리고 환경 보호·동물 복지를 위해 농지 면적 1ha당 소 한 마리만 기르도록 제한한다. 우리나라의 축산업과 비교하는 자체가 무의미한 상황이다. 또한 독일은 초지 보존, 농촌 경관 관리, 재배 작물 다양화 등 환경에 기여하는 농가에 녹색 직불금을 추가로 준다. 우리나라에서 현재 시행하고 있는 논 직불금과 같은 제도다. 독일은 나아가 실제적으로 농사짓는 것이 환경에 크게 기여한다는 점을 고려하여 혜택을 주고 있다. 독일 농촌 주간지에서 가장 압권인 것은 '아빠가 운전하는 트랙터에 탄 어린 꼬마들을 흔히 볼 수 있다.'라는 내용이었다.

  우리나라, 우리 지역의 미래도 이렇게 되길 간절히 소망한다. 적어도 아빠가 운전하는 트랙터에 탄 어린 꼬마들을 흔히 볼 수 있는 그런 지역이 되길 꿈꾼다.

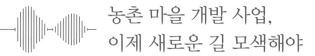

농촌 마을 개발 사업, 이제 새로운 길 모색해야

현재 우리나라 농촌은 위기다. 농가 소득은 도시 소득과 비교하여 갈수록 격차가 심화되고 있다. 10년 후에는 농가 소득이 도시 소득의 절반에 불과할 거라는 보고서가 나온 상태이다. 그리고 현재 농촌의 다양한 사업은 적게는 수억, 많게는 수백억의 예산을 마을 단위부터 읍·면에 투입하고 있으나 뚜렷한 효과를 내지 못하는 상황이다. 전문가는 현재 이런 상황을 빈사(瀕死) 상태에 링거 주사기를 꽂아 놓은 상태라고 비유하고 있다. 물론 현 상황을 맞이한 것은 전적으로 정부의 안이한 농업 정책이 초래한 일이다.

농산어촌 지역에 수조의 예산을 투입하여 다양한 사업들이 진행되었음에도 지역의 소득 증대가 미미한 이유는 대부분의 사업이 토목 사업으로 진행되었기 때문이라고 필자는 진단한다. 가장 많은 예산이 투입된 사업이 '농촌 마을 종합 개발'(농림축산식품부)이다. 이 사업은 동일한 생활권이나 영농권 등으로 동질성을 가지며 발전 잠재력이 있는 3~5개의 법정리 마을을 상호 연계하여 소권역 단위로 개발하는 사업이다. 권역당 3~5년간 70억 원 범위 내에서 예산이 차등 지원된다. 우리 지역에서는 오죽권역, 능길권역, 용좌권역, 황금권역 등에서 이미 사업이 진행되었거나 현재 진행 중인 곳이다. 이 사업은 소득 기반 확충 사업을 강조하고 있으나 과연 만족할 만한 농가 소득의 성과를 냈는지 의문스럽다. 이 사업은 전국적으로 1,000권역에 5조 8,000억 원의 예산을 배정하여 추진하고 있다. 산촌 지역의 풍부한 산림 및 휴양 자원을 활용해 살기 좋은 산촌 마을을 개발하는 '산촌생태마을(산림청)' 사업이 있다. 마을마다 2년 동안 총사업비가 14억 원이 지원되며 우리 지역 9개 마을에서 진행되었다. 역시 얼마나 성과를 냈는지 모르겠다. 커다란 건물 하나 남기고만 사업은 아니었는지? 이외에도 '농촌 건강 장수 마을', '농촌 전통 테마 마을(농촌진흥청)', '창조적 마을 만들기(농림축산식품부)', '향토 산업 마을', '청정 테마 파크 사업(전라북도)', '소도읍 육성 사업', '정보화 마을(행자부)', '문화 역사 마을 가꾸기(문화관광부)', '자연 생태 우수 마을(환경부)', 그리고 지역의 특색을 살린 '그린 빌리지 조성 사업', '으뜸 마을 가꾸기(진안군)' 등 수많은 사업이 진행되었다. 그럼에도 제대로 취지를 살려 마을 사업이 진행되었는지 의문이 든다. 물론 몇 개의 마을은 변화가 이루어지고 나름 소득 사업의 성과도 이루어진 것이 사실이다. 그렇다고 우리 지역의 300여 개에 이르는 마을 중에서 몇 개의 성공 사례가 과연 의미를 가질 수 있을까? 마을과 마을이 학생들처럼 경쟁하는 것도 아니고, 지역의 마을 모두가 풍요롭고 여유로운 삶터가 되어야 되지 않겠는가? 그리고 한 마을에서 몇 개의 사업을 지속적으로 지원받은 마을의 경우 어떻게 변화되었는지도 꼼꼼히 살펴볼 일이다. 지나치게 많은 공모 사업으로 마을에 많은 돈이 유입되는 것은 바람직하지 않을 뿐더러 지양해야 한다.

필자는 앞으로 농촌 마을 개발 사업들이 새로운 길을 모색할 때라고 생각한다. 마을이나 읍·면 단위에 수십 억 원이 투입되었을 때 결국 토목 공사 위주로 사업이 결말이 나는데, 이제는 이런 일이 되풀이되지 않았으면 한다. 어떤 이들은 국가에서 주는 예산인데, 쓰지 못하는 것도 바보 같은 일이라고 공공연히 말한다. 이런 식으로 오랫동안 농민들을 길들여 왔다는 생각을 해 본다. 이제 농촌 지역에서 이루어지는 사업들이 농가 소득 사업으로 전환하였으면 한다. 청정 지역에 맞는 친환경 농업을 할 수 있는 다양한 지원책을 강구하는 것도 지역을 위해서 바람직할 것 같다. 실제 농사짓는 농민들은 생산한 농산물을 제값 받아 팔아 주기를 원한다. 그러기 위해서 농산물 유통 시스템을 지역 단위로 획기적으로 개발하는 사업도 좋을 것이다. 이제 농촌 마을 개발 사업도 다른 길을 모색할 시점에 온 것 같다.

마을마다 부군수가 있다

　지방 자치제의 본질은 말 그대로 지역민이 주인인 세상이다. 즉 지역민이 스스로 정치를 한다는 의미이다. 그래서 지역마다 해방구를 만드는 것이다. 그런 세상을 만드는 것이 자치이다. 과거로부터 있어 온 이상향이 그런 세상이다. 우리는 그것을 청학동, 무릉도원, 유토피아라 불렀다. 그런 세상을 현실에서 실현하는 것이 지방 자치제였다. 유토피아(Utopia)의 어원은 '이 세상 어느 곳에도 있지 않은 곳'을 의미하다. 유토피아의 의미는 이상향을 현실에서 찾기 어렵다는 의미이다. 아니, 존재하지 않을지도 모른다. 그러나 이상적인 세상을 만들기 위하여 노력하는 행위가 정치이며 지방 자치제를 이루는 것이고, 그 궁극의 세상은 모두가 행복한 세상을 이루는 것이다.

　그런데 지방 자치제가 역행하고 있다. 지역민이 주인은커녕 단체장에 질질 끌려가는 형세이다. 독단적 지방 자치 단체장이 독주한다. 지역이 변화하지 못하는 가장 중요한 이유가 여기에 있다. 독단적 단체장을 견제하지 못하는 지역민에게도 많은 문제점을 지적하지 않을 수 없다. 왜 우리나라 지방 자치제는 이런 모습이 되었을까?

조선조 이래 오랫동안 있어 온 가부장제의 폐습이 원인이다. 지연, 학연, 혈연에 찌든 허례허식이 만들어 낸 서열 문화 때문이다. 이것을 극복하고자 만들어진 핵심이자 요체가 지방 자치제인데 그 제도가 유명무실하다. 오히려 임명제가 낫다는 말을 하는 이유가 여기에 있다.

현재 지방 자치 단체장은 3선까지 할 수 있다. 지역민이 원하면 3선이 아니라 종신제를 해도 좋겠지만 권력이라는 마약은 그렇게 선량하지만은 않다. 초심을 잃지 말자는 말이 참으로 중요하다는 것을 나중에야 안다. 그래서 '처음처럼'이란 말이 너무 소중하다. 그런데 권력에 젖으면 망각한다. 상대방의 비판을 받아들일 수 없는 상태가 된다. 논리적으로 받아들일 수 없는 발언을 한다. 그것이 진리라고 생각한다. 주변 어느 누구도 그것을 지적해 주지 않는다. 그렇게 독재자는 외롭고 쓸쓸하게 생을 마감한다. 역사가 이 점을 증명해 준다.

지방 자치 단체장을 단임으로 하면 어떨까? 4년 동안만 열심히 하도록 하면 어떨까? 그러면 그토록 많은 선거 비용을 들여서 당선되려고 하지 않을 것이다. 당선된 뒤에 재선을 위한 행보도 없을 것이다. 현재의 위치에서 최선을 다하지 않을까? 임기가 끝난 뒤에 다시 지역민이 원한다 하더라도 미련 없이 떠나는 모습이 아름답다는 것은 누구나 다 알지만 당사자만 모르는 것이 현재 단체장의 자화상이다. 지방 자치 단체장이 되는 것을 명예로 생각하고 섣불리 단체장이 되고자 하지 않는 풍토가 마련되면 얼마나 좋을까? 지역민이 존경하는 바른 식견을 가진 사람, 단체장을 하라고 떠밀어도 하지 않겠다는 그런 사람을 단체장으로 모셔야 되지 않을까?

세간에 마을마다 부군수가 있다고 한다. 아니, 군수가 있다고 한다. 수없이 많은 군수, 부군수가 있다는 것은 긍정적으로 생각하면 모두가 지역을 책임지고 지역을 행복하고 풍요롭게 만들 수 있다는 것이다. 그렇게만 하면 얼마나 좋은 일일까? 그런데 사공이 많으면 배가 산으로 간다고 했던가? 군정을 농단하는 사람이 그만큼 많다는 것이라면 그 죄악을 어떻게 씻으려 하는가? 모두가 공범이다.

'어질지 못한 자가 높은 자리에 앉으면 그 악덕을 뭇사람들에게 퍼뜨린다(不仁者在高位, 是播其惡於衆也).'《맹자》의 〈이루상〉 편에 실린 말이 떠오르는 상황이다.

마을 만들기 사업을 '마을 공동체 사업'이라 부르자

　진안군의 마을 만들기 사업은 오랜 역사를 자랑하며, 대내외적으로 크게 활성화된 지역 중의 하나이다. 2001~2016년까지의 진안군 마을 만들기 추진 사업을 보면 다섯 단계로 체계화되어 있는데, 그 첫 번째 단계가 '그린 빌리지 조성 사업'이다. 이 사업은 진안군 대부분의 마을에서 시행될 정도로 참여도가 높으며 '그린 빌리지 조성 사업'을 한 마을을 답사해 보면 확실히 마을 경관이 돋보인다. 중복해서 '그린 빌리지 조성 사업'이 이루어진 마을도 있지만, 문제는 지속적으로 관리할 수 있는 장치가 필요하다는 점이다.

　2단계 사업은 '참 살기 좋은 마을 가꾸기'이다. 이 사업은 경관 사업과 소득 사업이 함께 이뤄지는 단계이며 3단계 마을 사업인 '으뜸 마을 가꾸기' 사업 전 단계 사업이다. 3단계인 '으뜸 마을 가꾸기'는 진안군만의 나름대로 역량을 가진 사업으로, 1, 2단계 없이 초기 역사적, 문화적, 경관적으로 우수한 20여 개 마을에서 시작한 사업이다. 여기에서는 마을 컨설팅과 결합하여 교육과 훈련 중심의 소득 사업을 전개하였다. 이 사업에 국한된 것은 아니지만 '으뜸 마을 가꾸기' 기본 정신에서 기억할 것은 마을 사람들이 주체가 되어 공동체 사업을 만들어 가는 것이다.

4단계는 역량을 갖춘 마을이 중심이 되어 이루어지는 사업으로 마을 만들기의 핵심이라 말할 수 있다. '농촌 체험 휴양 마을', '정보화 마을', '청정 테마 파크 사업', '농촌 전통 테마 마을', '건강 장수 마을', '향토 산업 마을', '창조적 마을 만들기' 등이다. 국가적으로도 막대한 예산을 지원하는 사업인데, 우리 지역에도 중앙의 각 부처에서 추진하는 사업이 40여 개 마을에서 이루어지고는 있으나 기대한 것만큼 성과를 내지 못하고 있는 실정이다.

그리고 마지막 단계는 '산촌 상태 마을' 사업과 권역별로 이루어지고 있는 '마을 종합 개발 사업'이다. 독립적으로 마을에서 이루어지거나 몇 개 마을을 묶어 이루어지고 있는 마지막 단계 사업으로, 이 사업은 장기적으로 지역의 미래를 고민하여 이루어져야 하는 사업이라 할 것이다.

진안군의 경우만 하더라도 307개의 행정 마을 또는 권역별 사업, 읍면 활성화 사업 등 다양한 사업이 이루어지고 있는데, 여기에서 필자는 현재 사용되고 있는 '마을 만들기 사업'이란 용어를 '마을 공동체 사업'이라 새롭게 부르는 것을 제안하고자 한다.

'마을 만들기'란 용어는 일본에서 사용된 용어를 그대로 직역하여 사용하고 있는 것으로, '마을 만들기 사업'이라고 하면 마을을 새롭게 만든다는 의미로 받아들이기 쉽다. 때문에 '마을 만들기'란 용어에 기존의 마을 주민들이 느끼는 거리감도 있는 게 사실이며, 귀농·귀촌자들이 지역에 와서 마을을 만들어 생활하는 모습을 표현한 것과도 무관하지 않아 보인다.

모듬 살이를 한 마을은 짧게는 100~200년, 길게는 500~600년을 이어 왔다. 농경이 주된 산업이었던 시대에 농촌 마을은 활기가 넘쳤다. 마을은 작은 국가처럼 정치, 경제, 사회, 문화, 종교, 교육이 갖추어진 시스템이었으며, 공동체를 기반으로 모든 기능이 유기적으로 움직이는 유기체였다. 마을도 생성되고 사라지는 생물체와 같다. 산업화와 도시화로 기능과 공동체 의식이 약화되는 상황에서 농촌 지역 활성화를 위해 '마을 만들기' 사업이 추진되었다. 그렇다면 기존 마을에 생기를 불어넣고 활성화하는 사업의 의미가 짙은 것인데, 굳이 새로 만든다는 인상이 농후한 '마을 만들기'란 용어를 사용하는 것보다 '마을 공동체 사업'이라 하는 것이 좋을 듯하다.

현재 농촌 마을을 목숨이 다해 가는 상태에 링거로 연명하고 있는 환자로 비유하는 이도 있다. 마을 스스로 자생력에 한계가 있기 때문에 외부에서 수혈해야 될 상황인 것도 사실이다. 그러나 마을 사업은 마을 공동체 회복이 첫 번째 관건이다. 마을 주민의 위상을 제고할 때만 이 사업이 제대로 이루어질 것이다.

한가롭게 마을 사업에 명칭 타령이나 하고 있는 것이 씁쓸할지 모르지만 사업의 명칭은 사업에 의미를 부여하며, 방향성을 전제하는 기본적이고도 중요한 일이라 생각한다. '마을 만들기 사업'의 명칭에 대하여 함께 논의하는 자리를 만들어 보는 것이 어떨까 싶다.

우리들의 일그러진 마을 사업

이문열의 〈우리들의 일그러진 영웅〉을 읽으면서 소설가가 대단하다는 생각을 했다. 이렇게 권력의 속성을 잘 표현할 수 있을까? 〈우리들의 일그러진 영웅〉은 시골 초등학교를 배경으로 반 친구들 사이에 군림하는 엄석대라는 인물을 통해 권력의 형성과 몰락, 무기력한 대중들의 모습을 그린 이문열의 대표적인 소설이다. 글을 쓰면서 〈우리들의 일그러진 영웅〉이 먼저 생각나는 이유는 어디에 있을까? 현재 진행되고 있는 마을 만들기 사업이 〈우리들의 일그러진 영웅〉과 오버랩 되었기 때문이다.

필자는 본고에서 몇 차례 마을 만들기 사업에 대해 언급했다. 우선 '마을 만들기'를 '마을 공동체 사업'이라 칭하자고 제안했다. 이는 '마을 만들기'라는 용어가 일본어 '마찌즈쿠리(まちづくり)'란 용어를 그대로 직역한 것이고, '마을 만들기'라고 하면 마을을 새롭게 만든다고 하는 의미로 받아들이기 쉽기 때문이다. 기존의 마을 주민들이 그 용어에 느끼는 거리감도 있는 게 사실이다. 귀농·귀촌인들이 지역에 와서 마을을 만

들어 생활한다는 모습을 표현한 것과도 무관하지 않다. 마을은 작은 국가와도 같이 정치, 경제, 사회, 문화, 종교, 교육이 갖추어진 시스템이다. 그리고 공동체를 기반으로 모든 기능이 유기적으로 움직이는 유기체였다. 마을도 생성되고 사라지는 생물체와 같다. 그러던 마을이 산업화와 도시화로 기능과 공동체 의식이 약화되는 상황에서 농촌 지역 활성화를 위하여 소위 '마을 만들기'라는 사업이 추진되었다. 이는 기존 마을에 생기를 불어넣고 활성화하는 사업을 의미하는데 굳이 새로 만든다는 인상이 짙은 '마을 만들기'란 용어를 사용하는 것보다는 '마을 공동체 사업'이라 하는 것이 좋겠다는 생각이다.

그리고 농·산·어촌 지역에 수조의 예산을 투입하여 다양한 사업들이 진행되었음에도 지역의 소득 증대가 미미한 이유는 대부분 사업이 토목 사업으로 진행되었기 때문이라고 진단했다. 가장 많은 예산이 투입된 사업이 '농촌 마을 종합 개발'(농림축산식품부)이다. 이는 동일한 생활권이나 영농권 등으로 동질성을 가지며, 발전 잠재력이 있는 3~5개의 법정리 마을을 상호 연계하여 소권역 단위로 개발하는 사업이다. 지원되는 예산이 권역당 3~5년간 무려 70억 원 범위 내에서 차등 지원된다. 지역에서는 몇 개 권역에서 이미 사업이 진행되었거나 현재 진행 중인 곳이 있다. 올해도 몇 개 마을에서 사업이 시작된다. 이 사업은 소득 기반 확충 사업을 강조하고 있으나 과연 만족할 만한 농가 소득의 성과를 냈는지 의문스럽다. 산촌 지역의 풍부한 산림 및 휴양 자원을 활용해 살기 좋은 산촌 마을을 개발하는 '산촌 생태 마을'(산림청) 사업이 있다. 마을마다 2년 동안 총 사업비가 14억 원이 지원되며 우리 지역 9개 마을에서 진행되었다. 역시 얼마나 성과를 냈는지 모르겠다. 커다란 건물 하나 남기고 만 사업은 아니었는지? 이외에도 '농촌 건강 장수 마을', '농촌 전통 테마 마을'(농촌진흥청), '창조적 마을 만들기'(농림축산식품부), '향토 산업 마을', '청정 테마 파크 사업'(전라북도), '소도읍 육성 사업', '정보화 마을'(행자부), '문화 역사 마을 가꾸기'(문화관광부), '자연 생태 우수 마을'(환경부), 그리고 지역의 특색을 살린 '그린 빌리지 조성 사업', '으뜸 마을 가꾸기'(진안군) 등 수많은 사업이 진행되었다. 그럼에도 제대로 취지를 살려 마을 사업이 진행되었는지? 의문이 든다. 물론 몇 개의 마을은 변화가 이루어지고 나름 소득 사업의 성과도 이루어진 것이 사실이다. 그렇지만 300여 개에 이르는 마을 중에서 몇 개의 성공 사례가 과연 의미를 가질 수 있을까? 마을과 마을이 학생처럼 경쟁하는 것도 아니고, 지역의 마을 모두가 풍요롭고 여유로운 삶터가 되어야 하지 않겠는가? 그리고 한 마을에서 몇 개의 사업을 지속적으로 지원받은 마을의 경우 어떻게 변화되었는지도 꼼꼼히 살펴볼 일이다. 지나치게 많은 공모 사업으로 마을에 많은 돈이 유입되는 것은 바람직하지 않을 뿐더러 지양해야 한다. 마을이나 읍·면 단위에 수십억 원이 투입되었을 때 결국 토목 공사 위주로 사업은 결말이 나는데, 이제는 이런 일이 되풀이되지 않았으면 한다.

송기숙 선생님이 펴낸 산문집 《마을, 그 아름다운 공화국》이 있다. 선생님은 세상의 축소판인 마을에는 대개 5가지 유형의 인물이 존재한다고 이야기한다. 존경받는 마을 어른이 있고, 늘 말썽만 부리는 버릇없는 후레자식, 일삼아서 이 집 저 집으로 말을 물어 나르는 입이 잰(야앙의 방언) 여자와 틈만 있으면 우스갯소리로 사람들을 웃기는 익살꾼, 그리고 좀 모자란 반편(半偏)이나 몸이 부실한 장애인 등 다섯 가지 유형이라고 한다. 한 유형의 사람이 없어지면 곧 새로운 인물이 나타나 그 자리를 메우게 마련이라고 한다. 마을 사람은 어떤 사람이건 필요한 역할을 하며 유기적으로 움직이면서 아름답고 소중한 마을을 이룬다. 그런데 마을 사업을 손아귀에 쥐고 몇몇이 엄석대처럼 행동한다면 마을은 어느 순간 붕괴되고 말 것이다. 우리들의 일그러진 마을 사업이 되지 않도록 시급히 마을 사업들이 새로운 길을 모색할 때라고 생각한다.

진안군 소식지 《희망진안》

　진안군 소식지인 《희망진안》을 꼼꼼히 살펴보는 편이다. 그래서 소식
지에 실린 지역 분을 찾아뵙고 이야기를 나누고 싶은 때도 많았다. 민선
6기의 군정 소식지는 '사람과 자연이 함께하는 희망진안'이다. 지난번
단체장 때에는 '변화하는 고장, 행복한 진안'이었다. 지자체가 시작되면
서 본격적으로 만들어지기 시작한 군정 소식지는 세련된 편집에서도 그
변화를 실감할 수 있다. 그럼에도 군정 소식지에 담겨 있는 핵심은 '희망
의 진안', '행복한 진안'이다. 지역의 소망이 담겨 있다는 의미이다.

　7월호에 민선 6기 단체장 임기 반환점 지점에서 그동안의 성과를 지역
주민의 입을 빌어 담고 있었다. 소위 '민선 6시 2년 결산'이 그것이다.
지역 주민의 입을 빌어 담아내고자 하는 형식이 매우 인상적이었고 공감
가는 부분도 많았다. 주로 생활 속에서 느낄 수 있는 내용이었다. 그 내
용을 보자.

　우선 2018년부터 진안에 도시가스가 공급된다는 내용이 첫머리를 장

식하였다. 도시가스가 공급되면 난방비가 절감되는 등 많은 이점이 있겠지만 진안읍에 국한된다는 점과 주변 면 단위에 공급될 계획이 제시되지 않아 아쉬웠다. '무진장 농촌 버스 요금 단일화' 시행은 진안군이 으뜸으로 내세우는 공약 이행 사업이다. 1,000원으로 무진장 지역 어디든지 갈 수 있다는 것은 혜택이기는 하다. 그럼에도 100% 버스 공영제로 나아가길 바란다. '쓰레기 3NO 운동'은 이항로 군수가 단체장이 되기 전에 시행한 정책이 나름대로 군 전체에 정착되고 있다는 생각이다. '우렁이 농법으로 제초제 없는 벼농사 정착'은 당연히 군 전체로 확대되어야 한다. 더 나아가 논두렁 등 농경지에 제초제를 사용하지 않고 친환경 농업을 할 수 있는 장기적인 계획이 필요하다고 본다. 그리고 과수나 특용 작물 재배가 늘어나면서 농약 사용량도 늘어나는데, 친환경 농약을 보급하는 등 다양한 방안이 강구되어야 할 것이다. '고향 할머니 장터'는 로컬 푸드와 같은 이미지를 만드는 사업이다. 보다 '진안의 고향 할머니 장터'로 특화할 필요를 느낀다. 진안에서만 느낄 수 있는 장터로 되기 위한 노력은 여기에 진안의 농산물이 언제나 신선하게 판매될 때 의미가 있지 않을까 생각한다. 최근 진안 홍삼에 대한 대대적인 홍보가 이루어지고 있다. 홍보와 함께 진안의 홍삼 가공 업체가 실질적인 수익으로 연결될 수 있는 여건 등을 지원해야 할 것이다. 물론 누구나 믿을 수 있는 품질이 보장되어야 한다는 것은 두말할 나위 없는 일이다. 진안 홍삼 축제 역시 요란스럽기보다는 내실 있는 축제로 자리 잡기를 바란다.

　지난 2년 동안 민선 6기의 군정 활동에서 나름대로 지역의 농산물을 특화하기 위한 브랜드로 '진안고원' 이미지를 살린 것은 매우 고무적인 일이다. 그렇다고 하여 지나치게 '북에는 개마고원, 남에는 진안고원'처럼 허세를 부려서도 안 되고, 모든 부분에 '진안고원'이란 브랜드를 사용하는 것도 바람직하지 않다.

많은 논란을 불러일으킨 마이산 케이블카 설치 문제에 슬기롭게 출구 전략을 세워야 한다는 점을 이미 밝힌 바 있다. 임기 반환점을 지나는 시점에서 냉철하고 심도 있는 고민이 필요하다. 운산리 인공 습지 논란, 진안 의료원 직원 채용 논란 등은 분명하고 진실하게 진상을 밝혀야 할 것이다.

정약용은 절친한 친구인 이재의의 아들 이종영이 영암 군수로 부임했을 때 다음과 같이 당부했다. 중국의 선인인 부구옹의 말을 빌려 고을을 다스리는 방법은 염(廉)이라 했다. 염(廉)은 청렴을 의미한다. 그러면서 청렴의 의미를 말해 준다. "청렴은 밝음을 낳으니 실상이 훤히 드러날 것이요, 청렴은 위엄을 낳으니 백성들이 모두 그대의 명령을 따를 것이요, 청렴은 곧 강직함을 낳으니 상관이 감히 그대를 함부로 대하지 못할 것이다. 이래도 백성을 다스리는 방법으로 부족한가?"

또 한 가지는 봉록과 지위는 다 떨어진 신발처럼 여기라고 당부한다.

'간사한 아전이 비방을 조작하여 나를 겁주는 것은 무엇 때문인가? 내가 이 봉록과 지위를 지키려 한다고 생각하기 때문이다. 재상이 청탁을 하여 나를 더럽히는 것은 무엇 때문인가? 내가 이 봉록과 지위를 유지하려 한다고 생각하기 때문이다. 무릇 봉록과 지위를 다 떨어진 신발처럼 여기지 않는 자는 하루도 이런 자리에 앉아서는 안 된다.'

정약용의 당부는 고을을 책임진 오늘날의 목민관들도 새겨들어야 할

고언(苦言)이다. 그리고 지역의 사업이 부디 군정 소식지에 담겨 있는 소
망처럼 잘 이루어지길 기원한다.

'농촌 중심지 활성화 사업' 마령면 발전 기회 삼아야

지난주에 임실군 지사면 지역을 답사했다. 지역의 마을 숲을 보기 위함이었다. 그런데 지사면 여러 마을을 둘러보면서 지역에서 다양한 사업이 이루어지고 있음을 쉽게 짐작할 수 있었다.

답사를 마치고 지사면에서 시행된 사업을 알아보니 '농촌 마을 종합 개발 사업'이 추진된 곳이었다. 이는 농림부가 농촌에 활력을 불어넣기 위해 2004년부터 2017년까지 추진한 사업으로 사업 권역으로 지정되면 70억 원가량 지원되는 사업이다. 이는 농촌 마을의 경관 개선, 생활 환경 정비 및 주민 소득 기반 확충을 통해 살고 싶은 농촌 정주 공간을 조성하여 농촌에 희망과 활력을 고취하려는 것이다. 아울러 농촌 사회 유지·도모를 목적으로 하고 있다. '농촌 마을 종합 개발 사업'은 '신활력 사업'과 자주 비교되곤 한다. '신활력 사업'이 국가 균형 발전 차원에서, 그리고 낙후 지역에 대한 배려 차원에서 추진되는 사업이라면, '농촌 마을 종합 개발 사업'은 거점식 농촌 개발, 국민의 삶의 공간을 발전 가능성 있는 지역에 집중 지원하는 사업이다. '신활력 사업'은 시군 단위로 선정한다면 '농촌 마을 종합 개발 사업'은 권역별(면 단위)로 사업이 진행된다. '신활력 사업'은 국가 균형 발전 5개년 계획상 기초 지자체를 대상으로 하는 핵심 사업이다. 우리 군도 '신활력 사업'에 참여했었다. '농촌 마을 종합 개발 사업'은 농업 농촌 종합 대책상 21세기형 농촌 모델 구축을 위한 중심 사업으로 이미 수백 개 권역에서 실시되고 있다.

임실군 지사면은 '농촌 마을 종합 개발 사업' 권역 비전을 '역사와 알곡이 풍성한 청정 곳간 마을, 십이연주권역'으로 설정하여 십이연주봉(十二連珠峰) 아래에 자리 잡은 마을마다 에코(eco) 박물관을 만들어 놓았다. 십이연주권역은 역사 자원(서원, 고인돌, 하마비), 이야기 자원(오수의 개, 김개인 생가, 장군바위, 부부암), 청정 자원(십이연주봉, 덕재산, 오수천), 문화 자원(100년된 정미소, 전통 토담), 농업 자원(친환경 벼, 축산, 낙농, 화훼), 체험 자원(안하 녹색 농촌 마을, 영산식품) 등 지역의 다양한 자원을 활용하고 있었다.

특히 인상 깊은 것은 사촌(沙村) 마을의 경우 마을의 문화재나 사라진 유적, 지명에 대한 표지석을 제작하여 설치한 것이었다. 뒷면에는 간단한 설명이 기록되어 있다. '사창(沙倉, 社倉)들'(약 13만㎡ 쌀 옥토, 사질양토, 98년경 경지 정리, 점질양토), '한방[大方]들'(약 5만㎡ 쌀논, 사질양토, 89년경 경지 정리, 점질양토), '독다리들', '독다리[石橋] 매몰지'(영천리 1207, 가로 세로 약 1.5m, 두께 약 50㎝ 경지 정리 때 매몰), '깊은배미 물레방아터'(영천리 1027-1, 넘겨치기 2확, 쌀방아), '아래뜸 디딜방아터', '옥터거리', '빨래터', '전진바우', '부부암', '징검다리터', '사촌입석'(앞

면 : 마을 경계석, 남쪽 수호석, 영천리 664-1, 뒷면 : 세운 시기는 알 수 없으나 청동기 시대로 추정, 냇가 선돌은 1948년 이교진 씨가 마을 수구막이로 세움. 큰 도로변은 2004년 마을 주민이 세움), '탑터'(뒷면 : 위 영천리 1070, 아래 영천리 1030, 마을 허한 앞 비보) 등 표지석이 마을을 살아 있는 박물관으로 만들었다. 우리나라는 기록의 나라이면서도 마을 역사와 유래를 제대로 기록한 마을이 드물어 불분명한 경우가 많은데, 이런 측면에서 사촌마을 문화재 표지석 작업은 그 의미가 매우 크다.

마령면에서도 유사한 '농촌 중심지 활성화 사업' 계획을 가지고 있다. 이는 농촌 중심지의 잠재력과 고유의 테마를 살려 특성과 경쟁력을 갖춘 농촌 발전 거점으로 육성하고, 농촌 중심지를 배후 마을과 도시를 연결하는 연결 거점으로서 지역 행복 생활권 구현을 목적으로 하는 사업이다. 마령면에 반드시 필요한 사업이다. 비전도 교육에 중점을 두어 면 소재지를 중심으로 활력이 넘치는 지역을 꿈꾸고 있다. 이런 사업이 이미 진행된 곳에서 조언하는 바는 시사점이 크다. 지역 주민들의 관심과 참여를 제1순위로 조언하고 있다. 더 말할 여지가 없다. 교육을 통한 비전 설정이다. 사업이 진행되면 다양한 교육이 진행되는데, 무엇보다도 지역에 맞는 비전이 설정되어야 할 것이다. 사업이 진행되면서 발생할 수 있는 사소한 갈등을 극복할 수 있는 리더십과 배려가 필요하다. 마령면에서 계획하고 있는 '농촌 중심지 활성화 사업'이 아이들에겐 건강하고 행복하게 자랄 수 있는 토대가 되고, 주민들에겐 새로운 생기가 깃드는 계기가 되었으면 한다.

제비는 언제나 돌아온다

지난주 현장 체험 학습으로 제주도를 다녀왔다. 제주도는 어느 때 찾아가도 좋다. 이국적인 정취며 헤아릴 수 없는 많은 볼거리가 사람을 찾게 만든다. 80년대에는 신혼 여행지로 제주도를 찾아갔지만 요즘은 초등학교 때부터 수학여행으로 제주도를 찾는다. 그래서 중·고등학교 학생들은 제주도로 가는 수학여행이 그렇게 두근거리지 않는 것 같다.

제주도에 관한 특별한 기억이 있다. 하나는 전국역사교사모임에서 제주도 연수가 있을 때 주제별 즉, 4·3항쟁, 제주도 마을 신앙, 유배 문화 등을 탐방했을 때 기억이다. 기존 수학여행 코스와는 완전히 다른 제주도의 속살을 볼 수 있는 연수였다. 가는 곳마다 미처 알지 못한 제주도를 접했다. 그야말로 제주도민의 삶과 아픈 역사가 우리 앞에 있었다. 실제 4·3항쟁 당시 사람들이 숨은 동굴에 들어갔을 때는 숨이 막히는 현기증을 느꼈다. 당시 사람들의 삶과 죽음의 순간을 느끼기에 충분했다. 마을 신앙을 찾으면서 제주도민의 한(恨)과 살아가는 모습을 보았다. 지금에야 많은 사람들이 찾는 곳이 되었지만 조선 시대만 하더라도 제주도는 유배지였다. 실제 제주도 유배 길은 죽음과 같은 것일지도 모른다. 거친 풍랑 속을 헤치고 섬에 닿는 순간에야 살았음을 느꼈을 것이다. 이런 답사를 통해 우리가 알고 있는 제주도와는 전혀 다른 제주도를 접할 기회가 되었고 언젠가 다시 답사할 생각을 했다.

다음으로 제주도 올레길에 대한 기억이다. 제주도 올레길, 지리산 둘레길 등 지자체에서 길 개발 열풍이 불 때 전주에서는 천년고도 옛길 개발 프로젝트가 있었고 그 프로젝트에 참여하게 되었다. 당시 선행 연구로 제주도 올레길을 답사하게 되었다. 당시에는 12구간까지 만들어졌다. 현재 제주 올레길은 21구간이 개척되어 운영 중이다. 지금도 여전히 많은 사람들이 올레길을 찾고 있다. 당시 답사는 1구간만 완주하고 다른 구간은 나름 특색 있는 구간만 살펴보았다. 제주도는 매우 경관이 좋은 섬이다. 바다면 바다, 내륙의 숲이면 숲, 그야말로 천혜의 경관을 자랑한다. 실제 우리나라 곳곳의 길을 모두 탐방하지는 못했지만 어떠한 길도 제주도 올레길만큼 빼어난 경관을 찾아보기 힘들다. 필자는 제주도에서 가장 인상 깊은 곳을 뽑으라고 한다면 성산 일출봉을 이야기한다.

끝으로 제주도에서 3박 4일간 현장 체험 학습 때 가는 곳마다 제비를 본 것이 가장 인상적이었다. 마령고로 발령받고 제비를 3년째 관찰 중이지만 제주도 제비는 유난히 통통하고 몸집이 크다는 생각을 했다. 제비를 관찰하면서 필자는 제비에 대한 새로운 것을 많이 알게 되었다. 제비에게 제비 집은 알이 부화하고 새끼를 키우는 자궁과 같은 곳이라는 것을 처음 알았다. 그러니까 제비가 제비 집에서 생활하는 것은 아니다. 제비 집 아래 쌓인 똥은 부모 제비의 것이 아니라, 새끼 제비가 크면서 집 밖으로 똥을 싸게 되어 쌓인 것이다. 새끼 제비가 커서 집 밖으로 나서면 그때부터 제비 집은 빈집이 된다. 그래서 7~8월경이면 소재지나 마을에서 제비를 볼 수 없다. 제비가 남녘으로 떠난 것이 아니라 이 무렵의 제비는 풀숲에서 잠을 잔다. 이곳을 잠자리 터(보금자리 터)라 한다. 한 달가량 지속되는 잠은 남녘으로 떠나기 전 힘을 비축하기 위한 것이다.

실제 우리나라 제비가 남녘으로 떠날 무렵 제주도에 잠시 머물다 가는데 10만 마리 정도가 모인다고 한다. 대단한 장관이 펼쳐지는 것이다. 한때 우리나라에서 제비 보기가 매우 어려웠다. 그런데 섬을 중심으로 해안 지대부터 제비가 찾아오더니 지금은 농산촌 지역에서 제비를 드물지 않게 볼 수 있다. 이는 산업화로 인하여 많은 지역이 무분별하게 오염되었다가 요사이 제비가 살 수 있는 환경이 조성되었다는 증거이다. 특히 청정한 곳부터 제비가 찾게 되었고 그 무리도 많아졌다. 그리고 제비는 사람들이 많이 머무는 곳에 집을 짓는다. 제비는 사람들이 자기네들을 지켜 준다고 믿고 있다. 그래서 사람들이 모여드는 곳에 제비 집을 짓는다.

제비는 새끼를 키워 함께 남녘으로 떠난다. 수천 킬로미터를 날아 겨울을 보내고 다시 찾아온다. 음력 삼월 삼짇날에 찾아온다. 올해도 그 무렵에 마령으로 찾아왔다. 그즈음엔 새끼에게 부지런히 먹이를 물어다 주는 제비를 볼 수 있다. 그러다가 어느 날 제비 집은 빈집이 된다. 이런 과정이 반복된다. 남녘으로 떠나간 제비는 언제나 다시 찾아온다.

〈이진안〉 신문이 휴간에 들어간다. 힘겹게 달려 온 3년이었다. 언론의 역할이 지역 사회에서 중요한 역할을 한다는 점은 두말할 나위 없다. 지역 사회가 절실히 언론을 필요로 할 때 아마 〈이진안〉 신문을 생각할 것이다. 〈이진안〉 신문이 제대로 발행되기 위한 역량 부족임은 시인한다. 그렇지만 가까운 시일에 다시 발행되길 많은 독자들과 기원해 보는 것은 자존심 때문일지도 모르겠다. 제비가 잠을 자는 것은 수천 킬로미터를 날아가 다시금 찾아오기 위한 것이다. 〈이진안〉 신문의 휴간이 그런 제비의 비행이었으면 싶다.

진안, 가슴으로 담다

진안군 새로운 브랜드 슬로건을 고민해 보자

국가나 지자체마다 나름 브랜드 슬로건이 있다. 몇 개의 단어로 함축하는 의미를 담는다. 국가 브랜드는 그 나라의 '얼굴'이다. 한 사람의 얼굴이 그의 인격을 설명해 주듯 국가 브랜드는 국격을 말해 준다. 그런데 최근 약 35억 원을 들인 새 국가 브랜드가 표절 논란에 휩싸였다. 그것은 정부가 새로 만든 '크리에이티브 코리아'가 프랑스의 '크레아티브 프랑스'와 콘셉트가 같았기 때문이다. 당시 정부는 구구한 변명을 늘어놓았지만 분명한 표절이었다. 새 국가 브랜드의 표절로 국격에 먹칠을 한 셈이다.

2000년대 들어 세계 경쟁이 격화하면서 국가 브랜드를 만들고 이를 관리하는 데 각국이 온 힘을 쏟고 있다. 각국은 저마다 처한 역사적, 문화적, 경제적, 정치적 특수성과 역량에 따라 국가 브랜드의 육성과 관리에 최대한의 노력을 경주하고 있다

영국은 2012년 런던올림픽을 계기로 국가 브랜드 슬로건 '그레이트

브리튼(GREAT Britain)' 캠페인을 시작했다. 과거의 영광을 상징하는 이 표현을 창의적·혁신적이라는 이미지와 결합하여 현대적으로 재해석한 것이다. 세계 여러 나라의 국가 브랜드 슬로건 중에서도 '100% 순수 뉴질랜드(100% Pure New Zealand)'는 탁월한 작품으로 평가된다. 이 슬로건은 뉴질랜드 자연 특유의 청정함을 잘 표현했다. 뉴질랜드는 이 슬로건을 토대로 '100% Pure Spirit', '100% Pure Adventure' 등 다양하게 변용된 슬로건도 활용한다. 독일은 2005년 앙겔라 메르켈 총리 취임 뒤 '아이디어의 나라(Land of Ideas)'라는 슬로건을 만들었다. 싱가포르는 전통과 현대가 교차하는 문화의 '독특성'을 강조하는 슬로건(Uniquely Singapore)을 내세우고, 타이는 '놀라운 타이(Amazing Thai)', 인도는 '믿기지 않는 인도(Incredible India)', 캐나다는 '끝없는 발견 캐나다(Canada, Keep exploring)', 일본은 '멋진 일본(Cool Japan)' 등 나라마다 자신들의 이미지를 압축적으로 표현해 국가 브랜드 가치를 높이려 안간힘을 썼다(김종구).

우리나라는 2002년 월드컵 대회를 앞두고 '다이내믹 코리아(Dynamic Korea)'가 만들어졌다가 최근에 '크리에이티브 코리아'가 만들어졌다.

지자체도 나름의 브랜드 슬로건을 가지고 있다. 서울시는 나와 당신이 이어지며, 함께 공존하는 서울을 상징하는 '너와 나의 서울(I SEOUL U)', 부산은 개방적이면서도 진취적인 'Dynamic Busan', 광주는 모든 사람이 함께하는 'Your Patner Gwangju', 전주는 흥과 어울림을 내포한 '한바탕 전주, 세계를 비빈다.'이다. 최근에는 전주의 정신을 새롭게 정립하기 위하여 '전주의 정신, 한국의 꽃심 전주'를 새로운 슬로건으로 내걸었다. 진안과 유사한 평창군은 'Happy 700'이다. 요즘의 힐링 콘셉트를 가장 잘 표현했다고 생각된다. 청정 지역의 이미지와 행복한 고도가 해발 700m라는 단순한 브랜드가 평창군의 위상을 높여주고 있다.

진안의 브랜드는 '마이 진안(My 진안)'이다. 진안군 홈페이지에서는 브랜드 로고의 의미를 이렇게 설명하고 있다. "전체적 형상은 청정한 진안군을 표현한 것으로, 진안의 정기가 마이산을 타고 용담호를 품어 흘러가는 모습을 시각화하였다. 우측의 M은 마이산, Y는 용담호를 표현한 것이며, 상단의 붉은 원은 태양과 홍삼의 꽃을 나타낸다. 붉은 원과 연결된 좌측의 J와 I는 진안 군민을 표현한 것"이라고 한다. 진안의 상징인 마이산을 영문 '마이'로 변환하면서 My로 표현하여 '나의 진안'으로 만든 것은 절묘하다. 그럼에도 불구하고 '마이 진안(My 진안)'이라는 슬로건이 담고 있는 진안의 상징성이나 정신, 힘이 미약하다.

국가 브랜드가 국격을 말해 주듯, 지역 브랜드도 지역의 얼굴이자 품격의 가늠자가 된다. 지역의 여론을 반영하여 새로운 브랜드 슬로건을 공모하는 것도 진안의 50년, 100년을 준비하는 시작일지 모른다. 지역 브랜드 슬로건을 고민해 보자. '마이 진안(My 진안)'도 좋지만…….

진안군 사업 난맥상
제대로 점검해야

최근 감사원이 진안군 등 6개 지자체(진안군, 순천시, 목포시, 익산시, 정읍시, 장흥군)에 대한 중점 분야 기관 운영 감사 결과를 발표하였다. '중점 분야 기관 운영 감사'는 최근 10년간 각 기관의 주요 사업 및 조직·인사에 관한 감사원의 감사가 없었던 지자체에서 실시된 것이다. 그동안 도감사 등이 실시되었지만 오랫동안 감사원의 감사가 없었다는 점은 지자체 운영이 무풍지대였음을 말해 준다. '중점 분야 기관 운영 감사'는 특히 기관에서 추진하고 있는 국고 보조 사업 중 지연되거나 중단된 사업을 대상으로 타당성 조사 및 지방 재정 투자 심사 자료를 분석했다. 그리고 국고보조금 집행의 적정 여부에 대해 소관 중앙 행정 기관의 의견을 수렴하여 감사 결과를 담았는데 진안군의 경우 6가지 사업을 지적받았다. 대부분은 타당성 검토 없이 사업을 시행하면서 발생한 예산 낭비 분야에 대한 지적이었다.

우선 '월랑공원 내 골프 연습장 조성 사업 타당성' 검토 등이 부적정하

진안, 가슴으로 담다

다는 지적이다. 2013년 진안군은 250명의 골프 인구를 감안해 골프 연습장을 조성할 경우 많은 손실이 발생할 것으로 예상되어 추진하지 않기로 결정했다. 그런데 2014년 이후 골프장 사업과 더불어 사업 규모 확대도 결정하여 골프 연습장 조성을 진행하였다. 그런데 현재와 같이 진행될 경우 손실이 발생하고 군 재정 부담이 가중되어 한정된 군 재정의 효율적 운영에 지장을 초래할 것이란 지적이다. 그래서 진안 군수에게 골프 연습장 조성 사업의 타당성을 재검토하고 사업 규모를 축소 조정하는 방안을 마련하라고 지적했다. 그리고 타당성 분석 결과 사업성이 없고 운영 적자가 예상되는데도 합리적인 이유 없이 사업 규모를 확대하거나 추진하는 일이 없도록 하라고 지적하고 있다.

번잡을 무릅쓰고 '월랑공원 내 골프 연습장 조성 사업 타당성'에 대한 지적 사항을 언급한 이유는 최근 몇 년간 논란이 되고 있는 '마이산 케이블카 설치' 문제가 오버랩 되었기 때문이다. 환경 파괴 문제, 문화재 현상 변경 심의, 경제적 타당성 등 어느 한 분야도 충족시키지 못하고 수많은 문제점에 직면했음에도 마이산 케이블카 설치를 고집하는 모습이 안타깝다. 특히 마이산 케이블카 설치를 위한 재원 마련은 심각성을 띤다. 초기 마이산 케이블카 재원 마련을 위해 군 자체 예산을 매년 100억 원씩 3년간 300억 원을 마련하여 설치한다고 했다가 반발에 부딪치자 현재는 국비 140억 원, 군비 50억 원, 총 190억 원을 마련하여 설치하겠다고 공언하고 있다. 그러나 국비는 마련도 쉽지 않은 데다가 결국은 세금이지 않은가? 또한 여전히 타당성 조사나 법적 검토도 제대로 되지 않은 상황에서 진안군은 행정력을 소진(消盡)하고 있다. 설사 마이산 케이블카가 설치된다 하더라도 후에 감사원 감사를 받게 된다면 골프 연습장 타당성 부적정 지적과 똑같은 결과가 나올 거라는 생각이 든다.

감사원은 이외에도 '진안리조트 개발 사업 특수목적법에 출자 부적정' 지적 사항에서도 출자의 타당성·사업성을 면밀히 검토한 후에 출자 여부를 검토하라고 말하고 있다. 또한 '등산로 정비 사업 관련 민간 항공기 이용 부적정', '드라마 제작 지원 대행 용역 수의 계약 부적정', '농어촌 소득 지원 기금 융자금 연체 관리 부적정', '산지 복구 설계서 승인 부당 처리' 등을 지적하였다.

어느 기관이나 나름의 정책을 개발하고 사업을 추진하여 지역 발전을 이루기 위해 최선을 다해야 한다. 물론 어떤 정책이나 사업이 지역민을 위한 사업이라면 약간의 위험을 감수할 수도 있다. 그렇지만 적어도 타당성 조사와 법적인 문제를 제대로 검토한 후에 실행해야 한다. 그렇지 못하면 혈세만 낭비할 뿐이다. 그 피해는 고스란히 지역민에게 돌아온다. '중점 분야 기관 운영 감사'의 지적 사항을 타산지석(他山之石) 삼아 이런 일이 되풀이되지 않도록 군 사업을 제대로 점검해야 할 것이다.

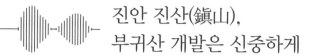

진안 진산(鎭山),
부귀산 개발은 신중하게

진산은 고을을 포근하게 감싸 안은 어머니 같은 산이라 말할 수 있다. 그러면서도 아버지같이 믿음직스럽고 듬직한 산이기도 하다. 우리나라에서는 고을의 가장 중요한 산을 '진산'으로 지정하는 진산 문화 전통이 있다. 진산이란 보통 고을을 진호(鎭護)한다 하여 붙여진 명칭이다.

진산은 고을을 등지고 위치하여 진호(鎭護), 표상(表象)하는 상징성을 내포하는 것으로 멀리서도 고을을 대표할 수 있는 수려하고 장엄한 산세(山勢)의 산으로 이루어진다. 진산의 의미성은 방어나 계절풍을 막아 주는 합리적인 이유 이외에도 상징성을 가지고 있다. 이는 풍수적 사고가 내포되어 있다는 의미이다. 부귀산은 《신증동국여지승람》에 의하면 '현의 북 5리에 있는 진안의 진산(鎭山)이다.'라고 기재되어 있다. 주산의 개념을 보통 진산과 혼용하여 사용하기도 한다. 그러나 진산은 주산이란 이름보다 상징성을 가진다.

진안은 진산인 부귀산을 중심으로 풍수 개념도를 설명할 수 있다. 부귀산 기운이 읍내까지 뻗어 내리는데 우백호(右白虎)는 진안에서 전주로 넘어가는 고개인 강경골재맥에 해당한다. 강경골재맥은 마이산으로 이어지는 맥으로 금남호남정맥의 연결선이다. 강경골재는 금강과 섬진강의 분수령(分水嶺)이라 하여 붙여진 이름이다. 좌청룡(左靑龍)맥은 진안향교 쪽으로 뻗어 내려온다. 안산(案山)은 진안천 건너편 우화산(羽化山)과 성뫼산 줄기이다. 그리고 내룡(來龍)에 해당되는 당산(堂山)에 힘찬 기운이 머물고 그 앞자리에 명당 판을 형성해 놓았다. 1872년 제작된 전라도 진안현 채색 지도를 보면 진안현을 매우 아름답게 표현하고 있다. 지도 중심부에 진안현 동헌이 자리 잡고 있으며 좌우에 객사와 향교가 자리 잡고 있다. 이런 진안 고을의 공간 구조를 이어받아 옛 동헌 자리에 현재 군청이 들어섰다. 진산은 고을의 입지 및 동헌이나 객사의 공간 배치를 결정하는 중요한 요소가 된다. 1997년 진안읍 우회 도로를 내면서 우화산 맥이 잘렸고 강경골재도 심하게 맥이 훼손되었다. 특히 강경골재는 금남 호남 정맥인 영취산(장안산)과 부귀산, 운장산을 연결시켜 주는 매우 중요한 산줄기인데, 그 맥이 험상궂게 잘리고 말았던 것이다. 다행히 최근에 맥을 이어 주는 다리가 건설되어 맥을 이어 준 비보(裨補) 다리 역할을 하게 되었다.

몽염 장군 이야기는 산천의 지맥을 함부로 하지 말라는 교훈을 전한다. 진시황제가 죽고 후계 문제가 거론되었을 때 당대의 명장 몽염이 진시황의 시종 조고(趙高)의 모략으로 억울하게 죽임을 당하게 된다. 몽염 장군은 다음과 같은 마지막 독백을 남겼다.

"나는 지금까지 살면서 죽을죄를 지은 것이 없다고 생각한다. 그러나

진안, 가슴으로 담다

곰곰이 생각해 보니 내가 만리장성 쌓는 일을 감독하면서 수많은 산룡지맥(山龍之脈)을 끊어 국토에 죄를 지은 것이 분명하다." 몽염은 대지의 기맥을 끊어서 국토에 위란을 초래했다고 자각한 것이다. 실제로 몇 년 지나지 않아 진나라는 멸망했다(《사기(史記)》 몽염 열전(蒙恬列傳)).

《조선왕조실록》을 보면 진산의 훼손을 방지하거나 풍수적인 보전을 논의하는 내용이 자주 등장한다. "진산은 마음을 써 나무를 가꾸어야 하는데 한 시대의 폐정 때문에 그대로 개간하여 경작하고 또는 집을 짓곤 하니 본래대로 환원하여 상서로운 터전을 중히 여기게 하기 바랍니다(《중종실록》 20년 6월 20일).", "전주는 지형의 남쪽이 낮고 북쪽이 허하여 고을의 기운이 분산되기 때문에 진산 이름을 건지산(乾止山)이라 했다(《중종실록》 20년 8월 1일)."

민선 6기 이항로 군수는 진안 관광 활성화를 위해서 주산인 부귀산을 개발하겠다는 포부를 밝힌 바 있다. 하지만 앞에서 언급한 것처럼 진산은 함부로 개발하면 안 된다는 선인들의 지혜가 전해 내려오고 있다. 진안 고을을 지키는 진산이자, 부귀산을 개발할 때는 이런 점도 심사숙고해야 할 것이다.

마이산 케이블카 설치
공론화 과정을 충실히 해야

    진안 지역에서 마이산과 관련된 논쟁이 탑사 문제 이후 케이블카 설치로 거세지고 있다. 논쟁의 발단은 지자체의 수장이다. 공론화 과정도 없이 행사장이나 회의장에서 케이블카를 설치하겠다는 발언을 했기 때문이다. 적절한 시점에 유감 표명이 필요하다고 본다. 지자체의 수장은 공인이다. 어느 곳에서나 격에 맞는 말과 행동이 따라야 한다. 케이블카 설치 사안은 그러한 예 중 하나이다. 특히 국비나 도비 등 지원 예산 없이 지자체 가용 예산으로 케이블카를 설치하겠다는 점은 즉흥적인 발상에서 출발했다고 해도 과언이 아니다. 진안군의 가용 예산은 1년에 400억 원에 불과한데, 여기에서 해마다 100억 원씩 3년을 투자한다고 하니 이런 예산 운용이 어디에 있는가? 가용 예산 중 100억 원을 마이산 케이블카 설치에 사용한다면 다른 분야 예산 운용에는 소홀해질 수밖에 없다. 가정 살림도 수입에 맞추어 지출 범위를 정하는 법인데 지자체의 예산 운영이 실로 걱정되는 지점이다.

한편으로 지자체 수장의 마이산 케이블카 설치 발언으로 지역은 찬반으로 나뉜 형세가 되었다. 마이산 케이블카 설치 찬반 기자회견부터 1인 반대 시위를 비롯하여 '마이산 케이블카 설치만이 살 길이다.'라는 현수막까지 등장하였다. 여기에 지역 신문도 상당 부분을 할애하여 케이블카와 관련된 기사를 쏟아 내었다. 이런 와중에 지자체는 마이산 케이블카 설치 타당성 조사 용역비를 의회에 제출했으나 부결되었다. 의회로서는 지자체에서 마이산 케이블카 설치와 관련된 공식적인 보고도 받지 못한 상황이었기 때문이라고 한다.

진안군은 이제부터라도 제대로 된 공론화 과정을 거쳐야 한다. 마이산 케이블카 설치가 그리 시급성을 요하는 사업이 아니다. 마이산 케이블카 사업이 당장에 황금 알을 낳는 사업이라는 보장도 없고 이미 수많은 자료에서 제시된 것처럼 염려되는 부분이 많다. 그렇다면 문제되는 점을 제대로 파악하여 실시해도 늦지 않다. 우선 토론회가 필요하다. 찬성과 반대 토론자를 선정하여 토론회를 열자. 감정적인 접근은 삼가야 한다. 환경적인 부분부터 경제적 타당성까지 면밀히 살필 수 있는 토론회가 진행되었으면 한다. 토론회는 한 차례로 끝내지 말고 분야별로 몇 차례라도 진행하여 공론화 과정을 거쳤으면 한다. 일단 군의회가 케이블카가 설치된 6개 지역에 대한 현지답사를 진행했다. 현지답사는 매우 의미 있는 작업이다. 여러 지역에서 운영되고 있는 케이블카의 운용 실태를 제대로 파악하여 과연 우리 지역에 설치하는 것이 타당한지 면밀히 살펴야 할 것이다.

이후 설치할 필요가 없다고 판단되면 진안군과 충분히 논의하여 없었던 일로 하면 좋겠고 나름 타당성이 있다면 지자체에서 요구한 마이산 케이블카 설치 타당성 조사 용역을 받아들일 수밖에 없겠다. 흔히 용역이 요식 행위로 끝나는 경우가 많은데, 제대로 된 타당성 조사를 위한 연구진을 구성하고 객관적인 자료가 되도록 검증 절차를 거쳐야 한다. 그러기 위해서는 용역 발주 시의 과업 지시서에 찬성 측과 반대 측의 주장을 충분히 조사하고 보고하도록 명시하여야 한다. 또 파급 효과 등 검증이 어려운 막연한 개념을 사용하여 본질을 호도하는 행위가 없도록 분명한 계산 방식을 보고서에 명시하도록 주문하여야 한다.

이후 공청회를 거쳐 마이산 케이블카 설치 여부를 결정해야 한다. 공청회 역시 요식 행위로 끝나서는 안 된다. 치밀한 검증이 되도록 이해관계인이나 관심 있는 사람들을 참여시켜 완벽을 기해야 한다. 본래 케이블카 설치와 같은 민감한 문제는 속전속결로 이루어질 수도 없고, 이루어져서도 안 된다.

요사이 마이산 케이블카 설치 반대 단체를 중심으로 마이산 세계 지질 공원 유네스코 등재 민간 추진 위원회가 결성되었다. 세계 지질 공원 유네스코 등재가 지역에 의미 있는 일임은 두말할 나위 없다. 지질 공원은 인간과 자연이 조화롭게 살기 위하여 환경을 보존하자는 의미이다. 이 점 또한 이견을 낼 이유가 없다. 이항로 군수도 이미 마이산 국가 지질 공원 인증을 추진하겠다고 공약에 제시한 바 있어 세계 지질 공원 유네스코 등재 사업은 지자체에서 적극적으로 추진해야 할 사업인 것이다. 따라서 추진위를 만들 게 아니라 진안군에서는 케이블카를 포기하고 지질 공원 추진을 촉구하는 것이 온당하지 않을까 생각된다. 어떤 목적이 있으면 그것을 실현하기 위하여 정확하고도 일관성 있게 추진하는 것이 옳다고 생각된다. 그래야 진정성도 보인다.

지방 자치제가 무엇인가? 민의를 수렴하는 과정을 중요시하는 정치가 아닌가? 지자체 이후 오히려 단체장은 제왕으로 군림한다. 단체장 말 한 마디에 지역의 미래가 좌우될 사업이 졸속으로 시행되어서는 안 된다. 그래서 마이산 케이블카 설치 공론화 과정을 충실히 해야만 한다.

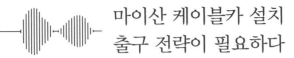

마이산 케이블카 설치
출구 전략이 필요하다

필자는 마이산은 지금 그대로 보는 것이 제일 좋다고 생각한다. 마이산의 묘미는 마이산을 다양한 방향에서 조망하는 것에 있다. 진안 읍내에서는 말 귀가 쫑긋 세워져 있는 듯한 모습을, 반월리에서는 남성의 충만한 기운을 느낄 수 있는 모습을, 은천리에서는 폭격 맞은 모습처럼 보이는 그 유명한 타포니 현상을 볼 수 있다.

세계 여행 가이드북으로 인정받고 있는 미슐랭 가이드에 마이산이 소개되었는데(2011년 5월호), 진안군은 별 3개 만점을 받아 대한민국 최고의 여행 명소라고 홍보에 열을 올렸다. 무엇이 마이산에 별 3개 만점을 주게 하였을까? 당연히 마이산을 다양한 시각에서 바라보았을 때 느끼는 신비감 덕분이었다. 이항로 군수 공약 중 마이산 개발(진안 관광 벨트화)이 있다. 선거 공보 책자에는 "진안의 주산은 부귀산입니다. 그 부귀산이 남쪽으로는 마이산을 끼고 북쪽으로는 운장산을 거느리고 있는 형상을 감안하여 주산인 부귀산을 먼저 개발해야 합니다. 케이블카, 모노

레일 등의 설치는 물론 부귀산 정상에 천문대 설치와 주변 호수를 이용한 개구리 박물관 등을 시설하여…….” 등을 언급하고 있다. 부귀산을 왜 먼저 개발해야 되는지 정확하게 이해가 되지는 않지만 부귀산에 케이블카를 설치하겠다고 한 점도 마이산의 신비로운 모습을 다양하게 볼 수 있도록 하기 위함일 것으로 생각된다. 그런데 이제는 마이산에 케이블카를 설치하겠다는 것인데, 도대체 어떤 발상에서 나온 것인지 자못 궁금하다.

군의회의 마이산 케이블카 설치 타당성 조사 용역비 부결 이후에도 이항로 군수는 공공장소에서 마이산 케이블카 설치를 역설하고 있다. 그러나 출발점이 크게 잘못되었다. 군수는 마이산 케이블카 설치가 군 재정 수입을 확보하기 위한 차원이라고 언급하고 있다. 재정 자립도를 높이기 위하여 군 차원에서 매년 가용 예산 100억 원씩 3년간 투자해 군이 직접 운영하여 부족한 군 재정을 확보하겠다는 것이다. 가용 예산을 100억 원씩 3년간 투자하게 되면 지자체 예산 운영에도 많은 문제점이 드러날 것으로 생각된다.

현재 우리나라에는 삭도(케이블카, 리프트, 곤돌라 총칭)가 총 45곳이며 케이블카를 운영하는 곳은 20여 곳에 이른다. 이 중에서 서울 남산, 강원도 속초 설악산, 경남 통영 미륵산 등 단 3곳만 흑자를 보고 있다. 서울 남산의 경우 케이블카 탑승객 수가 100만 명(2013년 기준)에 이른다. 거대 도시 서울이라는 지리적 입지가 서울 남산 케이블카 탑승객 수를 늘리는 데 한몫하고 있다. 우리나라 국립공원 탐방객 수가 가장 많은 곳이 다름 아닌 서울 인근에 있는 북한산으로 한 해 탐방객이 700만 명

(2014년 기준)이 넘으니 서울 남산 케이블카의 이점은 쉽게 이해가 될 것이다. 강원도 속초 설악산 케이블카도 역시 탑승객 수가 70만 명(2013년 기준)이 넘는다. 우리나라에서 명산으로 꼽히는 설악산을 찾은 탐방객 수도 360만 명(2014년 기준)이 넘는다. 케이블카 운영 성공 사례로 꼽히는 통영 미륵산 케이블카를 이용한 탑승객 수가 137만 명(2013년 기준)에 이르며 통영을 찾는 탐방객 수는 600만 명이 넘는다. 이렇다 보니 통영 케이블카의 경제적 파급 효과는 두말할 나위 없다. 대부분의 지자체에서 욕심낼 만한 부분이다. 그러나 통영 케이블카와 같이 황금 알을 낳는 거위가 되려면 많은 탐방객과 주변의 아름다운 비경 등이 기본 조건으로 갖추어져야 한다.

진안 마이산을 생각해 보자. 마이산은 도립 공원이며 그 규모도 매우 작은 편이다. 마이산 탐방객 수는 많이 잡아도 평균 80만 명에 지나지 않는다. 여기에 통영 앞바다의 한려 해상 공원 같은 비경이 있는 것도 아니다. 이렇게 단순 비교만 하더라도 마이산 케이블카 설치로 흑자를 낸다는 것은 불가능한 일이다. 이런 상황에서 300억 원을 투자하겠다는 생각은 제정신이라면 할 수 없는 일이다. 그러면 결국 마이산 케이블카의 설치 이득은 누구에게 가는 것일까? 아마 소수의 토목 건설업자 몫이 될 것으로 생각된다. 지자체 300억 원은 적은 예산이 아니다. 마이산 케이블카로 인하여 군민이 첨예하게 맞서고 있다. 잘못된 정책이라면 과감하게 폐기하는 것도 용기이자 지혜다. 마이산 케이블카 설치 출구 전략이 필요한 시점이다. 마이산 케이블카 설치 백지화 시점이 바로 지금이다.

진안, 가슴으로 담다

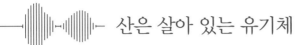 산은 살아 있는 유기체

풍수가 성립하는 근거는 자연지세가 사람들의 삶에 다양하게 영향을 미친다고 생각하기 때문이다. 그래서 우리나라 사람들은 좋은 터에 자리 잡아 살아가기를 소망했다. 풍수에서 땅을 고를 때 중요하게 생각하는 자연적 요소는 땅과 물, 바람이다. 땅과 물, 바람은 유기적인 상관관계를 가지고 있다. 땅에서 발산되는 지기(地氣)를 바람이 갈무리하고 물을 통해서 지기를 얻는다는 장풍득수(藏風得水)에서 풍수란 말이 나왔다.

풍수는 땅의 형상을 나타내는 형국(形局), 바람을 갈무리하는 장풍(藏風), 물을 얻는 득수(得水), 땅의 기운이 맺힌 혈의 방향을 결정하는 좌향(坐向) 등 4가지 요소를 중요하게 생각한다. 이런 조건을 갖춘 산을 조선시대에 군·현의 진산(鎭山)으로 정했다. 그래서 고을 입지에서 진산은 풍수적으로 매우 중요한 위치에 있다. 그런 진안의 진산이 부귀산이다. 부귀산 자락에 진안 고을이 자리를 잡았고 연이어 마을이 생성되면서 많은 사람이 모여 사는 터전을 이루게 됐다.

조상들은 산을 용(龍)으로 인식하였다. 용 속에 감추어진 지기(地氣)의 흐름을 맥(脈)이라 하여 용맥(龍脈)이라 일컬었다. 그래서 용맥을 처음 일으키는 조산(祖山)으로부터 진산을 거쳐 용이 머리를 들어 생기를 발산하는 혈처에 이르기까지 용맥의 흐름이 좋고 나쁨을 헤아려 자리를 잡았다. 진안의 진산은 부귀산이며 그 혈처는 현재 진안군청이다. 진안군청은 진안현의 동헌 자리였으며 진산인 부귀산의 맥이 내려온 혈처에 자리 잡은 것이다. 그런 부귀산을 파헤치면서까지 진안 관광 사업을 활성화하겠다는 인식이 매우 안타깝다. 조상들은 산과 땅을 함부로 훼손하지 않았다. 땅을 파고 산을 자르는 것은 용맥을 자르는 것이나 다름없다고 생각했다. 땅을 살아 있는 하나의 유기체로 인식한 것이다.

우리나라에서 산을 인식하는 전통은 서구와 다르다. 우리나라는 산을 살아 있는 유기체로 인식한 반면 서구에서는 산을 지극히 기능적으로 인식했다. 그래서 서구에서 산을 개발하는 것은 아무런 문제가 될 게 없다. 그러나 우리나라는 산을 생명체로 인식했기 때문에 함부로 해서는 안 되는 존재였다. 그래서 서구에서 산을 개발한 사례로 진안 진산인 부귀산 개발을 합리화해서는 결코 안 된다.

우리 지역 마을 곳곳마다 부족한 마을 입지를 보충하기 위한 비보풍수물이 헤아릴 수 없이 많다. 비보풍수(裨補風水)란 무엇인가? 자연은 그 자체로 완벽한 것이 아니라 사람들이 보완할 때 더 조화롭고 완벽한 삶의 땅이 된다는 것이다. 우리 지역 마을에서 쉽게 볼 수 있는 마을 숲, 돌탑, 선돌, 짐대 등이 비보풍수물이다. 이런 비보풍수물을 마을 곳곳마다 세워 부족함을 메우고 온전한 땅으로 만들며 살아온 조상들을 생각해 보

진안, 가슴으로 담다

앉으면 한다. 하물며 온전한 진산을 파헤치면서까지 개발한다는 인식은 더더욱 안타까운 일이다.

자연은 사람의 삶에 다양하게 영향을 미친다. 사람 또한 자연에 많은 영향을 미치는 시대이다. 우리가 마구잡이로 생태계를 파괴하면 자연은 사람의 삶을 위협하면서 경고한다. 그런 경고를 무시하면 고스란히 재앙이 되어 사람에게 돌아온다는 점을 기억했으면 한다.

새해 벽두(劈頭)부터 부귀산을 다시금 언급하는 것은 고을을 포근하게 감싸 안은 어머니 같은 산, 그러면서도 아버지같이 믿음직스럽고 듬직한 산을 함부로 하지 말라는 이야기를 하고 싶어서다. 그리고 이항로 군수가 내세우는 군정 목표인 '사람과 자연이 함께하는 희망진안' 구호가 무색하지 않았으면 한다.

# 산이 죽으면
인간도 죽을 수밖에 없다

오래전 〈한겨레〉 신문에서 주관한 풍수 학교가 있었다. 풍수 학교에서 민중 화가 홍성담 선생의 강연이 있었다. 그는 강연에서 "백두대간에 닿아 있는 산을 파헤쳤을 때 그 아픔이 산줄기를 따라 백두산까지 전달된다는 생각을 하면 우리가 쉽게 조국 산천을 파헤쳐서는 안 될 것."이라 언급하였다. 지금도 감명 깊었던 그 말을 생생하게 기억한다.

몽염 장군 이야기는 산천의 지맥을 함부로 하지 말라는 교훈을 전한다. 진시황제가 죽고 후계 문제가 거론되고 있을 때 당대의 명장 몽염이 진시황의 시종 조고(趙高)의 모략으로 억울하게 죽임을 당하게 되자 다음과 같은 마지막 독백을 남겼다.

"나는 지금까지 살면서 죽을죄를 지은 것이 없다고 생각한다. 그러나 곰곰이 생각해 보니 내가 만리장성 쌓는 일을 감독하면서 수많은 산룡지맥(山龍之脈)을 끊어 국토에 죄를 지은 것이 분명하다." 대지의 기맥을 끊음으로써 몽염은 그의 국토에 위란을 초래했다고 자각한 것이다. 실제로 몇 년 지나지 않아 진나라는 멸망했다(《사기(史記)》 몽염 열전(蒙恬列傳)).

우리나라 근대적 도로망 체계는 일제에 의하여 수탈식으로 만들어졌다. 철도를 부설하면서 우리나라 산천 곳곳의 지맥을 다치게 했다. 뿐만 아니라 쇠 말뚝을 박아 민족정기를 말살했다. 그런데 해방 이후 우리는 국토에 도로를 건설하면서 무차별적으로 산의 혈맥을 파헤치고 있다. 일제가 민족정기를 끊기 위하여 산의 혈맥을 자른 것과 지금 우리가 도로 건설을 위하여 무차별적으로 산을 헐어 내는 것이 뭐가 다르겠는가?

우리나라는 토목 공화국이라는 명성답게 도로 건설은 가히 세계적이라 할 정도로 사통팔달(四通八達)로 뚫려 있다. 큰 도시는 물론이고 읍면 소재지까지 외곽 도로가 나면서 주변 산세를 망쳐 놓았다. 또한 재물까지도 빠져나가는 형세를 이루어 놓았다. 외곽 도로 건설은 특히 읍면 소재지 상가 경기 침체를 가속화시켰다. 많은 사람들이 소재지를 거쳐 가지 않으니 당연한 일이 아니겠는가?

진안의 진산인 부귀산을 함부로 해서는 안 된다는 점은 앞서 언급했었다. 진안현을 풍수적으로 설명할 때 진산인 부귀산을 중심으로 이야기한다. 부귀산은 진안의 진산으로 아버지같이 믿음직스럽고 든든한 산이다. 부귀산의 기운을 받아 현재 군청 자리를 중심으로 명당 판이 형성되었다. 그런 믿음으로 과거 동헌이 자리 잡았고 이후 군청이 들어섰던 것이다. 특히 부귀산의 좋은 기운은 현재 '당산'이라고 부르는 내청룡맥에 이르렀는데, 그 기운을 받아 진안 군민을 위한 행정을 펼칠 수 있도록 군청과 여러 기관이 자리 잡았다. 이런 중요한 산의 혈맥을 자르는 진안읍

사무소와 주공 1차 아파트 간 도로 개설이 결정되었다고 한다. 도로 개설은 생활의 편리를 가져온 것이 사실이나 산룡지맥(山龍之脈)을 끊는 일은 인명 살상은 물론이고 재물의 상실과 왕조의 멸망까지 불러일으켰다는 점을 기억해야 할 것이다.

우리나라의 국토 개발이나 도로 건설을 위하여 산을 함부로 훼손하는 일은 이제 멈춰야 하는 시점에 이른 것 같다. 설사 개발한다 하더라도 산의 혈맥을 건드리지 않는 범위에서 해야 할 것이다. 그 대안이 터널을 뚫는 것이다. 터널은 그나마 그 혈맥을 보존할 수 있는 방법이기도 하다. 산을 바라보는 인식에 코페르니쿠스적 대전환이 필요하다. "기(氣)는 본래 생긴 모습으로 인하여 흐름이 있는 것이니 잘라진 산은 사람이 살 수 없는 곳이요, 또한 기(氣)는 용(龍)이 모여야 있게 되는 것이니 잘려져 홀로 있는 산은 삶의 터전이 될 수 없는 것이다." 산이 죽으면 인간도 죽을 수밖에 없다(최창조).

지방 의원의 품격

현재 지방 자치제는 1990년 12월 31일 여야 만장일치로 지방자치법 개정 법률안, 지방 자치 단체장 선거 법안 등이 국회를 통과함으로써 시작되었다. 지방 의회가 먼저 출범하고 2년 후에 지방 자치 단체장 선거가 이루어졌다. 민주주의의 꽃이라는 지방자치체가 시작된 지 어느덧 25년째를 맞고 있다. 지금까지 지방 자치제 실시에 대한 주민들의 반응은 엇갈렸다. 지방 자치 단체장의 전횡과 독주로 인한 폐단이 많아 폐지하여야 한다는 의견과 좀 더 시간을 두고 지켜봐야 한다는 의견이 그것이다. 지방 자치제 실시 이후 지방 자치 단체장의 존재감은 매우 커졌으나 지방 의원은 상대적으로 존재감이 매우 부족한 상황이 되었다.

지방 의회는 과연 어떤 역할을 해야 하는가? 초등학교 4학년 문제를 풀어 보자.

문제) 시·도 의회의 역할이 아닌 것은 무엇입니까?

① 시·도 주민을 대표한다.

② 조례의 제정과 개정 폐지를 담당한다.

③ 자치 단체의 의사를 최종적으로 결정한다.

④ 시·도 주민들의 생활과 관련된 법을 만든다.

⑤ 시·도 주민들의 불편한 점을 직접 해결해 준다.

정답은 ⑤번이다. 지방 의회의 역할은 매우 중요하다. 의회는 주민 대표 기관으로서의 지위(①), 입법 기관으로서의 지위(②, ④), 의결 기관으로서의 지위(③)를 갖는다. 주민들의 불편한 점까지 직접 해결해 주면 좋겠지만 이 점은 의회 역할이라기보다는 행정 기관의 역할이다. 지방 의원의 역할은 행사장이나 애경사에 찾아다니는 것이 아니다. 지역에서 생활하다 보면 지방 의원의 존재감을 느끼지 못할 때가 많다. 지역의 사안에 대하여 주도적으로 대응하지 못하고, 지자체에 대한 견제 기능이 매우 약하기 때문이다. 그만큼 치열하게 의정 활동을 못 하기 때문이다.

특히 작년, 지역의 중요 사안으로 떠오른 마이산 케이블카 설치 문제에 있어 소신 있게 의견을 개진한 의원을 보지 못했다. 혹자는 앞으로 의원들은 마이산 케이블카 타당성 조사 결과에 맞추어 찬성과 반대 의견을 제시할 것이라 한다. 선거에 출마하면서 군민들에게 제시한 공약집을 다시 살펴보았으면 한다. 지방 의원이 마치 지방 자치 단체장 출마하는 것처럼 공약이 제시되어 있고, 그런 대목은 거의 공통적이다. '집행부를 견제하고 대안을 제시하겠다.' 그러나 당선된 이후 그와 같은 노력이 이루어졌는지 자못 궁금하다.

조선 시대에 백성을 위한 왕도 정치가 이루어질 수 있었던 것은 삼사 제도가 있었기 때문이다. 삼사는 사간원, 사헌부, 홍문관 등으로 특히 사간원과 사헌부를 양사라 한다. 양사 관원을 대간이라 하는데, 왕이라도 잘못이 있을 때 직언을 하는 직책이다. 그래서 아침에 임명된 대간이 오후에 파직되는 경우가 부지기수였다고 한다. 조선 시대 왕이 무소불위의 권력을 행사했을 것으로 생각하는데, 실은 그렇지 못했다. 이는 삼사라는 제도적 장치와 바르지 못했을 때 직언을 서슴지 않았던 관원이 있었기 때문이다.

지방 의원의 또 하나 중요한 역할은 주민을 대표해서 조례 제정이나 심사를 하는 데 있다. 지역민이 생활하는 데 필요한 법을 제정하는 일이다. 조례를 제정하기 위해서는 지역민을 찾아다니며 의견을 청취하여야 하며 많은 시간을 할애하여 연구도 병행하여야 한다. 작년 진안군 의회는 125건에 이르는 조례를 제정하였다. 의원 나름의 노력으로 제정된 조례가 있을 것이다. 보다 중요한 것은 제정된 조례가 제대로 시행되기 위해서 군민의 의견이 충분히 반영되어야 한다는 것이다.

지방 의원에 당선된 이후에도 한결같이 군민 위에 군림해서는 안 된다. 오히려 낮은 자세로 군민을 대표하여 집행부를 견제하고 군민의 삶을 향상시키기 위해 불철주야 노력해야 한다. 지방 의원은 지방 자치제를 제대로 이끌 수 있는 중요한 장치이다. 지방 의원이 역할을 포기할 때 제왕적 지방 자치 단체장이 출현하고 지역은 불행해진다. "자기주장이 불분명한 사람은 그만의 품격을 갖추지 못한다. 그 사람이 어느 정도의 품격을 갖추었는지를 판단하려면 그의 주장이 얼마나 설득력 있는지, 그

의 신념이 얼마나 확고한지를 보면 된다. " 버나드 쇼의 말이다. 지역의
버팀목으로 진정성 있는 지방 의원 역할을 기대해 본다.

농촌 빈집 활용에 관심을 갖자

농촌 빈집 문제는 어제오늘의 일이 아니다. 그동안 다양한 활용 방법이 제시되어 왔다. 특히 귀농인들에게 제공하는 방안이 제시되어 왔으나 큰 효과는 거두지 못하는 실정이다. 작년 말 기준 전라북도 빈집이 1만 호가 넘고, 우리 지역은 629호에 이른다고 한다. 적지 않은 빈집이 마을마다 있다는 통계이다. 실제 마을 답사를 하다 보면 앞에서 제시한 수치보다 훨씬 심각함을 느낄 수 있다. 우리 지역 어느 마을의 경우에는 원래도 작은 마을이었지만 현재 2~3가구만 사는 마을도 있는 실정이다. 이러다가 마을이 없어질 수 있겠다는 생각이 든다. 마을도 마치 유기체와 같아서 새롭게 만들어지기도 하고 시간이 흐르면서 여러 요인으로 인하여 없어지기도 한다. 특히 대규모의 건설 공사, 우리 지역에서는 용담댐 건설로 인하여 마을의 소멸과 생성 과정을 자연스럽게 접할 수 있었다.

농촌 빈집 활용 방안으로 전북발전연구원 이창우 박사는 농촌 빈집을 개량해 공공 임대하거나 귀농·귀촌인들에게 임대해 활용하는 방안, 체

재형 가족 농장화하여 농촌 체험장 운영 등을 제시하고 있다.

그런데 이를 실현하는 데 만만치 않은 장벽이 있다. 우선 빈집 소유자들이 당장 살고 있지는 않지만 집값도 싼 데다 나중에 고향으로 돌아와 살겠다는 생각 때문에 굳이 팔려고 하지 않는다. 거기에 상속 및 지상권 등 소유권의 이해관계가 복잡해 매각과 임대가 어렵다고 한다.

그러다 보니 마을마다 빈집이 흉물처럼 방치되고 있어 마을 경관에 좋지 않은 영향을 미치고 있다.

2009년부터 '농어촌 정비법'과 '도시 및 주거 환경정비법'에 근거하여 빈집 정비 사업을 추진할 수 있다. 그렇다고 법을 들이대면서 직권으로 추진할 수 있는 사안은 아니다. 전라북도 작년 말 빈집 자료에 의하면 30% 정도는 수리를 통해 거주가 가능하다고 한다. 빈집 중 철거 대상은 70%에 이른다. 빈집을 마을에서 매입하여 마을 회관이나 모정을 건립하는 사례는 매우 많다. 공공의 목적을 위한 일이라 소유자의 동의가 가능했던 것이다. 외지에서 농촌으로 이주하고자 하는 사람들은 마을 안에 집터를 구입하는 일이 쉽지 않은 터라 마을과 떨어진 곳에 집을 짓고 산다. 그럼에도 불구하고 마을 공동체와 함께하기 위해 많은 노력을 기울이고 있는 것이 현실이다. 때문에 외딴곳에 집을 짓기 전에 좀 더 마을 사람들과 가까이하는 노력을 아끼지 않아야 한다. 진정성이 통해야 마을 안에 집터를 마련하는 일이 좀 더 쉬워질 테니까. 농촌은 공동체 사회인지라 더불어 함께하며 동화될 수 있어야 평생을 안락하게 지낼 수 있다.

마을에서도 지나치게 오래된 집은 철거하여 마을 환경을 개선하기 위한 노력이 필요하다. 이에 지자체에서도 장기적인 계획을 세워 지원해야

진안, 가슴으로 담다

할 것이다. 특히 집터 소유주는 마을로 들어와 살고자 하는 사람에게 집터를 제공할 수 있는 배려가 있어야겠다. 이 점이 제일 중요함은 두말할 나위 없다.

필자의 경우 마을 분들의 배려로 마령 강정마을 오현사 별채에 살고 있다. 집이라는 것이 사람의 온기가 필요한 것이라 사람이 살게 되면 그만큼 관리가 된다. 마을에서 재활용할 수 있는 집이 있다면 적극적으로 홍보하여 집이 필요한 사람에게 살게 해 주었으면 한다. 진정으로 농촌 마을에 와서 거주하고 싶다면 지원책을 생각하기보다는 당연히 일정 비용을 부담하고 거주하는 게 순리일 것이다.

마을은 누대로 유기체처럼 생성과 소멸을 거쳐 왔다. 그런 과정 속에 마을 구성원들이 노력만 하면 나름의 역사와 문화를 축적해 갈 수 있다. '빈집'이란 말은 왠지 쓸쓸하다. 활력 넘치고 유구한 역사를 가진 마을로 만들기 위한 노력 중 하나가 빈집 활용이다. 농촌 빈집 활용에 관심을 갖자.

 마을 회관

마을은 터 잡아 사는 사람들의 공간으로 종교, 정치, 경제, 사회, 문화, 교육 등 모든 영역이 갖추어진 작은 국가와도 같은 공간이었다. 그러나 요즘은 마을이 점차 해체되고 공동화되고 있는 실정이다. 더 나아가 황폐화로 가고 있다 해도 과언이 아니다. 마을에 가서 사람 만나기조차 힘든데 그래도 여름에는 모정, 겨울에는 마을 회관에서 그나마 마을 사람을 쉽게 만날 수 있다. 제철 만난 듯 요즘에는 마을 회관에 마을 사람들이 붐빈다. 마을 회관은 우리가 생각하는 이상으로 중요한 역할을 하는 공간이다.

가장 먼저 이야기할 수 있는 것이 마을 회관에는 '음식 공동체'가 존재한다는 것이다. 김장철이 끝나면 마을 사람들은 매일같이 회관에 모여서 음식을 해 먹는다. 누구 할 것 없이 마을 사람들이 십시일반(十匙一飯) 쌀, 김치, 반찬 등을 가져와 겨울 한철을 난다. "겨울철에는 매일같이 누구든지 기분 내키는 대로 음식과 술을 돌아가면서 낸다."라는 말을 쉽게 들을 수 있다. 함께 모여 식사하는 재미가 어떤지 말할 필요는 없을 듯하다. 마을에 혼자 기거하는 집이 많은 농촌이기에 마을 회관의 중요성은 더하다.

마을 회관에는 '이야기 공동체'가 있다. 마을 사람들이 모여 가족 이야기, 마을에서 생긴 이야기를 나누는 곳이 마을 회관이다. 이야기는 고통을 분담하고, 기쁨을 나누고, 슬픔에 대해 위로하며, 외로움을 달래는 역할을 한다. "혼자 집에 있으면 자꾸 딴생각이 들고 속상한 생각만 가득해서 회관에 나오게 된다. 사람들과 어울리면 나쁜 생각을 잊을 수 있기 때문에 사람들이 모여서 살아야 한다."라는 말처럼 혼자 사는 마을 사람에게는 최고의 치유(治癒) 공간이다. 고향에 계신 부모님을 두고 멀리 사는 자식들이 안심하고 생활할 수 있는 것도 마을 회관 덕분이다.

마을 회관에는 '정보 교환 공동체'가 있다. 마을 회관에서 영농 정보, 건강 정보, 음식 정보, 물가 정보, 날씨 정보 등을 교환한다. 멀리 사는 친척, 친구, 지인 등을 통해서 들은 정보를 공유하게 된다. 인터넷을 사용하기 힘든 고령층이 많은 농촌 마을에서 정보 교환을 이룰 수 있는 곳이 마을 회관이다. 마을 사람들은 이렇게 정보를 나누면서 이웃집의 젓가락, 숟가락 숫자를 셀 정도로 친밀감을 유지하게 된다.

마을 회관에는 '놀이, 여가 공동체'가 있다. 마을 사람들은 회관에 나가면 만날 사람을 예상하고 나선다. 민화투, 고스톱, 장기, 윷놀이가 이루어지는데 가장 박진감 넘치는 놀이는 윷놀이다. "윷놀이가 텔레비전 드라마보다 훨씬 더 재미있다."라는 말을 종종 들을 수 있다. 또한 "집에 들어앉아 있으면 심심하고 마을 회관에 나오면 여럿이 시간 보내기 좋다."란 말도 들을 수 있다. 농촌에서 정신적인 건강을 유지하며 살아갈 수 있는 중요한 요인이라고 말할 수 있다.

마을 회관에는 '잔치 공동체'가 있다. 마을 회관은 잔치를 하거나 잔치 뒤풀이가 이루어지는 곳이다. 집안 어른, 가족 단위 생일잔치를 집에서 한 다음 별도로 음식을 마을 회관에 가지고 와서 마을 어른을 대접하는 모습은 흔히 볼 수 있다. 또한 마을 회관은 마을 총회, 노인회 총회, 당산제를 지내기 위한 제관 선출 회의, 부인회 등 '회의 공동체'가 이뤄지는 공간이다. 이렇듯 많은 역할을 담당하는 곳이 마을 회관이다. 물론 마을 회관이 마을 사람 모두를 만족시켜 주리라고 생각하지는 않는다. 그럼에도 불구하고 마을 회관은 오늘날 농촌의 어려운 상황에서 중요한 역할을 하고 있는 게 사실이다.

고령화가 가속화되는 상황이다. 특히 우리 지역과 같은 농촌 지역이 심하다. 이와 함께 노인 복지에 대한 관심도 크다. 마을 회관을 활용한 복지 시스템에 많은 관심을 가졌으면 한다. 모두에게 따뜻한 겨울이 되었으면 좋겠다.

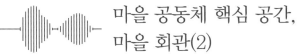

마을 공동체 핵심 공간, 마을 회관(2)

마을에 다다랐을 때, 널따란 주차창이 위치한 근처에서 마을 회관을 쉽게 찾을 수 있다. 이처럼 마을 회관은 누구나 쉽게 찾을 수 있는 곳에 위치한다.

농촌에 사람이 없다지만 적어도 마을 회관만큼은 마을에 대하여 궁금증을 해소할 수 있는 사람을 만날 수 있는 곳이다. 한동안 마을 유래를 조사하러 다닐 무렵 마을 어르신과 소주잔을 기울이고 때로 정감 넘치는 식사를 했던 곳도 마을 회관이었다. 어르신이 권하는 소주를 거절하기란 쉬운 일이 아니다. 김치전을 부친다든지 국수, 수제비를 할 터이니 먹고 가라는 유혹을 뿌리치는 것 역시 쉽지 않았다. 정감 넘쳤던 아주머니의 미소가 아직도 생생하다. 때로는 밤늦게까지 진행되는 마을 신앙을 조사하고 차편이 끊어졌을 때에 고단한 몸의 피로를 풀었던 곳이 마을 회관이었다. 마을 회관에 관한 이런 추억은 필자만이 가지고 있는 것은 아닐 것이다.

요즘 마을 회관은 농촌의 여느 평범한 집보다 좋은 시설을 자랑한다. 대형 TV, 냉장고는 물론이고 냉방기, 싱크대, 커피포트까지 완비되어 있다. 객지에서 생활하는 자식들이 고향에 들렀을 때 기부한 전자 제품부터 수많은 먹거리로 마을 회관은 편리하고 풍요로우며 이로 인해 인심까지도 넉넉하다. 심지어 운동 기구나 의료 기구까지 갖추어진 마을 회관도 쉽게 접할 수 있다. 마을 회관은 요즘과 같은 겨울에 그 역할이 더욱 커지는데, 그 까닭은 농사철이 끝난 요즘, 마을 사람들이 대부분의 시간을 마을 회관에서 보내다시피 하기 때문이다. 마을 회관은 식사뿐만 아니라 여가를 보내는 공간이며 쓸쓸한 농촌의 겨울에 온기 넘치는 무릉도원 같은 곳이다. 겨울 동면에 들어간 듯이 적막한 마을에서 마을 회관만은 소리가 있고, 살아 숨 쉬는 이웃 사람들의 소식을 접할 수 있으며 장이 선 것 같은 흥성거림이 있다.

　마을 회관은 경로당이나 경모당이라는 이름을 달고 있는 마을 공동 시설이다. 보통 마을 회관이라고 칭하는 이곳은 단순히 할아버지와 할머니들이 주로 생활하는 공간이지만 마을의 대소사를 논의할 때는 세대를 넘나드는 공간이 된다. 물론 마을 사람들끼리 한 공간에서 부대끼다 보면 몇 가지는 맞지 않아 불편한 점이 생기기도 하지만 농촌 지역에서 이보다 더 좋은 공간은 없을 것이다.

　특히 농촌이 노령화되고 인구가 감소하는 상황에서 마을 회관은 마을 공동체 문화의 중요한 공간으로 앞으로도 그 역할이 증대될 수밖에 없다. 더불어 마을 회관 공간에 부녀회나 청년회가 함께 만들어져 세대를 넘어 공존할 수 있는 공간으로 변모하였으면 더할 나위 없겠다. 현재 마

진안, 가슴으로 담다

을 회관이 이장이나 노인회장을 중심으로 운영되고 있는 실정인데, 젊은 층과 함께한다면 농촌 지역의 공동체 문화는 보다 활성화될 것이기 때문이다.

마을 회관은 마을 사람 누구나 쉽게 사용할 수 있는 공간이다. 더운 여름이나 추운 겨울에는 공동으로 온·냉방을 할 수 있기 때문에 더 마음 편하게 사용할 수 있다. 최근에 온·냉방비 지원을 위한 논의가 있지만 아직 충분한 정도는 아니다. 국가나 지자체가 지원을 위해 적극적으로 나서야 한다. 마을 회관(경로당은 도시에서도 운영된다. 우리나라는 전국적으로 64,568곳이 운영되고 있다.) 같은 어르신들의 공간은 어느 국가에서도 찾아보기 힘든 복지의 해방구와 같은 곳이다. 농촌 지역 마을 회관의 존재 이유는 더더욱 그러하다. 도로 개설이나 제방 공사, 심지어 원전 공사와 같은 토목 공사에 무차별적으로 사용되는 예산의 천분의 일, 만분의 일만이라도 농촌 마을 복지 예산에 배정되었으면 좋겠다.

마을 회관은 오랫동안 터 잡아 살아온 사람들이 같은 생각을 하고, 함께 나누며, 소통하는 의식 밑바탕 속에서 운영된 마을 공동체의 가장 중요한 공간이다. 마을에는 마을 사람이 있어야 한다. 현재 농촌 지역이 어려움 속에서도 마을과 함께 행복한 삶의 공간으로 오랫동안 유지되어야 할 곳인 마을 회관 운영에 많은 관심을 가졌으면 한다.

＊ 배영동의 〈농촌 마을 회관을 중심으로 한 마을 공동체 문화의 재창조〉를 참고하여 쓴 글이다.

우리의 두려움과 꿈은?

　최근 월드비전이 전 세계 7개 나라 아이들을 대상으로 조사해 분석한 '두려움과 꿈 보고서(Fears and Dreams Report)' 기사를 매우 흥미롭게 접했다. 2011년 3월 15일 반정부 시위와 이에 대한 정부 쪽의 강경 대응으로 시작된 뒤 종전이 기약 없는 시리아 내전 6년째를 맞아 발표한 보고서다. 시리아를 포함해 한국, 캐나다, 오스트레일리아, 뉴질랜드, 독일, 아일랜드 등 7개 나라의 아이들(7~17살) 각 100명에게 '두려움과 꿈'을 묻고 이를 항목별로 분류했다. 아이들의 두려움과 꿈엔 자신을 둘러싼 '어른들이 만든' 세계가 투영돼 있었다.

　필자의 어렸을 적 두려움은 혼자 있었던 상황인 것 같고, 꿈은 직업 군인이 되고자 한 기억이 있다. 두려움에 대한 각국 아이들의 표현은 아주 다양했다. "누군가를 향해 총을 겨누는 것이 가장 무서워요(시리아, 다랄, 9살).", "깜깜한 것과 거미를 무서워해요(캐나다, 메디, 6살).", "저는 무서운 게 없어요(캐나다, 미카, 4살).", "나중에 커서 병에 걸릴까 봐 무서

위요(호주, 에리카, 9세).", "우리나라가 불안정한 게 두려워요(뉴질랜드, 로키, 11살).", "전쟁과 테러가 무서워요(독일, 탈리나, 12살).", "제 삶이 너무 빨리 바뀌는 게 두려워요(아일랜드, 크리스틴, 14살)." 등이 있었다. 반면 우리나라 아이들은 "엄마가 없을 때 두려워요(지예경, 7살).", "혼자 있을 때 무서워요(지성, 12살)." 등으로 나타났다. 우리나라의 아이들이 생각하는 두려움은 필자의 어릴 적 기억과 크게 다르지 않다. 이는 문화와 정서적인 측면 때문에 나타난 것이란 생각을 했다.

국가적으로 아이들이 가장 느끼는 두려움은 이채롭다. '어둠과 거미(캐나다 아동 73%)', '전쟁과 유괴되는 것(아일랜드 아동 31%)', '전쟁과 테러(독일 아동 64%)', '안전을 위협하는 비행기 폭격, 폭탄(시리아 아동 43%)', '전쟁과 테러(호주 아동 35%)', '상어와 높은 곳(뉴질랜드 아동 38%)' 등이고 우리나라 아동 47%는 괴물과 귀신이 두려움의 대상이었다. 국가별 다수를 차지하는 두려움은 문화적 차이, 현재 처한 정치적 상황과 맞물려 있는 것으로 생각된다.

필자가 근무하는 학교 학생들에게 두려움에 대하여 물으니 아주 다양한 의견이 나왔는데, '커 가면서 주변 사람들이 떠날 것 같은 것', '대학, 시험, 성적, 진로 문제', '뭔가를 잘하고 싶은데 잘하지 못하는 것', '미래에 대한 불확실성' 등 사춘기 시절에 생각해 볼 만한 그런 생각들이 투영되어 있었다.

꿈에 대한 이야기를 해 보자. 대부분의 아동들은 꿈과 직업을 동일시하고 있다. 필자도 그랬다. 외국의 아이들은 "시리아로 돌아가 할머니를 보고 싶어요(시리아, 자스민, 8살).", "아빠가 되는 것이에요(캐나다, 미카,

4살).", "프로 댄서가 되고 싶어요(호주, 에리카, 9세).", "모두가 두려움 없이 행복한 삶을 살았으면 좋겠어요(독일, 탈리나, 12살).", "제 자녀가 평등한 세상에서 자라는 것이 꿈이에요(아일랜드, 크리스틴, 14살).", "가난이 없는 세상이 왔으면 좋겠어요. 모든 것이 친환경적인 세상이 오기를 꿈꿔요(뉴질랜드, 로키, 11살)."인 반면 우리나라 아이들은 "비보이가 되고 싶어요."(김명직, 11살), "발명가 되는 것이 꿈이에요(지성, 12살)." 등으로 나타났다. '꿈'을 묻는 질문에 많은 우리나라 아이들(84%)은 압도적으로 연예인, 우주 비행사 등 특정 직업을 꼽았다. 꿈과 장래 직업을 동일시하는 것으로 보인다.

국가적으로 가장 많이 나오는 꿈은 '좋은 직업, 운동선수(캐나다 아동 65%)', '좋은 직업(아일랜드 아동 41%)', '좋은 직업과 성공(독일 아동 59%)', '평화로운 세상, 집으로 돌아가는 것(시리아 아동 50%)', '좋은 직업과 운동선수(호주 아동 43%)', '평화롭고 평등한 세상(뉴질랜드 아동 30%)'이었고 우리나라는 아동 대부분인 84%가 '좋은 직업, 아이돌 가수'라고 답했다. 필자가 근무하는 학교 학생들도 상당수가 꿈과 직업을 동일시했지만 '행복하게 사는 것, 아무 걱정 없이 사는 것, 가족과 세계 여행하기' 등을 꿈꾸고 있었다.

꿈에 관한 제일 관심을 끄는 이야기는 뉴질랜드 로키의 이야기다. 그리고 특히 뉴질랜드 아이들 30% 정도는 로키처럼 세계 평화, 평등 등 공동체적 가치를 '자신의 꿈'이라고 답했다. 이러한 대답은 어디에서 오는 것일까? 문화적 차이, 정치적 상황, 교육 환경 등 다양한 요인이 있겠지만 결국은 이러한 것들이 결합된 국민 의식이지 않을까 싶다.

진안, 가슴으로 담다

대선 열기가 달아오르고 있다. 중요한 선택의 일정이 다가오고 있는 현 시점에서 우리의 두려움은 무엇이고 꿈은 무엇인가? 곰곰이 되씹어 보아야 한다. 잘못된 선택은 우리에게 두려움 이상의 공포로 다가올 것이고, 올바른 선택은 모두가 행복한 공동체를 꿈꿀 기회를 가져다줄 수 있기 때문이다.

진안군 암 환자 발생
역학 조사 시급하게 필요하다

　본지 109호(2017. 2. 6.)에서 진안군 암 환자 발생 기사는 충격적이었다. 혹자는 암 환자가 휴양하기 위하여 찾아와서 숫자가 많은 것이 아닌가 말하기도 한다. 아무튼 청정 지역으로 사람들이 살기 좋다고 홍보하며 귀농·귀촌을 장려하는 곳이 전국 245개 지자체 중에서 3번째로 암 환자가 많다는 것은 큰 충격이 아닐 수 없다. 이것은 국민건강보험공단 2008년부터 2012년까지 위암, 간암, 폐암, 대장암, 유방암, 자궁암 등 주요 6가지 암 환자 통계이다. 이와 관련된 논문은 암 환자 발생 원인을 풍수지리적으로 분석하고 있다. 한계점을 많이 안고 있지만 산곡풍이 발생하는 지역에서 암 환자가 많이 발생한다고 결론을 내리고 있다.

　본지 78호(2016. 6. 16.)에서도 진안군의 위암과 폐암 환자가 전라북도 평균 2배라는 기사가 있었다. 필자는 조심스럽게 라돈의 영향이라고 지적한 바 있다. 물론 라돈 농도가 절대적이지는 않지만 라돈이라는 방사능을 오랫동안 흡입하면 폐암, 지하수를 오랫동안 먹게 되면 위암이 발생하게 된다니 상관성이 있는 것은 분명하다.

마을 단위에서 많은 암 환자가 발생하여 공포를 주는 사례도 있다. 남원시 내기마을에서는 1999년부터 2013년까지 15년 동안 17명의 암 환자가 발생했다. 폐암 환자가 7명, 갑상선암과 위암 환자가 10명이었다. 결국 10여 명이 사망했다. 내기마을은 라돈, 아스콘 미세 분진, 흡연 등 다양한 부분에서 원인을 찾고 있다. 그러나 지금도 여전히 확실한 원인을 파악하지 못하고 있는 상황이다. 결국 내기마을 암 발생 역학 조사를 실시했으나 구체적인 원인 규명에 실패한 사례가 되고 말았다.

최근에는 익산시 함라면 장점마을도 암 공포에 시달리고 있다. 몇 년 사이에 10명이 암으로 사망했고 지금도 5명이 암으로 투병 중이다. 2000년에 마을 근처에 입주한 비료 공장에서 원인을 찾고 있다. 지자체에서는 장점마을 암 발생 원인을 찾고자 환경 조사와 함께 의학적 조사를 추진한다고 한다.

진안군에서는 우선적으로 암 환자의 현황을 정확히 파악하는 일부터 시작해야 할 것이다. 어느 마을에 특정 암 환자가 발생했는지 통계 자료부터 만들어야 한다. 일명 암 환자 지도부터 제작하여야 한다. 현재도 진안군 ○○마을에 많은 암 환자가 발생했다고 한다. 통계상으로 암 환자가 많이 발생한 지역부터 주민의 건강 검진과 역학 조사를 우선적으로 실시하여야 한다.

다행히 올해 한국환경공단에서 우리 지역 마을 회관 150개를 라돈 조사 및 컨설팅을 한다고 한다. 라돈 조사뿐만 아니라 다양한 방법으로 원인을 분석해야 한다. 우선 용담댐 건설로 인하여 자주 발생하는 안개와 건강과의 관련성을 조사해야 한다. 아스콘 공장·폐기물 매립장·대규모 태양광 설치·고압선이 지나는 주변 등도 꼼꼼히 챙겨 원인을 제대로 파악해야 한다.

지역에 많은 암 환자가 발생한다고 하여 결코 쉬쉬할 일이 아니다. 이런 일에 무관심한 태도를 취한다거나 방치한다면 암담한 미래를 직면할지도 모른다. 진안군에서는 어떤 사안보다도 우선적으로 문제 해결을 위한 노력이 필요하다.

지역의 암 환자 발생 역학 조사는 한두 해로 끝날 일이 아니다. 장기간에 걸쳐 역학 조사를 하고 분석하여 제대로 된 원인을 파악해야 한다. 지역의 암 환자가 이렇게 많다는 것은 다양한 부분에서 원인을 찾아야 하겠지만 진안의 존립 문제와도 연결되기 때문에 어느 일보다도 시급하게 진행되어야 한다. 지역 주민의 건강을 살피는 일은 그 어느 것보다 중요하기 때문이다.

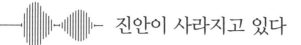 진안이 사라지고 있다

진안군은 50년 전만 해도 북적거리는 사람 냄새 나는 삶터였다. 면 단위 초등학교도 1,000명이 넘어 학교가 먼 마을 곳곳마다 분교를 세웠을 정도였다. 당시엔 면 단위로 각각 8·15 기념 체육대회를 치렀는데, 발 디딜 틈이 없을 정도로 인산인해를 이뤘다고 한다. 마을마다 선수단이 구성되어 출전한 운동 경기의 치열함을 상상할 수도 없을 정도였다고 한다. 면 단위마다 시끌벅적한 장도 섰다. 면 단위가 이럴진대 70년대 읍내는 어땠을까? 음식점, 선술집들이 한 집 건너마다 있었다고 한다. 그렇게 북적거리며 살았던 과거 이야기를 들으면 독재 권력이 서슬 퍼렇게 날이 서 있던 시대였을지라도 행복했을 것 같다. 물론 이런 모습은 진안 군만의 이야기는 아니다. 오늘날은 농경 사회에서 공업화, 정보 사회로 급격히 변화되면서 저녁이면 면 단위는 물론이거니와 읍내에서도 인적 이 드물어진 시대가 되었다.

진안군 인구는 1924년 진안지에 의하면 61,240명(11,749호)이었다.

산간 지역에 어느 정도 농경지가 개간되면 사람들이 모여 살았다. 그리고 통계 자료에 의하면 1960년 90,412명(15,631호)에 이르렀다. 1966년에는 절정을 이루어 10만 명을 넘어섰다. 정확히 102,539명(17,228호)이었다. 참고로 전주시는 당시 220,432명으로 20만 명이 넘었다. 이후 진안군 인구는 1976년 92,967명(15,799호), 1986년 60,333명(13,898호)으로 내리막길을 달린다. 진안군이 왜소해진 결정적인 이유는 용담댐 건설이다. 댐 건설이 어느 곳에서나 그렇지만 인근 대도시에 식수를 공급하기 위한 희생에 지나지 않는다. 당시 이주민은 2,864호에 12,616명이나 되었다. 1996년 38,125명(12,270호)으로 3만 명 인구가 유지되어 오다가 2004년 30,877명(11,551호) 이후 3만 명이 붕괴된다. 2015년 12월 말 기준 통계에 의하면 진안군 총인구는 26,203명이다. 귀농·귀촌 가구는 총 210가구(귀농 131가구, 귀촌 79가구)에 403명이다. 다문화 가정은 245가구로 자녀까지 포함하여 907명에 이른다. 그리고 지역에 거주하는 외국인은 2013년 통계에 의하면 303명으로 파악되고 있다.

면의 상황도 마찬가지다. 1989년 진안군 인구가 5만 명 선을 유지할 때, 마령면은 4,206명으로 진안읍 다음으로 인구가 많았다. 현재 마령면은 5개 리에 인구가 2,000명 남짓이다. 마령면 학교 상황도 마찬가지다. 1980년 중반 마령고등학교 학생 수는 마령면, 백운면, 성수면의 거점 학교로 500명에 이르렀다. 그런데 올해 마령초등학교 58명, 마령중학교 10명, 마령고등학교 45명 등으로 마령면 전체 학생 수가 100명을 조금 넘을 뿐이다. 올해 입학생은 마령초등학교 6명, 마령중학교 3명, 마령고등학교는 15명 등 24명에 불과하다.

용담댐 건설로 많은 이주민을 양산시켰고 농경지도 많이 수장되었다. 1읍 5개 면 68개 마을이 물에 잠겼다. 수몰 면적은 950만 평(32㎢)에 이른다. 여의도 면적이 87만 평이니 여의도 면적 10배보다 넓은 황금 같은 농경지를 수장시킨 셈이다. 최근 통계 자료에 의하면 진안군 토지는 답(畓)과 임야는 꾸준히 줄어드는 반면, 전(田)과 과수원, 목장 용지는 조금씩 늘어나는 추세이다. 그리고 대지, 주차장, 공장 용지, 창고 용지, 도로 등 면적은 꾸준히 늘어나고 있다.

특히 날이면 날마다 이루어지는 도로 확장이나 선로 변경은 농경지나 임야를 잠식하고 있다. 마을 길조차 2차선 도로로 개설하거나 확장하는 상황이다. 읍을 중심으로 삶터가 자동차를 세우는 공간으로 확장되었다. 특히 금강유역환경청에서 2010년까지 사들인 토지가 505만 9천 492평에 이른다. 용담댐 수몰 면적인 950만 평의 절반 이상에 달한다. 용담댐 수변 구역에 생태 공원과 습지를 조성한다는 명분으로 귀한 농경지를 잠식하고 있는 것이다. 최근 진안천 주변 군상리, 운산리 8만 6,000㎡이르는 농경지에 용담댐 수질 보전 명분으로 인공 습지를 조성할 계획이라고 한다. 누구를 위한 사업인지 곰곰이 생각해 볼 일이다. 이러다가 진안이 사라질 것 같다.

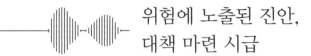

위험에 노출된 진안, 대책 마련 시급

　본지 78호(2016. 6. 16.) 기사를 보고 매우 놀랐다. 진안 군민의 위암과 폐암 사망률이 전북 평균 2배에 이른다는 보도는 충격적이었다. 위암이나 폐암뿐만 아니라 대장암, 유방암 등의 사망률도 높은 편이었다. 여러 질병과 높은 사망률에 대한 정확한 원인은 알 수 없다. 전문가들은 진안 같은 청정 지역에서 높은 사망률이 나타나는 이유는 자연환경에서 오는 요인보다 육류를 많이 먹는 등 주민들의 생활 습관으로 인한 것으로 추측하고 있다. 그러나 육류 소비는 어느 지역에 국한된 문제가 아니라고 본다. 이는 지자체 차원에서 보다 시급히 발병 원인에 대한 규명을 서둘러야 한다.

　최근 한국보건사회연구원의 '지역적 건강 불평등과 개인 및 지역 수준의 건강 결정 요인'에 따르면 도시 사람보다 농촌 사람이 스트레스를 더 많이 받는 것으로 나타났다. 물론 그 수치가 미미하여 일반화하기는 힘들지만, 도시 거주자보다 비도시 거주자가 스트레스가 높게 나왔을 뿐더러 인구가 적은 지역의 주민들이 더 큰 스트레스를 겪는 것으로 나타났다. 스트레스뿐만 아니라 비만도, 유병률(고혈압, 고지혈증, 심근경색, 협심증, 우울증 등 10개 질환 중 1개 이상을 가진 사람의 비율) 등도 마찬가지로 분석되었다. 보고서는 "지역 간의 인구 구성의 차이와 건강 지표에 따른 다양한 양상을 고려해 개별 지자체별로 지역 주민 특성별·사회경제적 여건에 따라 관련 정책을 수립해야 한다."라며 특히 진안같이 인구 규모가 적은 지역은 노인 인구 비율과 유병률이 월등하게 높으므로 노인 질환에 더 큰 관심이 필요하다고 지적하고 있다. 지역의 노인 복지 정책 중 맞춤형 의료 지원이 시급하고도 체계적으로 이루어져야 하는 상황이다.

우리 지역은 자연환경이 수려하고 청정하여 많은 사람들이 살기 좋은 곳이라 여기고 옹기종기 살고 있다. 그런데 최근 지역을 살펴보면 반드시 그렇지만도 않다. 골짜기 곳곳에 자리 잡은 축사가 너무 많다. 축산업도 엄연히 육성해야 할 산업이지만 무분별하게 들어섬으로써 자연환경을 파괴한다거나 삶을 영위하는 데 불편하다면 개선책이 마련되어야 할 것이다.

최근 벼농사보다 특용 작물이나 과수 재배 면적이 늘어남으로써 많은 농약이 사용되고 있다. 벼농사의 수익성이 빈약하다는 건 다 아는 사실이다. 그래서 특용 작물이나 과수 재배 등으로 작물 재배가 변화되어 가고 있다. 그런데 문제는 농약의 과다 사용이다. 요즈음엔 벼농사의 경우 거의 농약을 치지 않는다. 그런데 고추나 인삼, 과수의 경우 1년에 10여 차례 이상 농약을 살포하니 주변에 사는 사람들 입장에서는 청정한 지역이라 말하기조차 낯부끄럽다. 올해같이 폭염이 계속되는 날에는 그나마 병충해가 적어 농약을 적게 사용하지만 여전히 살충제, 제초제 등이 많이 사용되고 있다. 이런 점도 인체에 영향을 미치는 중요한 요인이 아닐까 생각해 본다.

지난주 무주군 지역 학교의 라돈을 측정했는데, 기준치보다 높은 라돈이 측정되어 진안 지역도 측정할 거라고 했다. 라돈은 무색, 무취, 무미의 기체로 토양, 암석, 지하수의 우라늄 방사성 붕괴(radioactive decay)로 인해 자연적으로 발생한다. 1980년대 말 이미 천연에서 산출되는 라돈 기체가 인체에 심각한 해를 입힌다는 것이 밝혀진 바 있다. 수년 동안 고농도의 라돈 기체에 노출되면 폐암에 걸릴 위험이 크다. 라돈을 통한 발암 요인의 90%가 호흡기에서 발생한다. 그리고 라돈에 오염된 물을 마실 경우에도 위암 발생 요인이 높다고 한다.

작년 국립환경과학원이 발표한 자료에 의하면 전국 주택 실내 라돈 조사 결과 전국 16개 시·도 가운데 전북이 가장 높은 것으로 나타났다. 특히 전북의 시·군 단위에서는 진안군이 전국에서 가장 높은 것으로 나타났다. 국립과학연구원은 지질학적으로 옥천계 화강암 지질대가 넓게 분포하고 있기 때문에 라돈 수치가 높게 나타나는 것이라고 했다.

진안 지역에서 폐암이나 위암 사망률이 타 지역보다 월등히 높은 것은 분명한 원인이 있을 것이라 생각된다. 이를 시급히 파악하고, 수십 년간 기준치를 초과한 자연방사능 물질에 노출된 지역 주민의 건강과 안전을 위해 지자체는 문제의 심각성을 인식하고 특단의 대책을 강구해야 할 것이다.

진안, 가슴으로 담다

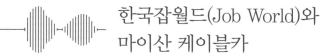

한국잡월드(Job World)와
마이산 케이블카

지난주에 학생들을 인솔하고 한국잡월드(경기도 성남시 분당구 정자동)로 진로·직업 체험을 다녀왔다. 초등학교 때부터 진로·직업 체험을 위해 한 번쯤은 꼭 방문하는 곳이다. 특히 중학교에서 자유학기제가 실시되면서 진로·직업 탐색을 위한 필수 코스쯤으로 여기는 곳이다. 한국잡월드 진로·직업 체험에 참여한 학생들 중에는 처음이 아닌 학생도 상당수 있었다. 학생들이 체험할 수 있는 직업을 2개 선택하여 진로·직업 체험을 하기 때문에 다양한 체험을 하는 데는 한계가 있기도 하다. 하지만 한국잡월드에 다녀오면서 생각한 것은 될 수 있으면 학기가 시작되는 대로 좀 더 빨리 다녀와야겠다는 생각을 했다.

한국잡월드는 2012년 5월에 어린이와 청소년들에게 다양한 진로·직업체험과 탐색의 기회를 제공함과 동시에 건전한 직업관 및 노동 의식 형성을 이끌고 제각각 맞는 진로·직업 선택 지원을 목적으로 개관하였다. 특히 어린이·청소년의 건전한 직업관 형성에 기여하고 행복한 미래의 삶을 창조하는 직업 체험 기관이다. 한국잡월드는 직업 세계관, 진로설계관, 청소년 체험관, 어린이 체험관 등으로 이뤄졌으며, 어린이·청소년들이 비행기 승무원, 자동차 정비원, 경호원, 펀드매니저, 한의원, 아나운서 등 80개 체험실에서 110개 직업 체험을 할 수 있다.

학생들은 레스토랑과 아나운서 체험, 군대 체험, 신문사 체험, 패션쇼 체험, 사회 복지관 체험, 수술실 체험, 메이크업 숍 체험, 미용실 체험 등 자신의 선택에 따라 직업 체험을 했다. 짧은 시간이었고 체험이 다소 미흡했지만 학교 현장에서 채워 줄 수 없는 진로·직업 체험이어서 학생들이 풍요롭고 행복한 삶을 개척해 나가는 데에 꼭 필요한 체험이었다. 앞으로는 보다 많은 기회가 주어졌으면 좋겠다는 생각을 했다.

한국잡월드를 관람하면서 동료에게 마령면에 한국잡월드 같은 시설이 유치되고 운영되었으면 좋겠다는 제안을 내놓았다. 지역에 인구가 유입되고 발전할 수 있지 않을까 해서였다. 동료 한 분은 진안군을 팔아야 할 것 같다며 웃었다. 한국잡월드 같은 시설이 유치된다 하더라도 많은 학생들이 찾아올 수 있을지? 지자체에서 운영비를 충당할 수 있을지? 운영할 인력을 어떻게 충당할 수 있을지에 대한 의문을 토로했다.

한국잡월드가 어떤 과정에서 성남시에 유치되었는지 모르지만 규모가 큰 시설물은 서울과 경기도 인근에 있어야 제대로 활용할 수 있겠다는 생각은 지극히 당연해 보인다. 한국잡월드 개관 이후 390만 명이 방문했다는 현수막이 실내에 게시된 모습에서도 지방에 유치되었을 때 운영에 어려움이 있을 거라는 것을 무언중 시사하는 것 같았다.

한국잡월드는 2,000억 원에 달하는 예산으로 건설되었다고 하는데,

2016년 진안군 예산이 3,000억 원이 조금 넘는 것을 감안하면 큰 규모의 사업임엔 틀림없다. 게다가 한국잡월드 운영비만 해도 한 해 300억 원이 든다고 한다. 성남시의 2017년 예산이 2조 6천 250억 원임을 감안하면 어려움이 없겠지만, 진안군 2017년 예산이 3,457억 원임을 생각하니 쉽지 않겠다는 생각이 들었다.

한국잡월드를 지역에 유치하면 좋겠다는 생각을 하면서 앞으로 논란과 웃음거리가 될 마이산 케이블카 건설을 생각해 보았다. 그동안 〈이진안〉 신문에서 풍수뿐만 아니라 환경적 측면, 특히 경제적 측면 나아가 마이산 케이블카가 건설되었을 때 재정적 어려움까지 지적한 바 있다. 마이산 케이블카 설치 초기에 진안군 자체 예산 300억 원으로 사용하겠다고 했다. 지자체 재정에 많은 문제점이 지적되면서 최근에는 마치 국비가 확보되기라도 한 듯, 국비 140억 원, 군비 50억 원을 확보하여 건설하겠다고도 한다. 이처럼 집요하게 마이산 케이블카를 설치하겠다는 막가파 논리는 어디에서 오는 것일까? 과연 군민을 위한 정책인지 의심스럽지 않을 수 없다. 국비가 되었건, 군비가 되었건 감당할 수 없는 사업이라면 포기하는 것이 훨씬 지역에 보탬이 될 것이다. 지역의 여건에 맞게 농업, 복지, 교육에 보다 많은 관심을 기울이면 좋겠다는 생각이다. 지역의 아이들이 진안을 떠나지 않아도 행복한 삶을 살 수 있는 지역을 만드는 것이 우선이다.

진안군 라돈 대책 세워야

진안군의 라돈 농도가 전국에서 가장 높은 수치로 조사되고 있다. 라돈은 폐암과 위암을 유발시키는 치명적인 자연방사성 물질로 알려져 있다. 특히 2013년에 남원 내기마을에서 폐암, 식도암, 방광암 등 암 질환자가 12명이 발생하여 충격을 주었다. 그런데 환경안전건강연구소에서 역학 관계를 조사한 결과 내기마을 지하수 라돈 수치가 높은 것으로 조사되어 암 발생 원인 규명의 단초를 제시했다. 실제 내기마을 지하수 라돈 농도는 기준치보다 훨씬 높은 것으로 나타났다. 고농도의 라돈이 함유된 물을 섭취할 경우 위암을, 호흡할 경우 폐암을 발생시킬 수 있다.

국립환경과학원 생활환경정보센터에 따르면 라돈은 지각의 암석 중에 들어 있는 우라늄($238U$)이 몇 단계의 방사성 붕괴 과정을 거친 후 생성되는 무색·무취·무미의 기체로 지구상 어디에나 존재하는 자연방사능 물질이라고 한다. 방사선은 암석 혹은 우주, 음식과 같은 자연적인 원소에서 발생하는 자연방사선과 원자력 발전소 주변의 방사선, 항암 치료나

X-ray 촬영 시 발생하는 인공 방사선이 있다. 사람이 연간 노출되는 방사선의 85%는 자연방사선에 의한 것이고, 라돈에 의해 노출되는 방사선은 연간 노출되는 방사선의 약 43%이다. 라돈 농도는 베크렐(Bq)이나 피코큐리(pCi)로 표현한다. 베크렐은 방사성 물질 국제 표준 단위이며, 1초에 방사선 1개가 핵에서 한 번 방출되는 것, 즉 1초 동안 하나의 방사성 붕괴가 일어나는 양을 나타낸다. 공기 중 라돈의 농도는 Bq/m^3이나 pCi/L로 표시하며, 1pCi/L는 $37Bq/m^3$에 해당하는 농도이다.

환경부는 2007년 실내 라돈 관리 종합 대책을 수립한 이후 2008년부터 라돈 조사를 실시하고 있다. 2008년~2009년에는 전국의 초등학교와 읍·면·동 사무소 1,000여 곳을 대상으로 실내 라돈 농도를 조사하였다. 2009년~2010년에는 다중 이용 시설, 2010년부터는 주택을 대상으로 조사하고 있다. 실제 라돈 오염으로 우리나라에서 매년 4,000명의 국민이 폐암으로 사망한다는 통계 자료가 있다. 환경부 자료에 의하면 2009년 전북의 공공건물에 대한 라돈 방사능 오염 수치는 전국 평균과 비슷했다. 2010년 다중 이용 시설의 라돈 방사능 오염 수치는 전국 평균 2배에 육박했다. 2011년부터 조사된 계절별 주택의 실내 라돈 방사능 오염 수치는 특히 겨울철에 평균보다 높았다. 2012년 주택 실내 라돈 방사능 오염 수치는 시군별 자료가 제시되었는데, 분석 자료를 보면 라돈 권고 기준인 $148Bq/m^3$인데 진안군의 경우 기하 평균이 $314Bq/m^3$로 가장 높게 나타났다(전국 $124.9Bq/m^3$, 전북 $184.0Bq/m^3$, 진안군 $411.7Bq/m^3$). 이는 진안 지역이 옥천층 즉, 화강암반 지질대가 넓게 분포하기 때문이라고 분석하고 있다. 2014년 조사된 자료에 의하면 진안군의 라돈 농도는 252.1Bq/㎥로 다소 떨어졌으나 여전히 전국적으로 높은 것으로 나타났다. 2014년 지하수의 경우에도 동향면 새울마을, 상전면 중기마을에서 기준치를 초과한 방사성 물질이 검출되었다.

진안군에는 운장산을 중심으로 씨 없는 곶감이 생산되는 지역이 있다. 운장산을 중심으로 매장된 우라늄의 영향이라고는 하나 아직도 정확한 이유가 밝혀지지 않은 상태이다. 최근에 진안군의 폐암, 위암 사망률이 전북의 2배에 이른다는 기사를 보고 놀라움을 금치 못했다. 역시 정확한 이유를 파악하지 못하고 있다. 그래서 필자는 이런 일들이 자연방사성 물질과 연관되어 있지 않나 하는 조심스러운 생각을 해 보게 되었다.

앞에서 언급한 점은 심각한 문제이다. 그래서 환경부 산하 국립환경과학원에서 2009년부터 주기적으로 라돈을 조사하여 전국 지도를 작성해 놓았다. 그 자료를 바탕으로 지자체에서 읍·면별 학교 등 공공시설, 주택, 지하수 등 진안의 라돈 지도를 작성하는 작업을 우선적으로 할 필요가 있다. 그리고 진안군에서 폐암, 위암 사망률이 높은 원인을 보다 체계적으로 정확하게 파악해야 한다.

실내 라돈 농도는 주기적으로 환기를 시켜 주면 농도를 낮출 수 있다. 심하면 우선적으로 라돈 저감 환기 장치를 도입해야 한다. 그리고 라돈 농도 기준치를 초과하는 지하수를 마신다고 바로 건강에 이상이 생기는 것은 아니지만 아직도 지하수를 식수로 사용하는 곳이 있다면 상수도를 우선적으로 공급해야 한다.

수십 년간 기준치를 초과한 자연방사성 물질에 노출된 지역 주민의 건강을 위해서는 무엇보다도 시급히 대책을 세워야 하겠다.

마령에서 희망을 보다

마령(馬靈)은 백제 때 마돌현(馬突縣 : 지금의 마령, 백운, 성수 지역)인데,
마진(馬珍), 마등량(馬等良)이라고도 했다. 후에 영천군(潁川郡)이란 이름
도 있었다. 치소(治所)는 마령면 평지리다. 정확히 현재 원평지 마을이
다. 신라 경덕왕 때 마령이라 했다. 마돌의 의미는 '큰 마을(터)'이라고
해석한다. 그래서 마령이란 의미는 으뜸 마을, 중심 마을로 옛 부족의 중
심지였다는 의미로 이해하면 된다.

마령과 인연은 1988년 짧은 기간 동안 임시로 마령고등학교에 근무하
면서 시작된다. 당시 마령은 그래도 시끌벅적한 면 소재지였던 것으로
기억이 난다. 당연히 장도 서고 제법 활력이 넘치는 면이었다. 또 당시에
는 지역에 거주하는 선생님도 계셨던 것 같다.

1989년 진안군 인구가 5만 명이 넘었는데, 그때 인구수가 4,206명이
었던 마령면은 진안읍 다음으로 인구가 많은 면이었다. 가구당 4.2명으
로 인구수도 제일 많았다. 마령에 와서 평지들을 보면 평야지에 온 듯한

느낌이 들 정도다. 그래서 마령의 옛 지명인 마돌을 '큰 터'라 해석해도 큰 무리는 아닐 듯싶다. 소위 백마성의 중심지로서 마령은 1979년 5월 1일 군 소재지인 진안면이 진안읍으로 승격되면서 위상이 약화된다. 진안읍이 승격되면서 마령에 속했던 연장리가 1983년 진안읍에 편입되게 된다. 현재 마령면은 5개리에 인구가 2,000명 남짓으로 매우 왜소한 면이 되었다.

마령고등학교로 발령을 받고 거주할 집을 찾아 나섰다. 면 소재지와 마을에 거주할 집을 구하기가 쉽지 않았다. 빈집이라고 가 보면 상가인데, 상가들이 모두 비어 있어 마령의 민낯을 보는 듯했다. 그냥 스쳐 가던 때와는 달리 면 소재지를 돌아보면서 마령의 속살을 보게 된 셈이다.

마령면 학교 상황도 마찬가지이다. 마령초등학교 60명, 마령중학교 19명, 마령고등학교 56명 등으로 전체 학생 수가 100명을 조금 넘을 뿐이다. 올해 입학생은 마령초등학교 6명, 마령중학교 4명, 마령고등학교는 10명 등 20명에 불과하다.

원강정마을 사람들의 배려로 집을 구하고 면사무소에 전입 신고를 했다. 제자로부터 전화가 왔다. 마령에 살고 있는 제자들과 저녁을 먹었다. 제자로부터 들었던 지역 학부모 모임에서 마령의 희망을 보는 듯했다.

소위 '마을과 학교, 배움과 삶의 공동체를 위하여'란 모토를 가지고 2013년부터 꿈틀거림이 시작되었다. 학부모와 교사를 중심으로 한 책 모임이 그것이다. 책 모임에서 지역 교육 문제뿐만 아니라 마령 사회와 삶, 마을과 지역에 대한 고민이 이루어졌다. 특히 책 모임은 학교와 지역 사회에서 여러 활동을 하면서 지역에 활력을 불어넣었다. 2014년 '지역민과 함께하는 문화유산 탐방'이란 주제로 전라북도 교육청 주민 참여 제안 사업에 선정되면서 책 모임은 본격화되었다. '문화재 발굴 체험', '지역 문화유산 탐방', '진안 지역 문화 바로 알기', '마령 마을 이야기' 책자 제작, 더 나아가 '마을과 함께하는 학교'란 주제로 지역 사회 봉사 활동(공연, 마을 잔치)이 이루어졌다. 올해는 '지역민이 함께하는 다문화 축제와 탐방'이란 제안서도 준비하여 다양한 문화에 대한 이해를 높이려 는 계획도 세우고 있다.

한편 면에서 추진하고 있는 마령면 농촌 중심지 활성화 사업도 마령 사회를 한 단계 높일 수 있는 기회가 될 것 같다. '학교가 살아야 농촌 마을이 산다.'라는 기본 구상을 가지고 '아이들과 함께 성장하는 교육 문화 거점 마을 조성'을 목표로 삼고 있는데, 마령면에 매우 절실히 필요한 사업이라 생각된다.

지역 학부모의 바람은 매우 소박하다. 마령에서 아이들이 건강하고 행복하게 자랄 수 있고 지역에서 교육을 받을 수 있는 여건이 되었으면 한다. 그래서 학교를 살려야 한다는 간절함이 배어 있다. 그 간절함이 희망으로 보인다. 마령이 아이들로 시끌벅적하고 생기 넘치는 마을, 옛 이름의 의미처럼 지역 중심 마을로 우뚝 서길 기원해 본다.

국도 30호선 선형 개선 공사와 지역민의 관심 필요

우리나라 도로 곳곳에서 공사 현장을 보는 것은 쉬운 일이다. 지방도는 물론이고 국도, 고속도로에 이르기까지 공사로 인하여 몸살을 앓고 있다. 사계절 연중 이루어지는 도로 공사를 보노라면 가히 토목공화국이라 할 만하다. 도로 곳곳에서 이루어지는 공사는 교통의 흐름을 막는 것은 물론이고 사고를 유발하는 원인이 되기도 한다.

진안을 통과하는 국도는 26호선과 30호선이다. 26호선은 군산-대구선이라고도 한다. 전주에서 진안 오는 길이 바로 국도 26호선이다. 국도 26호선은 군산시 군산공항 인근을 기점으로 전라북도 익산, 전주, 완주, 진안, 장수를 거쳐 경상남도 함양, 거창, 합천과 경상북도 고령을 지나 대구광역시 남구까지 동서 방향으로 뻗어 있는 도로이다. 총 연장 길이는 174km이다. 일제 시기 식민지 경영 정책의 일환으로 전국에 신작로를 개설하면서 건설되었다. 그리고 국도 30호선은 부안-대구선이라고도 한다. 임실에서 진안 오는 길이 바로 국도 30호선이다. 국도 30호선은 부안군 보안면을 기점으로 변산반도를 시계 방향으로 일주한 다음 전라북도 김제, 정읍, 임실, 진안, 무주를 거쳐 경상북도 김천, 성주를 지나 대구광역시 달서구까지 동서 방향으로 뻗은 도로이다. 총 연장 길이는 316㎞이다.

국도 노선 번호는 남북 방향은 홀수, 동서 방향은 짝수 번호를 부여한다. 즉, 우리나라 국도 1호선은 목포-신의주에 이르는 남북 노선이고 국도 2호선은 신안-부산에 이르는 동서 노선이 그 예이다. 주요 간선도로는 1-10번의 번호를 부여하며, 나머지는 2자리 번호를 부여한다. 또한 남북 방향 도로는 서쪽부터, 동서 방향 도로는 남쪽부터 번호를 부여한다(최규영).

국도 30호선 제2공구 공사는 백운면 덕현리에서 마령면 동촌리 간 11.3㎞의 도로 신설과 선형 개량 공사로 2021년까지 총 361억 원이 투입되는 사업이다. 처음 마령 도심 구간 안은 원평지마을에서 마령 소재지로 진입하기 전, 우측으로 틀어 마령고등학교 동쪽 담장을 지나 원불교 마령교당 남동쪽 비실메 정자 옆으로 호(弧)를 그리면서 나아가다 동촌마을에 못 미친 지점에서 구도로와 합쳐지는 노선이었다. 이에 마령면에서는 기존 도로를 방치한 채 새로운 우회 도로가 개설될 경우 지역 경제 침체와 농경지 잠식을 이유로 반대하였다. 실제 〈이진안〉 신문(68호, 2016. 4. 6.)에서 자세히 보도한 바 있다. 당시 기사에 따르면 국도 30호선 백운-마령 간 선형 개선 공사에 대하여 지역민의 관심이 없다는 점을 지적했다. 그리고 재전향우회의 노력으로 기존 도로를 활용케 할 것이라는 익산지방국토관리청의 재검토 결정 사항이 나왔다.

그런데 지난달 정확한 내용은 파악되지 않았으나 마령 도심을 우회하는 새로운 우회 도로 개설을 알리는 깃발이 꽂혔다. 이에 솔안마을을 중심으로 한 지역 주민들이 '국도 30호선 신설 도로 결사반대' 현수막을 게시하고 연대 서명을 한 탄원서까지 제출했다. 탄원서에는 "현재 기존 시설인 마령 우회 도로 이용 차량이 일일 시간당 평균 15대 정도로 새로운 우회 도로가 필요 없는 실정인데 익산지방국토관리청에서 측량을 마치고 공사 계획을 추진하고 있는 바, 면민들은 국가의 어려운 경제 현실을 감안하여 계획하고 있는 신설 우회 도로를 즉시 수정·검토하여 주실 것을 지역 주민들의 의견을 모아 탄원서를 제출합니다."라는 내용을 담았다.

그런데 문제는 〈이진안〉 신문에서 지적한 바와 같이 지역 주민들이 자신의 편익과 큰 관계가 있는 사항인데도 관심이 없었다는 점이다. 국도 30호선 제2공구 공사는 애당초 시행 전에 주민 공청회까지 추진되었으나 별 관심 없어 하다가 공사가 시작될 무렵에야 이렇게 대응에 들어간 것이다.

기본적으로 우리나라 도로 건설이나 선형 변경 사업은 구조적인 문제를 안고 있다. 실질적으로 필요하지 않은 공사를 강행함으로써 현재 우리나라 대부분의 읍·면 소재지가 이중, 삼중으로 우회 도로에 포위된 형국이다. 이렇게 됨으로 해서 지역 상권 붕괴에 큰 원인을 제공한 꼴이 되었다. 현재 도로 공사는 지나치게 기능적인 면만을 고려하고 있다. 기능적인 면을 강조하다 보니 지역의 상권이나 경관을 전혀 고려하지 않고 속도만을 위한 직선 도로가 대세를 이루고 있다. 마을과 소재지 상권은 물론 주변 경관도 감안하고 인문주의적 관점이 함께 고려되었으면 한다. 그리고 지역 주민도 10년, 20년, 아니, 100년 후의 지역 모습까지 생각하는 자세로 보다 적극적인 관심을 가져야 할 것이다.

Ⅱ
역사와 사람

 민심(民心)

　투표는 민심의 표현이다. 민심은 쉽게 알 수 없다. 그러나 요즘은 예측한다. 여론 조사란 이름으로 민심을 실험하려 한다. 과연 그 본심을 알수 있을까? 그 누구도 모르지만 여론 조사 결과를 보고 모두 위안하고합리화한다. 당연히 그렇게 되었을 거라 정당화한다.

　선거 운동 기간 내내 민심을 이용했다. '여론 조사에서 압도적으로 어느 후보가 이겼다.' 혹은 '예측할 수 없을 정도로 백중세다.' 그럴 거면여론 조사로 후보를 뽑을 일이지 왜 이리 호들갑인지 모르겠다. 언론 매체가 하는 일은 오히려 민심을 흩뜨려 놓는 일이다. 참으로 나쁜 집단이다. 언젠가 새로운 사전이 생기면 '공영 방송 : 대통령을 위한 방송', '정당 : 대통령을 위한 집단', '민심 : 대통령을 위한 마음'으로 새겨질지도모를 일이다. 요즘 세태가 그렇다.

　민심을 잠시 현혹할 수는 있으나 민심을 자기 마음대로 가질 수는 없다. 민심이 자기 것이라 일컫는 자를 독재자라 한다. 독재자는 마약에 취해 있는 자다. 세상의 중심이 자기에게 있다고 믿는 자가 독재자다. 그런 자에게서는 배려, 용서, 친밀감, 사랑이 없다. 당연히 민심이란 실체를 인정하려 하지도 않을 것이다. 독재자가 되지 않기 위해서는 끊임없이 수양하고 실천하여야 한다. 민심을 무시한다면 더 이상 무엇을 바라겠는가? 국민의 마음을 가지지 못한 자는 지도자가 될 수 없다. 왕조 시대도 아닌 지금, 우리는 또 다른 절대 왕조에 살고 있는 것인가?

조선 후기 순조에서 철종 연간을 세도 정치기라 한다. 끔찍한 시기이다. 몇몇 세도가들에 의하여 국가가 농락당한 시기였다. 백성들은 영문도 모르고 세금을 내야 했다. 처자식이 굶주려도 나라님이 하는 일이니 참아야 했다. 그러던 어느 날 백성들은 '탐관오리(貪官汚吏)'를 인식하게 된다. 그래서 곳곳에 탐관오리의 부정부패를 적은 벽서(壁書)를 붙이고 시정을 요구하게 된다. 관(官)은 무시한다. 급기야 백성들은 목숨을 걸고 관아를 습격하여 굶주린 배를 채운다. 돌아오는 것은 탄압뿐이었다. 그래도 해야 할 일이었다. 이를 우리는 '민란', '봉기'라 불렀다. 민심을 읽지 못하면 저항에 부딪히게 된다. 그렇게 왕조가 멸(滅)했다.

제20대 국회의원에 출마한 모든 후보자는 민심을 읽기 위하여 불철주야(不撤晝夜) 곳곳을 누볐다. 이제 결정되었다. 당선된 후보는 겸손하게 당선 소감을 밝히면서 지역을 발전시키고 지역민을 위하여 노력하겠다고 소감을 발표할 것이다. 지금 하면 4년 후에나 또 볼 수 있을 큰절을 할지도 모를 일이다. 낙선한 후보는 선택을 받지 못했으면서도 다음을 기약하며 지역민을 위해 열심히 일하겠다고 할 것이다. 어느 후보를 선택할지 모를 민심은 무서운 것이다. 그러나 요즘 민심은 선거 전이나 약발이 먹힐까 선거가 끝나면 무용지물이다. 그러나 정치인들은 민심이 살아 움직이는 공룡과 같은 존재라는 것을 명심해야 할 것이다. 정치인들이 보기에 왜소하고 어리숙할지라도 역할을 제대로 못 할 때면 성난 공룡처럼 모든 것을 먹어 치울 수 있는 힘을 가졌다. 그것이 '민심'이다.

당선자의 오만함도 지적하고 싶다. 당선이 곧 민심을 얻은 것이란 등식은 오래전에 사라졌다. 국회의원으로서 입법 등 역할을 제대로 해야겠지만 지역민과 소통하고 자기 자신을 낮추는 겸손과 어려운 이웃을 바라보는 따뜻한 마음을 가져야 한다. 그럴 때 민심을 얻는 것이다. 특히 당선된 뒤에도 후보자였을 때와 마찬가지로 지역민에 다가가는 초지일관의 자세는 결코 잊지 말아야 할 미덕이다.

"많은 민심을 얻으면 일국을 얻게 되고 민심을 잃으면 일국을 잃게 된다. 이것은 만고불변의 정치 요체다." -《대학》

진안, 가슴으로 담다

 역사 달력

　지난주에 학교 역사(사회) 담당 선생님 앞으로 역사 달력이 배부되었다. 매우 반가웠다. 호기심 깊게 찬찬히 살펴보니 우리 지역 이산묘 영광사에 모신 인물을 담은 역사 달력이었다. 우리나라에서는 독립기념관이나 많은 문화원에서 역사 달력을 제작하여 배포하고 있지만 지역의 교사들이 의기투합하여 이런 작업을 한 사례는 드물다. 학교 달력이 학교의 교육 일정을 중심으로 제작한 것이라면 역사 달력은 지역의 역사, 문화재, 인물 등 일정한 주제를 가지고 제작하여 나름대로 역사 의식을 심어주는 역할을 한다.

　역사 달력은 지역의 교사로 구성된 '진안 상상 동아리'에서 제작하였다. 그야말로 많은 고심과 상상을 더하여 만든 값진 성과물이다. 특히 지역의 대표적인 문화재인 이산묘의 영광사에 모신 인물을 실었다는 점은 의미가 크다. 여기에는 을사늑약 이후 순국한 선열 34위가 모셔져 있기 때문이다.

역사 달력에 실린 인물은 이산묘 영광사에 모셔진 인물 중 11분이 순국한 날을 그 달에 맞추어 실었다. 나머지 한 달은 이산묘에 대한 설명을 달았다. 역사 달력을 만든 교사들은 "헤아릴 수 없는 대가를 치러야만 하는 가시밭길로 뚜벅뚜벅 가셨던 분들의 삶을 단 몇 줄의 문장으로 표현함에 용서를 구하며, 또한 깊은 감사를 드립니다."라고 겸손함을 표현했지만, 매월 실린 인물에 대하여 알기 쉽게 편집하기 위하여 얼마나 많은 고민을 했는지 엿보인다. 인물의 특징을 살린 캐리커처와 연보, 관련 유적지, 그리고 인물마다 남긴 절절한 애국심의 표현은 압권이다. 가령 이석용 의병장이 대구 감옥에서 읊은 마지막 시 "하늘에는 항상 해와 달과 별빛이 비치지만 내 가슴속에는 일편단심 나라를 구하는 것뿐이다. 천추에 오직 내가 해야 할 일은 나라를 위해 목숨을 바쳐 죽는 일이요, 이것만이 나를 편안케 하는 것이다." 그리고 이재명 선생이 사형 선고를 받은 뒤 한 최후 진술 "너희 법이 불공평하여 나의 생명을 빼앗지만 나의 충혼(忠魂)을 빼앗지는 못할 것이다. 지금 나를 교수형에 처한다면 나는 죽어 수십만 명의 이재명으로 환생(幻生)하여 너희 일본을 망하게 할 것이다."가 그 예다.

 역사 달력에 실린 인물은 이봉창, 민영환같이 이미 많이 알려진 분과 민긍호, 고광순 등 생소한 분들도 함께한다. 그래서 새로운 인물을 접할 수 있어 교육적인 역할도 겸한다. 일본을 삼키려 했던 호남 의병의 우두머리 기삼연, 해산 군인을 이끌고 의병 운동을 의병 전쟁으로 승화시킨 민긍호, 최초의 한국 근대 수학 교과서인 《산술신서》를 편역한 헤이그 특사 이상설, 법정에서도 호통을 쳤던 국권 회복기 최초의 의병장 이석용, 주중 일본 공사 처단 계획 시 운전수는 죽이지 않을 방법이 없겠느냐고 고민한 백정기, 호남 의병의 정신적 지주 전기홍, 평범한 조선인 소년에서 한인 애국단 제1호 단원이 된 '일본 영감' 이봉창, 용맹하고 당당했던 이재명, 삼백 년 세월을 두고 다시 태어난 의병의 정신적 지주 고광순, 창고의 곡식을 내어 재앙을 구하고 조세 부담을 줄여 백성들을 살아나게 했던 장태수, 자결한 곳에서 마룻바닥을 뚫고 대나무 네 그루가 자라난 한말의 충신 민영환 등이 역사 달력에서 만날 수 있는 인물이다. 일제 강점기 독립 운동사를 자연스럽게 학습할 수 있는 역사책이 될 만큼 의미 있는 작업이었다.

'진안 상상 동아리' 교사들이 기획하고 지역의 역사와 문화에 중추적인 역할을 하는 진안문화원과 진안역사박물관의 관심하에 제작·배포된 역사 달력의 의미는 사뭇 남다르다. 앞으로 1년 동안 필자의 책상머리에 있게 될 것을 생각하니 가슴이 뿌듯하다. 아울러 다음 해 이어질 역사 달력은 어떤 방향으로 이루어질지 벌써부터 궁금하다.

영화 〈인천상륙작전〉

여름방학 방과 후 수업이 진행 중이다. 희망하는 학생에 한해 실시하지만 쉽지 않은 수업이다. 그래서 여름방학 방과 후 기간 중에 2번 읍내에 나가 영화를 보여 주기로 했다. 지난주에 본 영화는 〈인천상륙작전〉이었다. 선택의 여지가 없었다. 1관 55석이 전부 매진되었다. 개봉 전에 평론가들의 영화평은 인색했는데, 영화를 본 후에 필자도 평가에 동감할 수 있었다.

우리나라에서는 8월에 반공 영화가 애국심에 의지하여 절반 이상 성공을 거둔다. 〈인천상륙작전〉도 여기에 크게 벗어나지 않을 것 같다. 영화는 인천상륙작전 영웅으로 상징되는 맥아더 장군이 출연한다. 그런데 실제 영화를 보면 왜 맥아더 장군이 등장해야 하는지 어리둥절할 정도였다. 그는 우리나라에서는 영웅적인 인물이다. 한국사 교과서에서는 그를 이렇게 평가하고 있다. 그러나 실제로는 고집불통의 대명사로 알려진 인물이다.

진안, 가슴으로 담다

영화의 흐름 중심에는 인천상륙작전을 성공으로 이끌 수 있게 한 숨은 영웅들의 이야기가 있었다. 켈로부대(KLO-Korea Liaison Office 특공대)라는 특수 부대 이야기이다. 인천상륙작전을 유도한 팔미도 등대의 불을 밝힌 특수 부대였다. 1947년 미군 병력이 철수하면서 설치한 정보 및 첩보 부대였는데, 도쿄에 있던 미 극동사령부 정보처 소속으로 활약했다. 주로 첩보, 납치, 암살, 폭파 등 비밀 임무를 수행한 켈로부대는 10여 개의 독립된 부대로 구성되었다. 초기에는 전원이 북한 지역 출신자로 구성되었지만 나중에는 남한 출신도 모집했다. 이들은 목숨을 건 지옥 훈련을 받았으며 북한 군복을 입고, 북한 말투를 사용하고, 북한 노래를 배우는 등 모든 훈련이 북한 침투를 염두에 두고 훈련이 이루어졌다. 〈인천상륙작전〉 영화를 본 사람은 장학수라는 인물이 떠오를 것이다. 그가 켈로부대 부대원이다. 한국전쟁 이후 약 6천여 명의 대원이 작전에 투입되었는데, 이들의 생존 귀환율은 20% 미만이었다고 한다. 최대 8천여 명에 이르던 켈로부대는 1954년 7월에 공식 해체되었다.

한국전쟁 당시 미군이 상륙작전을 펼칠 것이란 것은 누구나 예측할 수 있었다. 북한군이 모를 리 만무했다. 인천, 원산, 군산 중에 어디를 선택하느냐만 남은 문제였다. 예전 국사 교과서에서는 "극비리에 추진된 전격적인 기습으로… 북한군의 허를 찌르고 단숨에 전세를 역전시킬 수 있었다."라고 기술하고 있으나 지금 많은 자료에 의하면 그렇지는 않은 것 같다. 물론 상륙작전을 인천으로 정한 것은 맥아더 장군이다. 하지만 미 합동참모본부는 맥아더의 구상에 반대했다. 인천 지역은 조수 간만의 차가 너무 심하고 인천 앞바다의 월미도를 비롯한 섬들이 장애물이 될 수도 있다는 이유였다. 이런 어려운 상황을 극복할 수 있었던 것은 켈로부대의 활동 덕분이었다.

영화를 보고 난 뒤 아쉬움이 있다면 윤태호 만화 《인천상륙작전》(한겨레 출판 전 6권)을 권한다. 윤태호 작가는 《이끼》, 《미생》, 《내부자들》 등을 통해 잘 알려진 작가인데 《인천상륙작전》은 〈한겨레〉 신문에서 2012년 한 해 동안 연재한 현대사물이다. 필자도 주말마다 빠짐없이 본 기억이 선명하다. "일제 강점기 말부터 한국전쟁까지 격동과 혼란의 시대에서 살아남기 위해 몸부림쳤던 한 가족의 삶을 통해 해방과 건국, 전쟁과 분단이라는 한국 현대사의 중요한 장면을 만날 수 있다." 윤태호 만화 《인천상륙작전》은 한 번 손에 잡으면 순식간에 읽힌다.

연일 폭염이 계속되는 날 '진안 마이골 작은 영화관'에서 영화를 보는 것도 좋은 피서가 될 것 같다. 여기에 윤태호 작가의 만화까지 곁들여 보면 색다른 쾌감을 맛보는 시간이 되지 않을까 생각해 본다.

※ 윤태호 만화 《인천상륙작전》(한겨레 출판 전 6권)을 참고해서 쓴 글이다.

진안, 가슴으로 담다

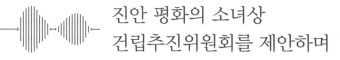

진안 평화의 소녀상
건립추진위원회를 제안하며

　"우리는 일본 사람과 싸우는 것이 아니다." 일본 지진 피해로 고통을
받고 있는 일본에 위안부 피해자 할머니가 130만 원을 기부하면서 한 말
이다. 이와 함께 지난 4월 21일(목) JTBC 뉴스룸 앵커 브리핑에서 손석
희 앵커가 어버이 연합이 받은 2만 원을 언급하며 "어떤 돈은 누군가의
심장을 저릿하게 만들고, 어떤 돈은 누군가의 심장을 할큅니다."라고 하
면서 '오늘 아침 모두를 부끄럽게 만든 이야기'라는 멘트를 남겼다.

　일제 강점기에 일제는 전쟁 동원을 위한 인력 조직으로 '어떤 목적을
위해 솔선해서 몸을 바치는 부대'라는 뜻의 '정신대'라는 용어를 사용했
다. 그런데 정신대가 대부분 일본군 위안소로 연행됨에 따라 정신대라
는 말은 자연스럽게 일본군 '위안부'를 지칭하는 용어로 사용됐다. 과거
에는 '종군 위안부'라 표현하기도 했다. 그러나 종군 위안부라는 뜻에는
'종군 기자'처럼 자발적으로 군을 따라갔다는 의미가 내포되어 있고, 나
아가 일본 정부가 자신들의 책임을 회피하려는 정치적인 목적도 함께 숨

겨져 있다. 따라서 기존의 종군 위안부라는 용어를 사용하는 것은 부적절하여 현재 한국 관계 법령에서의 공식 명칭은 일본군 '위안부'이다. 최근 유엔인권위원회에서는 위안부라는 용어 대신에 '일본군 성노예'라는 표현을 사용함으로써 일본군의 조직적이고도 강제적인 동원 사실을 더욱 명확히 드러내고 있다.

위안부 피해자 할머니의 슬픈 역사는 지금도 진행 중이다. 굴곡진 역사를 떠안으며 살아온 할머니들의 슬픈 역사는 우리의 역사이기도 하다. 끝끝내 한마디 사과도 하지 않는 일본의 태도는 지독히도 밉지만 작년 말 정부의 위안부 졸속 타결은 이해할 수 없을 뿐더러 국민 한 사람으로서 자괴감을 느끼게 했다. 내용 중 '불가역적(irreversible)'이라는 표현은 '두 번 다시 위안부 문제를 거론할 수 없다.'라는 의미에서, 1965년 한일 청구권 협정의 '최종', '완전' 표현보다 강하다고 한다. 참으로 어이없는 표현이 아닐 수 없다. 세월호 사건과 같이 국민의 안위를 내팽개친 정부에서 자행된 위안부 합의문은 친일 청산을 제대로 하지 못한 역사를 회한하게 만든다.

2016년 초에 개봉한 영화 〈귀향(鬼鄕)〉은 우리 국민들에게 다시금 위안부의 역사를 되짚게 했다. 〈귀향(鬼鄕)〉이란 제목은 단순히 돌아온다는 귀향(歸鄕)을 뛰어넘어 방황하는 영혼이 진정한 고향의 품으로 돌아온다는 '귀향(鬼鄕)'을 의미한다. 어떻게 하면 슬픈 역사를 해원(解冤)할 수 있느냐를 표현했다.

일본의 진정한 사과를 받기 위하여 시작된 수요 집회는 1992년부터 일본 대사관 앞에서 시작되었다. 지금도 일본은 공허한 메아리를 보내고 있으며 이번 위안부 합의문은 정부가 장단 맞춰 만든 위안부 합의문이다. 합의문 보상 내용은 당사자의 의지와 상관없이 기껏 몇 푼 받는 것이며, 심지어 일본 대사관 평화의 소녀상을 철거하는 게 조건이란다.

평화의 소녀상은 일본군 위안부 피해자 할머니의 모습을 형상화한 청동 조각상이다. 처음 세워진 것은 2011년 12월 14일 위안부 문제 해결을 촉구하는 1,000차 수요 집회 때였다. 평화의 소녀상은 거칠게 뜯긴 머리카락, 꼭 쥔 두 손, 일본 대사관을 바라보고 있는 눈, 땅에 채 닿지 못한 발뒤꿈치, 하얀 나비를 품은 할머니의 그림자까지, 한 명의 소녀가 할머니가 되기까지의 삶이 담겨 있다고 한다.

평화의 소녀상은 국내외적으로 이미 50여 개가 세워진 상황이다. 지역에서도 위안부 피해자 할머니의 명예를 되찾는 일에 공감하는 의미에서 평화의 소녀상 건립에 함께했으면 한다. 이미 김광수 군의회 부의장이 제안한 바 있으니 지역 사회단체가 건립추진위원회를 구성하여 추진했으면 한다. 오늘(2016. 04. 27.) 수요 집회는 1,228차로 12시에 일본 대사관 앞에서 열린다.

※ 진안 평화의 소녀상은 2017년 11월 4일 진안 청소년 수련관 앞에 세워졌다.

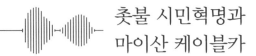

촛불 시민혁명과
마이산 케이블카

현재 2016년 촛불 시민혁명은 진행 중이다. 단지 박근혜 대통령의 탄핵소추안이 가결되었을 뿐, 앞으로 스스로 하야하지 않는 한 예측할 수 없는 정치적 상황이 전개될 것으로 보인다. 대통령이 하루빨리 하야하는 것만이 국가를 위해서 할 수 있는 일이다. 탄핵소추안이 가결된 이후 지난주 촛불 시민혁명에서 국민들은 즉각적인 퇴진과 구속을 요구하면서 추위 속에서도 100만여 명이 모였다.

박근혜−최순실 게이트로 촉발된 2016년 촛불 시민혁명은 그동안 비정상적으로 추진되어 온 많은 일들을 정상적으로 돌려놓아야 한다. 먼저 '2015년 한·일 일본군 위안부 협상' 타결부터 원점으로 되돌려 놓아야 한다. 그동안 위안부 할머니들은 순수하게 일본 정부의 공식적인 사과를 요구하였다. 일본대사관 앞에서 수요 집회를 진행한 지도 24년이 되었다. 일언반구 일본 정부의 사과도 없이 몇 푼의 돈으로 일본군 위안부 협상을 타결한 것은 굴욕적인 합의로밖에 볼 수 없다. '2015년 한·일 일본군 위안부 협상'은 폐기하고 진정한 사과와 국가적 법적 책임 이행을 촉구해야 한다.

최근 박근혜-최순실 국정 농단 사건으로 혼란한 상황 속에서 체결된 '한일 군사정보보호협정'도 마찬가지이다. 이는 한일 양국이 군사 정보를 직접 공유할 수 있도록 맺는 협정인데 실제 이는 일본을 지켜 주기 위한 것일 뿐이다. 우리나라는 군사력, 특히 정보 전력에서 북한보다 훨씬 우위에 있기 때문에 대북 방어 차원에서 보면 굳이 일본의 정보력을 필요로 하지 않는다. 이런 굴욕적인 협정을 맺는 정부가 제대로 된 정부라 할 수 있겠는가?

북한의 미사일을 방어하기 위한 흔히 고고도 미사일 방어 체계라 부르는 사드(THAAD) 배치도 문제이다. 탄핵소추안 가결 이후 불투명한 정치적 상황 속에서 속전속결로 상주 지역에 배치를 완료하려 하고 있다. 이는 주권 국가로서 경제적, 군사적인 문제뿐만 아니라 우리나라를 둘러싼 국제 정치 상황을 보아서도 하루속히 반드시 철회되어야 한다. 여기에 덧붙여 4·16 세월호 참사의 진실을 밝히는 것과 국정화 역사 교과서 철회, 개성 공단 재가동도 조기에 이루어져야 할 부분이다. 이런 모든 사안들은 국민과 소통하지 않은 지도자의 잘못된 리더십에서 나온 산물이라 말할 수 있다.

그러면 과연 우리나라 지방 자치 단체장의 모습은 어떠할까? 지역민과 소통하며 민주적으로 지방 정부를 이끌고 있는가? 이에 대하여 매우 회의적이다. 지방 자치제가 시작된 지 20여 년이 지났다. 지방 자치제의 본질은 대한민국 헌법 1조에 지방 정부를 대입하면 된다.

① 대한민국은 민주 공화국이다. – 지방 정부는 작은 민주 공화국이다.
② 대한민국의 주권은 국민에게 있고, 모든 권력은 국민으로부터 나온다. – 지방 정부의 주권은 국민에게 있고, 모든 권력은 국민으로부터 나온다.

그런데 많은 지방 자치 단체장을 떠올려 보면 이런 모습과 거리가 먼 제왕적 단체장이 먼저 어른거린다. 최근 지역에서 불거진 마이산 케이블카 설치 논란을 보면서 이런 생각을 해 보았다. 중학생만 되어도 마이산에 케이블카를 설치해서는 안 된다는 생각을 한다. 마이산에 케이블카를 설치하면 말 귀같이 쫑긋하게 우뚝 선 마이산을 제대로 볼 수 있을 것인가? 마이산은 멀리서 바라보는 산이다. 경관적 측면에서 심각한 문제가 있다는 말이다. 많은 자료를 통해서 실증적으로 증명된 경제적인 측면에서도 케이블카를 운영하면 운영할수록 적자에 허덕일 사업에 이리도 집착하는 것은 심각한 문제가 아닐 수 없다.

지난 9일 진안군 의회예산결산특별위원회가 진안군이 편성한 마이산 케이블카 기본 및 실시 설계 용역비 10억 원에 대해 국비 확보를 전제로 조건부 승인을 결정했다. 마이산 케이블카 타당성 조사 결론도 나지 않은 상황에서 예산이 승인된 것도 문제이지만 국비만 확보된다면 어떠한 사업이라도 해도 된다는 말인가? 국비도 엄연한 국민의 세금이다. 쉽게 생각해서는 안 된다. 국가로부터 지원된 많은 예산들이 제대로 사용되지 않는 것을 지적하지 않고 예산을 사용하지 못하면 XX이라고 말한다고 한다. 또한 '마을마다 부군수가 수없이 많다.'는 말도 들린다. 심지어

'군수가 있다.'는 말도 한다. 현재 지방 자치체가 어디로 가고 있는가를 단적으로 보여 주는 말이다. 이제 지방 자치제도 변해야 한다. 촛불 시민 혁명이 박근혜-최순실 국정 농단에서 비롯되었다면 지방 자치제도 단체장 선거 부역자로 인한 군정 농단이 심각한 수준에 와 있다. 지방 자치 단체의 많은 사업들이 불통과 몇몇 부역자들의 사익 추구로 흘러간다면 군청 광장으로 촛불 시민혁명이 번져 가지 않을 거라고 누가 장담할 수 있을까?

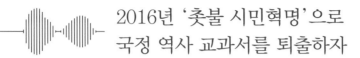

2016년 '촛불 시민혁명'으로
국정 역사 교과서를 퇴출하자

　드디어 국정 역사 교과서가 공개되었다. 공개가 미리 예정된 날이지만 수백만의 촛불 시민혁명이 진행 중인 때에 역사를 되돌리는 국정 역사 교과서가 공개되었다. 아니나 다를까 공개된 국정 역사 교과서는 '왜곡과 미화'로 축약된다. 이런 국정 역사 교과서를 만들고 '역사적 사실을 균형 있게 서술'하였다고 하는 장관의 기자 회견은 참으로 낯간지럽고 뻔뻔한 모습이다.

　자세히 들여다보니 예상대로였다. '친일파 청산'이 아닌 '친일 청산'과 같은 표현으로 친일파에 면죄부를 주고 있으며, 또한 '대한민국 정부 수립'이 아닌 '대한민국 수립'으로 기술하여 뉴라이트의 세력이 주장하는 소위 '1948년 건국절'을 정통 정부로 수용한 것이다. 이는 항일독립 투쟁으로 이룬 독립 국가를 부정하고 친일 세력이 주도한 남한의 반공 국가·자본주의 국가를 부각시키려는 의도로밖에 볼 수 없다. 《대한교과서 한국 근·현대사》 일명 뉴라이트 교과서에서는 평생을 독립운동에 몸

진안, 가슴으로 담다

담고 통일된 대한민국을 이루기 위해 헌신한 김구에 대하여 "한인애국단을 조직하여 항일 테러 활동을 시작하였다", "1948년 남한만의 단독 총선거를 실시한다는 국제연합의 결의를 반대하고, 북한에 들어가 통일 정부 수립을 위한 교섭을 벌였으나 실패하였다. 이후에도 대한민국 건국에 참여하지 않았다(129쪽)."라고 서술한 것을 보면 국정 역사 교과서 서술과 맥락을 같이한다. 이와 같은 국정 역사 교과서 서술을 두고 '특정 이념으로 치우친 편향성을 바로잡고 자랑스러운 대한민국의 역사를 보여 주려고 노력했다.'라고 하는 것 자체가 어불성설일 수밖에 없다.

중2 때 벌어진 10·26 사태의 잊지 못할 기억이 있다. 박정희 전 대통령 사망 소식은 민족의 지도자가 신임하는 아랫사람의 총격에 숨졌기에 더욱 충격적이고 슬픈 일이었다. 불철주야 민족과 국가를 위하여 일한 대통령을 죽인 김재규는 만고의 역적이었고 등교한 친구들은 모두가 대통령 죽음 이야기를 했으며, 어떤 선생님은 수업을 시작하기 전에 묵념을 하자고 했다. 분위기는 엄숙했고 심지어 흐느끼는 친구도 있었다. 당시 박정희 전 대통령에 대하여 교과서에서 배운 것은 이런 것이었다.

"오랜 독재에 시달리던 민중 가운데에는 자유를 그릇되게 이해하여 시위를 일삼는 등 사회를 더욱 혼란시키고 국정을 방해하는 자들까지 있었다. … 일부 정치인이나 학생 중에는 이러한 북한 공산주의들의 흉계를 깨닫지 못하고 오히려 이용당하는 경우조차 있었다. 그리하여 국가와 민족을 수호하기 위하여 뜻있는 군인들이 혁명을 일으켰다(《제4차 교육과정 (1981~87년) 중학교 국사 하》)."

어릴 때의 배움은 화석처럼 굳어져 진리로 인식되며 그 기억은 오래간다. 교과서는 그런 역할을 한다. 학창 시절에 외웠던 시가 아주 오랫동안 기억되듯 말이다.

이번 국정 교과서 역시 예상에서 벗어나지 않았다. 당시보다 한술 더 떠 "독립운동가들은 국제 사회에 독립의 당위성을 알리고 국제적 지원을 얻고자 다양한 외교 독립·선전 활동을 벌였다."라고 이승만의 공을 더했을 뿐만 아니라, 《대한교과서 한국 근·현대사》에서는 "그는 민족의 새로운 역사를 개척하는 데 소수 엘리트의 지도적 역할을 중시하였다. 그의 권위주의적 통치는 한국 사회에 역사적으로 축적되어 온 성장의 잠재력을 최대로 동원하는 역설적인 결과를 낳았다. 그의 집권기에 한국 경제는 고도성장의 이륙을 달성했으며 사회는 혁명에 가까운 커다란 변화를 겪었다. 그는 측근의 부정부패에 대해 엄격했으며, 스스로 근면하고 검소하였다(186쪽)."라고 적고 있다. 여기서 그는 물론 박정희고, 이렇게 서술하고 싶었을 것이다. 국정 역사 교과서에 5·16 군사정변 이후의 고도 경제 성장, 새마을운동 성과에 기술하고 있는 것은 너무나 당연한 귀결이다.

가장 안타깝고 절망적인 기술은 통일보다는 분단을 획책하고 있는 대목이다. 북한을 적대시하고 통일과 교류에 대하여는 무시하며, 분단을 영구화하려는 세력에게 무엇을 기대할 수 있겠는가?

국정 역사 교과서는 박근혜의 집착에서 비롯된 것이다. 아버지 박정희 시대의 역사 왜곡과 미화를 정당화하려 해서 생긴 일이다. 조선 시대 실록을 국왕이 열람할 수 없게 한 이유는 사관이 올바른 역사를 기록하기 위해서였다. 성군인 세종대왕도 아버지 기록이 무척 궁금하여 《태종실록》을 보고자 하였으나 열람하지 않았다. 그렇게 하여 만들어진 역사책이 《조선왕조실록》이다. 국정 역사 교과서는 실록을 보고 마음에 들지 않는 내용을 바꾸는 것과 다를 바 없다. 이럴 때 역사가 제대로 쓰일 수 있을까? 오직 왜곡과 미화만 있을 뿐이다. 이번에 공개된 국정 역사 교과서에서 그 진리를 다시금 확인할 수 있었다. 2016년 '촛불 시민혁명'으로 국정 역사 교과서도 반드시 퇴출해야 한다.

국정 역사 교과서 폐지에 힘 모아야

  지난주에 한국교원대학교로 '2015 개정 교육 과정 한국사' 연수를 다녀왔다. 본래 연수의 목적은 '2015 개정 교육 과정 한국사' 교과에 대하여 지역 교사에게 연수하기 위해 전국 역사 교사가 모여 미리 내용을 익히는 것이었다. 그런데 실제적으로 교사에게 가장 부담(?)을 주는 학생 중심의 수업 지도안을 설계하는 것으로 진행되었다. 물론 학생 중심의 수업 지도안 작성이 중요하지 않다는 것은 아니지만 뭔가 찜찜한 상태로 연수가 진행되던 차에 연수 끝 무렵에 역사 교과서 국정화가 도마 위에 올랐다.

  현재 깜깜이로 국정 역사 교과서 집필이 끝나고 편찬심의위원들이 1차 수정·검토 단계에 있으며 11월에 현장 검토본을 공개하여 의견을 수렴한다고 한다. 여기서 역사 교과서는 중학교 역사와 고등학교 한국사 교과서를 의미한다. 교육부 관계자는 웹에 올려서 의견을 받는다고 하면서 내용에 편향성 없는 균형 잡힌 교과서가 집필될 것이라며 많은 의견을 구한다고 했다. 이후 2017년 1~2월 인쇄 및 공급을 통하여 3월에 학교 현장에 적용한다는 것이 교육부의 계획이다.

그리고 2015 개정 교육 과정은 3년 후인 2018년에 시행하도록 되어 있으나 국정 역사 교과서는 1년을 앞당겨 내년 3월부터 적용하겠다고 한 다. 박근혜 정부에서 국정화 교과서에 대못을 박겠다는 의미이다.

교육부 관계자가 균형 잡힌 교과서 집필을 언급하고 있지만 이를 믿을 국민은 없을 것이다. 현재 논란이 되고 있는 광복절과 건국절만 해도 그 러하다. 끊임없이 이명박 정부와 박근혜 정부는 1948년 대한민국 정부 수립을 건국의 의미로 주장하고 있다. 소위 '1948년 건국절'이다. 이는 항일독립 투쟁으로 이룬 독립 국가를 부정하고 친일 세력이 주도한 남한 의 반공 국가·자본주의 국가를 부각시키려는 의도로 풀이하고 있다.

국정 역사 교과서 폐지는 쉽지 않은 일이다. 지난 총선에서 야당은 과 반석을 확보했고 국정 역사 교과서를 금지하겠다는 공약을 내세웠다. 그 런데 국정 역사 교과서 담당 상임위가 교문위라서 이를 통과하려면 법안 심사소위원회를 통과하여야 하는데 여야가 5 대 5로 구성되어 있어 합의 가 힘들다. 직권 상정하여 국회에서 통과된다 하더라도 박근혜 대통령이 거부권을 행사할 것이기 때문이다. 여소야대 정국에서도 국정 역사 교과 서 폐지는 힘들다는 것이다.

그러면 과연 어떻게 국정 역사 교과서 폐지를 해야 할 것인가? 일단 올 11월에 공개될 현장 공개본에서 국민적 열기를 모아야 할 것 같다. 2013년 친일·독재 미화 논란 중심에 선 교학사 한국사 교과서 채택 반 대 운동같이 국민이 나서야 한다. 쉽지 않은 일이 될 것이다. 분명 국정 역사 교과서는 시대를 거스르는 것이고 역사를 왜곡할 수 있는 교과서 체계이다. 보통 검인정 교과서도 2년간의 집필 기간을 가진다. 그런데 현재 진행 중인 국정 역사 교과서 집필은 6개월 정도밖에 되지 않는다. 짧은 시간에 집필한 교학사 한국사 교과서는 무려 1,300건의 오류가 나타났다.

올 11월 이후에 국정 역사 교과서를 폐지시키지 못하면 내년 3월에 국정 역사 교과서를 학교 현장에서 사용하게 된다. 물론 학교 현장에서 역사 교사들은 나름대로 교과서를 재구성하여 학생들에게 가르치게 될 것이다. 2015 개정 교육 과정도 이런 취지로 학생 중심으로 수업을 하도록 권장하고 있기 때문이다.

그렇다면 해법은 없는 것일까? 한 가지 방법밖에 없다. 내년 대선에서 정권 교체를 이루는 것이다. 국민이 정권 교체를 이루면 된다. 교과서 문제는 교육부 차관의 전결 문제이기 때문에 정권 교체를 이루면 국정 역사 교과서 폐지로 수정 고시할 수 있기 때문이다. 그러면 국정 교과서는 짧은 수명을 다한다. 그 와중에 학생들은 혼란을 겪겠지만 역사 교사들이 슬기롭게 대처하리라 믿는다.

교사들은 2015 개정 교육 과정에서 학생 중심 수업을 장려하고, 교과서를 재구성하여 수업을 권하는 교육부의 근본적 의도를 파악했을 것이다. 그에 따라 교사들은 학교 현장으로 돌아가 활기찬 2학기를 맞이하리라고 생각한다. 역사란 무엇인가? 곰곰이 되새기면서 말이다.

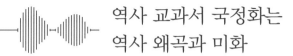

역사 교과서 국정화는
역사 왜곡과 미화

　박정희 전 대통령 사망 소식은 충격적이었다. 민족의 지도자가 신임하는 아랫사람의 총격에 숨졌다는 것은 매우 슬픈 일이었다. 불철주야 민족과 국가를 위하여 일한 대통령을 죽인 김재규는 만고의 역적이었다. 학교에 등교하니 친구들의 대화는 모두 어제 있었던 대통령 죽음 이야기였다. 어떤 선생님은 수업을 시작하기 전에 묵념을 하자고 했다. 엄숙했고 심지어 흐느끼는 친구도 있었다. 중2 때 벌어진 10·26 사태의 기억이다. 박정희 전 대통령에 대하여 이렇게 배웠다. "오랜 독재에 시달리던 민중 가운데에는 자유를 그릇되게 이해하여 시위를 일삼는 등 사회를 더욱 혼란시키고 국정을 방해하는 자들까지 있었다. … 일부 정치인이나 학생 중에는 이러한 북한 공산주의들의 흉계를 깨닫지 못하고 오히려 이용당하는 경우조차 있었다. 그리하여 국가와 민족을 수호하기 위하여 뜻 있는 군인들이 혁명을 일으켰다(《제4차 교육과정 (1981~1987년) 중학교 국사 하》)." 어릴 때 배운 기억은 오래간다. 화석처럼 굳어져 진리로 인식한다. 교과서는 그런 역할을 한다. 학창 시절에 외웠던 시가 아주 오랫동안 기억되듯 말이다.

　박근혜 대통령은 현재 역사 교육이 청소년들에게 잘못된 역사관을 키우고 있다며 이를 바로잡기 위하여 역사 교과서 국정화를 추진해야 한다고 주장하고 있다. 박근혜는 2008년 한나라당 대표 시절 《대한교과서 한국근·현대사》 일명 뉴라이트 교과서에 전폭적인 지지를 보냈다. "그는 민족의 새로운 역사를 개척하는 데 소수 엘리트의 지도적 역할을 중시하였다. 그의 권위주의적 통치는 한국 사회에 역사적으로 축적되어 온 성장의 잠재력을 최대로 동원하는 역설적인 결과를 낳았다. 그의 집권기에 한국 경제는 고도성장의 이륙을 달성했으며 사회는 혁명에 가까운 커다란 변화를 겪었다. 그는 측근의 부정부패에 대해 엄격했으며, 스스로 근면하고 검소하였다(186쪽)." 그는 박정희이다. 이런 교과서를 만들고 싶은 것이다. 평생을 독립운동에 몸담고 통일된 대한민국을 이루기 위해 헌신한 김구의 서술을 보면 역사 교과서 국정화가 어느 방향으로 갈지 짐작할 수 있다. "한인애국단을 조직하여 항일 테러 활동을 시작하였다", "1948년 남한만의 단독 총선거를 실시한다는 국제연합의 결의를 반대하고, 북한에 들어가 통일 정부 수립을 위한 교섭을 벌였으나 실패하였다. 이후에도 대한민국 건국에 참여하지 않았다(129쪽)." 김구를 테러리스트로 대한민국과 무관한 인물로 서술하고 있다.

　현재 정치판에서 이루어지고 있는 역사 교과서 국정화 사태는 상식적으로 이해할 수 없는 세력의 광분(狂奔) 상태에 있다. 현재 역사 교과서를 '독극물', '친북', '좌파' 등으로 몰아세우고 있다. 분명 교육부에서 승

진안, 가슴으로 담다

인한 교과서를 몰상식한 세력이 이렇게 말한다면 이는 자가당착(自家撞着)일 뿐이다. 역사 과목은 제7차 교육 과정(1997~2007)을 끝으로 국정 체제가 끝나고 검정교과서로 전환되었다. 고등학교의 경우 2010년 6종에서 2013년 8종의 교과서가 검정에 통과하여 학생이 배우고 있다. 이명박 정부와 박근혜 정부가 승인하여 통과된 교과서이다.

　박근혜 대통령의 역사 교과서 국정화는 집착이다. 아버지인 박정희 시대의 역사 왜곡과 미화를 정당화하려는 우려를 지울 수 없다. 조선 시대 왕조실록을 국왕이 열람할 수 없게 한 이유는 사관이 올바른 역사를 기록하기 위해서였다. 성군인 세종대왕도 아버지 기록이 무척 궁금하여 《태종실록》을 보고자 하였으나 결국 열람하지 않았다. 그렇게 하여 만들어진 역사책이 《조선왕조실록》이다. 박근혜 대통령의 역사 교과서 국정화는 실록을 보고 마음에 들지 않는 내용을 바꾸는 것과 다를 바 없다. 그러면 역사가 제대로 쓰일까? 오직 역사의 왜곡과 미화만 있을 뿐이다.

사족 : 우리나라 역사 교과서이면 당연히 '역사'나 '국사'가 되어야 맞다. 다른 나라에서 우리나라 역사를 '한국사'라 부르는 게 맞듯이 말이다. 우리는 다른 나라에서 부르는 '한국사'라는 표현을 아무런 의식 없이 쓰고 있다. 우리나라 역사 교과서는 '역사'나 '국사'가 되어 한다.

정치인 막말과 정신 장애

대선 후보 토론회가 재미있다. 2~3시간이 짧게 느껴질 정도이다. 토론회가 끝난 이후 뉴스거리도 풍부하다. 언제나 정책 토론을 유도하지만 제대로 되지 않는다. 그럴 때면 언론은 어김없이 후보들을 질타한다. 언론은 언제나 재판관 역할을 한다. 자신들 본연의 역할을 못 할 때는 애써 무시한다. 권력에 아부하는 언론은 특히 그렇다.

대선 후보를 포함하여 정치인의 막말은 웃음을 주기도 하지만 저런 정도의 수준으로 한 나라를 이끌어 간다고 나서니 한숨이 나온다. 국민들의 비웃음에 아랑곳하지 않는 그 배짱(?)이 부러울 때도 있지만 그 수준으로 우리나라 정치 한복판에서 서 있도록 해 준 국민들의 아량도 대단하다.

탄핵 정국 때의 막말이나 구호 등은 섬뜩함을 넘어 같은 나라에서 살아가는 국민이 아닌 듯했다. 탄핵 정국 때의 명언도 회자된다. △△△ 의원은 "촛불은 촛불일 뿐이지 바람이 불면 다 꺼진다. 민심은 언제나 변

한다.” 그런 △△△ 의원은 세월호에 대해서도 “세월호 선체는 인양하지 말자. 아이들은 가슴에 묻는 거다.”, “세월호 인양은 돈이 너무 많이 든다. 인양을 포기하자.”라고 말했다. 국가의 대의기관인 국회의원이 이런 인식으로 국민을 대표할 수 있겠는가? 세월호 사건은 우리에게 민주주의와 새로운 대한민국을 만들어 준 역사적 사건이다. 그런 세월호 사건에 대하는 인식이 이런 정도다. ◇◇◇ 의원은 ‘세월호는 교통사고’, ○○○ 의원은 ‘학교 수학여행을 가다가 희생된 사건을 특별법을 만들어 보상해 달라는 것은 이치에 어긋난다. 사망자들이 수억 원의 보험금을 받는다. 국가유공자들보다 몇 배 더 좋은 대우를 해 달라는 것이 세월호 특별법’, ▽▽▽ 의원은 ‘세월호 침몰, 좌파 단체 색출해야’, ‘세월호 사고 이후 북한의 지령을 받고 정부를 전복하려는 좌파들이 준동할 것’이런 발언을 현재 우리나라 국회의원이 한 것이다.

　요즘 대선 후보들의 발언 내용도 녹록지 않다. 물론 시각차가 있을지 모르지만 상식 밖의 토론 내용은 후보자의 품격을 떨어뜨린다. 과거 발언이지만 ▽▽▽ 후보자 “노무현 전 대통령처럼 아방궁을 지어 사는 사람 없다.”, “이대 계집애들 싫어한다.” 같은 인식으로 대선 기간에도 “막말은 옛날에 노무현 대통령께서 제일 심했지요. 대통령직 못 해 먹겠다.”, “설거지는 여자가…….”, ‘우리나라 경제 문제는 강성 귀족 노조 탓’이라고 이야기하는 후보자는 품격이 매우 떨어진다. 막말로 당선된 트럼프 대통령의 현재의 국정 운영과 국민 지지도를 생각하면 당선만이 중요한 것은 아니다. 최근 취임 100일을 맞이한 트럼프 정부에 대한 평가는 F학점이다.

대선의 여러 이슈 중 하나인 사드 배치를 생각해 보자. 사드 배치는 소위 진보나 보수 후보를 떠나 상식적으로 생각해 볼 문제이다. 우리나라가 처한 상황에서 안보가 위중하다고 할지라도 국가 대 국가의 협의라고 한다면 적어도 외교 문서 한 장 교환 없이 새벽에 기습적으로 사드를 설치하는 것이 옳은 일인가? 사드 비용으로 10억 달러를 청구한 미국에게 당당하게 대선 후보자들은 발언해야 한다. 우리는 분명 한 국가의 대통령을 뽑기 때문이다.

대선 기간 중이지만 지역의 살림살이를 감시하는 의원들의 행태도 관심을 가져야 한다. 추경 예산을 꼼꼼히 검토해 제대로 된 의회 역할을 해야 할 의원들이 수수방관한다면 군의회가 무엇 때문에 존립하여야 하는가? 그 역할을 제대로 하지 않고 특권 의식에 사로잡혀 있기 때문에 기초단체장이나 기초의원 무용론이나 폐지론이 언급되는 것이 아닌가?

대선이 일주일 남짓 남았다. 적어도 국민은 상식적인 대통령을 원한다. 상식이 대한민국을 새롭게 만들 수 있다. 적어도 정치인은 상식적이어야 한다. 막말은 따지고 보면 대단히 비상식적인 처사이다. 그리고 엄밀히 말하면 정신 장애다. 이런 정치인을 뽑지 않기 위해 기본 자질을 검증하기 위한 방편으로 국민들은 정치인들에게 정신 감정서 첨부를 요구해야 할 것 같다.

정유년에 촛불 시민혁명을 완성하자

정유년은 붉은 닭띠 해이다. 닭은 여명을 알리는 것과 동시에 새로운 세상을 여는 개벽과 올바른 질서를 상징한다. 10간에서 정(丁)은 붉은색을 상징한다. 붉은 깃발을 보면 빨갱이를 연상할지 몰라도 혁명의 기운을 느끼게 하는 빛깔이다. 강렬하다. 우리 정치는 오랫동안 색깔론에 갇혀 있었다. 아이러니하게도 우리나라 꼴통 기득권 정당 색깔이 붉은색이다. 정유년에는 붉은 닭의 힘찬 소리처럼 모두에게 기운이 넘치는 한 해가 되었으면 한다.

정유년에는 진정한 민주 정부로 정권 교체가 이루어져야 한다. 이것은 촛불 시민혁명의 시작일 뿐이다. 세월호 사건은 국민을 촛불 시민혁명에 뛰어들게 했다. 촛불 시민혁명의 시작은 세월호 사건으로부터 배운 교훈에서 출발한다. 세월호 사건이 묻혀 버렸다면 촛불 시민혁명 탄생도 어려웠을 것이다. 세월호 사건으로부터 배운 학습이 시민 사회를 건강하게 담금질하여 성숙한 촛불 시민혁명을 이끌었다. 이제 시민 사회가 생활과 정치까지 바꿔 놓아야 한다.

정유년에는 적폐를 청산해야 한다. 새롭게 바로 선 민주 정부는 검찰부터 재벌, 국정원 등을 개혁, 해체하여야 한다. 독재 권력에 기생하면서 탄생한 조직들을 제대로 도려내어야 한다.

정유년에는 외교적으로 자존을 세워야 한다. 한말 한반도 주변 열강에 휩쓸려 근대화를 위한 노력조차 제대로 해 보지 못하고 식민지로 전락한 교훈을 잊지 말아야 한다. 이제 일제 청산을 더 이상 말할 자격도 없는지 모른다. '2015년 한·일 일본군 위안부 협상'과 '한·일 군사 정보 보호 협정'을 맺고 이보다 더 좋은 합의를 할 수 있느냐고 반문하는 정부다. 이런 정부에서 박근혜-최순실 국정 농단이 발생한 것은 당연한지도 모른다. 미국으로부터 노무현 정부가 환수하기로 했던 전시 군 작전 통제권을 다시 미국에게 돌려주는 정부가 온전한 국가라 할 수 있을까? 고고도 미사일 방어 체계인 사드 배치도 한반도에 또 하나의 미국 기지를 만들어 주는 격이니 이 또한 자주 국가라 말하기 부끄러울 지경이다.

정유년에는 통일 운동에 활력을 불어넣어야 할 것이다. 김대중, 노무현 정부가 이루어 놓은 남북 교류가 모두 닫혀 버린 상황에서 다시금 빗장이 풀려야 한다. 개성 공단 재개는 물론이고 금강산 관광, 민간 교류가 활발하게 전개되어 남북 간의 자주적인 통일이 모색되어야 할 것이다. 국사 국정 교과서도 하루빨리 폐기되어 제대로 된 역사와 통일 의식을 길러 주었으면 한다.

정유년에는 지방 자치 단체장과 지역민 의식도 한껏 성숙되어야 할 것이다. 지역민이 주인이 되어야 한다. 절대 권력화되고 있는 지방 단체장에게도 주인 역할을 해야 한다. 스스로가 노예적 삶이 아닌 주인이 될 때 지방 자치제도 정착되어 갈 것이다. 지방 단체장이 오만과 불통, 우격다짐으로 지방 자치제를 이끈다면 광장에서 수천의 촛불이 밝혀질지도 모른다. 정유년 어둠 속에서 새로운 여명을 알리는 닭의 울음처럼 희망찬 한 해가 되길 기원한다.

유권자가 주인이 되자

　선거는 민주주의의 꽃이다. 그 주인공은 유권자이다. 분명 맞는 말인데, 현실은 그렇지 않은 것 같다. 아니, 정반대로 가는 것 같다. 요즘 각정파에 이루어지는 공천 과정을 보면 더욱 그렇다. 유권자에게 정치란이런 것이라는 막장 드라마를 보여 주고 있는 듯하다. 그래서 유권자로하여금 무관심을 넘어 절망감을 느끼게 한다.

　희망을 주는 정치인은 진정성이 있다. 자신을 내던지는 정치인이다. 희망을 준 노무현 전 대통령은 진정성 있는 정치인이었다. 학연, 지연, 혈연을 극복하고 대통령이 되었다. 그는 적어도 다음 세대에게 떳떳한정치를 물려주려 몸부림쳤다. 돈 한 푼 없어도 국민들이 모아 준 희망 돼지 저금통으로 선거를 치렀다. 국민의 대통령이었다. 어느 누구에게도신세를 지지 않고 오직 국민에게 신세를 진 국민의 대통령이었다. 그런정치인을 보수 언론이 끊임없이 겁박했고 조롱했다. 그것이 통했다. 그이후 그들이 원하는 대통령을 만들었다. 수많은 정책들이 폐기되고 변했다. 양극화가 심화되었다. 올해 서울대 입시에서 특수목적고, 자율형사립고(자사고), 강남 3구 일반고가 합격자를 독식하는 쏠림 현상이 심화한 것으로 나타났다고 한다. 심지어 '우리나라 지역 사회 건강 수준의 종합평가'(2014) 자료에서 지역별로 사망률 등 건강 격차를 보이는 이유를 개인의 사회경제적 수준이나 건강 습관을 넘어서 지역의 공통된 특성에서 차이를 보이고 있다고 한다.

태평양 건너 미국 대선 후보 선출은 세계적인 관심사이다. 대선 후보 중 샌더슨 상원의원에게 많은 미국인이 열광하고 있다. 현재 샌더슨이 비록 미국 민주당 대선 후보에서 멀어지기는 했지만 그가 주장하는 바는 앞으로 미국에게 희망을 주는 내용이다. 현재 미국은 부자와 가난한 자의 소득 불균형이 미국 역사를 통틀어 최고 수준에 올라 있는 상태이다. 상위 1%가 하위 90%의 소유를 합친 것만큼의 부를 축적하고 있는 나라이기 때문이다. 샌더슨은 바로 이 부분에 본질적인 의문을 제기하며 극에 달한 소득 불평등과 사회적 양극화가 개인의 문제가 아니라 사회구조적인 시스템의 문제이며, 따라서 국가가 이를 바로잡아야 한다고 주장한다. 샌더슨은 모두를 위한 의료보험, 정치 정화, 월가 규제, 대학 무상 교육, 부자와 대기업에 대한 공정한 과세 등으로 미국의 불평등을 혁파하고자 한다. 이런 내용은 우리나라도 별반 다를 게 없다. 그런데 우리나라에는 이를 실현하고자 하는 정치 세력이 부재하다는 점이 문제다.

정치 불신은 유권자의 정치적 무관심으로 나타난다. 그런 정치 불신을 유도하는 세력이 정치인들이다. 그래서 나라가 변하지 않는다. 미래에 대한 희망도 없다. 흔히 말하는 유권자의 혁명이 이루어져야 한다. 그 출발은 돈 선거를 추방하는 것부터 이루어져야 된다고 생각한다. 돈 선거의 노예가 되어서는 절대 안 된다. 선거 운동 기간 중에 사용할 수 있는 법적으로 허용된 비용을 공직 선거 법정 선거 비용이라 한다. 이는 선거 운동의 과열과 금권 선거를 방지하고, 후보자 간의 경제력 차이에 따른 선거 운동 기회의 불균형을 완화하기 위하여 선거 비용을 제한하도록 한 제도이다. 그런데 선거 비용 제한액으로만 선거하는 후보자가 드물다고 하니 문제가 크다. 법정 선거 비용 몇 배에 이르는 비용을 사용하며 당선될 때도 문제지만 낙선한 경우도 상황은 심각할 수밖에 없다. 지방 자치제 이후 많은 선거를 치르면서 오히려 의식이 높아지기는커녕 오히려 돈에 의하여 당락이 좌우된다는 말이 단순히 소문만은 아닌 듯싶다. 선거철마다 유권자가 금품을 기대하고 있다면 제대로 된 후보자가 출마하겠는가? 아니, 그렇게 당선된 이후에 제대로 된 정치력을 발휘할 수 있겠는가? 유권자가 금품으로 인하여 후보자의 노예가 되어서는 안 된다. 4·13 총선에서 오히려 그런 후보를 심판하는, 진정한 주인 의식을 가진 유권자가 되었으면 하는 바람이다.

보수와 진보, 그리고 대선

　과연 우리나라에 진정한 보수와 진보가 있는가? 필자의 생각으로는 없다. 특히 정치권에는 그렇다. 우리나라에서는 당선 즉시 기득권이 될 뿐이다. 이념 스펙트럼이 엉망진창이다. 요즘 대선 후보들의 발언도 그 맥을 같이한다.

　○○○당 ▽▽▽ 후보는 보수 후보를 자처하면서 발언마다 좌파 척결을 외친다. 현재 대한민국이 강성 귀족 노조, 전교조로 인하여 망가졌다고 외친다. 이런 색깔론이 효과를 거두지 못하고 있지만 발언마다 그렇게 외친다. 당당한 서민 대통령이라고 하면서 법인세 감세를 이야기한다. 재벌을 옹호한다. 안보에는 여야가 없다지만 사드 배치를 두고 벌이는 논쟁은 공허하다. 대한민국이 주권 국가인지 의심이 되는 발언도 서슴지 않는다. 보수 표심을 얻겠다고 사드 배치 입장을 달리하기도 한다.

　누구나 인지하는 것처럼 좌파와 우파 개념은 프랑스혁명 시기에 국민공회 의장석에서 보아 왼쪽에 강경한 성향의 자코뱅파가 앉은 것으로 인해 좌파라 불렸고, 온건한 성향을 띠고 있는 사람들을 지롱드 우파라 부른 데서 유래한다. 그런데 우리는 언제부터인가 좌파 하면 공산주의 빨갱이로 인식하고 우파 하면 민주주의 체제로 잘못 인식하고 있다. 그래서 원조 보수당을 자처하는 ○○○당은 아이러니하게도 당의 색깔이 빨강색이다. 그리고 무조건 ◇◇◇당을 친북 좌파라 한다.

5월 7일 대통령 결선 투표를 한 프랑스는 급진 좌파, 좌파, 중도, 보수, 극우 보수 등으로 이념적 스펙트럼이 아주 다양하다. 그렇다고 프랑스의 보수가 우리나라와 같은 성격이라고 생각하면 오산이다. 프랑스의 보수가 추구하는 가치가 우리나라에서 가장 진보적이라는 당과 이념이 같을 정도다. 실제 현대 사회에서는 이념이 다양하기 때문에 좌익, 우익을 명확하게 나누기 어렵다.

보수를 자처하는 ○○○당은 실은 영남패권당이며 수구꼴통당에 불과하다. 대통령 선거 운동 방법도 수준 이하이다. 아마 대선이 끝나면 쇠퇴의 나락으로 떨어질 것이 분명하다. 새로운 보수를 자처하는 □□□당은 마이클 오크쇼트의 보수주의자 정의를 되새기기 바란다.

전에 '담담'에서도 언급된 내용이지만 보수에 관한 명언이 있다. 영국의 보수주의 철학자 마이클 오크쇼트(1901~1990)는 《보수주의자에 관하여》(1956)에서 보수주의자를 이렇게 정의한다. "보수주의자가 되는 것은 미지의 것보다는 친숙한 것을, 시도되지 않은 것보다는 시도된 것을, 신비로운 것보다는 사실을, 가능성보다는 현실을, 무한한 것보다는 제한된 것을, 멀리 있는 것보다는 가까이 있는 것을, 남아도는 것보다 충분한 것을, 완벽한 것보다는 간편한 것을, 유토피아적 축복보다는 현재의 웃음을 선호한다는 것이다."

지난 4~5일 이틀간에 실시된 사전 투표가 1,100만 명을 넘어섰다. 투표율도 25%를 넘어섰다. 전라북도에서 진안군의 투표율은 35.07%로 가장 높게 나타났다. 대선의 열기가 그만큼 뜨겁다는 이야기이다.

내일이 대선일이다. 투표는 민주주의의 꽃이라고 한다. 투표에 참여하지 않고서는 누구를 비난할 자격이 없다. 제대로 된 대통령을 뽑아 대한민국이 새로운 길을 모색하는 데 뒷받침할 수 있길 바랄 뿐이다.

역사 속에서 동학농민혁명, 3·1독립만세운동, 광주학생항일운동, 4·19혁명, 5·18광주민중항쟁, 6월민주항쟁에서 정신사적 맥이 이어지는 '촛불 시민혁명'의 서막이 되는 대선이 되었으면 한다.

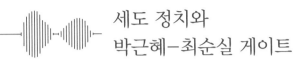

세도 정치와
박근혜-최순실 게이트

박근혜-최순실 게이트는 조선조 세도 정치와 비교할 만하다. 민주주의 국가에서 나타난 박근혜-최순실 게이트는 더 음습한 정치적 음모이자 부정부패이다. 박근혜-최순실 게이트는 세월호 7시간, 정윤회 국정 개입, 정유라 특례 입학, 평창 올림픽 개입, 아라리요 평창 기획, 늘품체조 기획, 문화예술계 블랙리스트, 창조 경제 정책, 엘시티 게이트 등 나열하기조차 힘들다.

세도 정치는 정조 사후 순조, 헌종, 철종 3대 60년간 안동 김씨, 풍양 조씨 가문에 의해 권력이 독점되고 국정이 좌우된 상황을 일컫는다. 철저하게 민생은 내팽개치고 가문의 이익만을 추구한 시대였다. 매관매직으로 인한 삼정의 문란은 백성의 삶을 피폐하게 만들었다. 전정은 토지에 부과되는 세금인데 정규 세목 이외에도 잡다한 세목을 붙여 부과하였다. 어느 시기에는 부과세가 더 많은 정도였다. 군정은 정남들이 부담하는 군포였으나 이미 죽은 사람(백골징포)이나 어린아이(황구첨정)에게까지 징수하는 폐단이 나타났다. 정약용의 〈애절양(哀絕陽)〉이란 시는 군포의 폐단을 적나라하게 표현했다. 환정은 본래 봄에 곡식을 빌려주고 가을에 이자를 덧붙여 갚는 방식으로 운영되었지만 거듭된 흉년으로 이자는커녕 원래 곡식조차 갚지 못하는 백성이 늘어났다. 정약용은 《목민심서》에서 그 폐단을 이렇게 말했다. "아전이 곡식을 거두는 날에, 까불고 불린 알곡을 멱서리가 불룩하도록 받고 창고에 넣어 봉한 뒤에 밤이 되면 촛불을 들고 창고에 들어가서는 곡식을 꺼내 겨를 섞어서 드디어 1석을 나누어 2석으로 만들고, 심한 경우에는 3석, 4석으로 만들어서 원래의 숫자를 채우고, 온전한 알곡 섬은 훔쳐서 그의 집으로 가져간다." 삼정의 문란으로 백성의 고통은 극에 달하게 되었고 삶은 더욱 피폐해졌다. 이에 백성들은 정부의 잘못된 시정을 바로잡을 것을 요구하면서 정부를 비방하고 탐관오리의 횡포를 폭로하는 저항을 하기 시작하였다. 제대로 시정되지 않자, 드디어 농민 봉기로 지배층의 수탈에 맞섰다.

세도 정치와 오늘날 국정 농단의 정치 상황이 어쩌면 이렇게 같을 수 있을까? 무능과 사익 추구이다. 정조 사후 순조(11세), 헌종(7세), 철종(19세)은 어린 나이에 즉위한다. 철종은 강화도에서 농사짓다가 갑작스럽게 왕이 된다. 여기에 왕조의 쇠락을 암시하기라도 하듯 국정 최고 기관인 비변사를 장악한 소수 가문은 사리사욕 채우기에만 급급했다. 소수 족벌 가문은 백성과 국가는 안중에도 없었다. 매관매직을 통한 국정 농단은 고스란히 백성의 삶을 어렵게 만들었다. 오늘날 박근혜−최순실 게이트도 철저히 무능과 사사로운 국정 운영에서 비롯되었다.

그런데 세도 정치기에 민초들의 힘은 역부족이었으나 현재 전개되고 있는 촛불 시민혁명은 새로운 역사를 쓰기에 충분한 동력을 갖고 있다. 특히 세월호 사건은 국민을 촛불 시민혁명에 뛰어들게 했다. 촛불 시민 혁명 시작은 세월호 사건으로부터 배운 교훈에서 출발한다. 세월호 사건 이 묻혀 버렸다면 촛불 시민혁명 탄생도 어려웠을 것이다. 세월호 사건 으로부터 배운 학습이 시민 사회를 건강하게 담금질하여 성숙한 촛불 시 민혁명을 이끌었다.

또한 박근혜로부터 국민들은 정치 학습을 받고 있는 중이다. 박근혜는 역대 대통령이 못 이룬 업적을 이루었다. 국민 대통합이다. 남녀노소, 지 역을 가리지 않고 1,000만 명이 넘는 국민이 촛불 시민혁명에 참여했다. 젊은이들 90%가 대선 투표하겠다고 하는 정치 의식을 고취시켰다. 여기 에 청와대 공개, 광장 참여민주주의 실현, 집권당 해체, 국회 활성화, 전 경련 해체 시발, 삼성 공화국 공개, 올바른 문화 예술인 10,000명 분류, 국민 네티즌 수사대 발족, 양변기 산업 활성화 등이 그것이다(〈한겨레〉 신문 〈조남준의 발그림〉).

세도 정치와 박근혜–최순실 게이트의 정치 상황은 무능과 사익 추구 에서 비롯되었다. 그러나 오늘날과 세도 정치기의 극명한 차이점은 국민 들의 정치 의식이다. 현재 정치 상황은 국민들에게 제대로 된 정치 학습 을 시켜 주고 있다. 그래서 우리나라는 희망이 있다.

기본 소득과 증세

박근혜 대통령이 파면되었다. "결국 피청구인의 위헌·위법 행위는 국민의 신임을 배반한 것으로 헌법 수호의 관점에서 용납될 수 없는 중대한 법 위배 행위라고 보아야 합니다. 피청구인의 법 위배 행위가 헌법 질서에 미치는 부정적 영향과 파급 효과가 중대하므로, 피청구인을 파면함으로써 얻는 헌법 수호의 이익이 압도적으로 크다고 할 것입니다. 이에 재판관 전원의 일치된 의견으로 주문을 선고합니다. 주문 피청구인 대통령 박근혜를 파면한다."

대선 레이스가 시작됐다. 역동성 있는 대한민국이 펼쳐질 것이다. 수많은 공약이 쏟아질 것이다. 이미 많은 공약이 나오기도 했다. 그중 가장 주목되는 것은 기본 소득제다. 대선 주자들의 기본 소득제에 대한 견해는 '기본 소득 제안 배경·가치 존중 … 부분 기본 소득 도입 검토 중(문재인)', '연 30만 원 토지 배당, 연 100만 원 생애 주기별·특수 배당 등 기본 소득 도입(이재명)', '기본 소득은 공짜 밥, 개발에 편자… 사회적

약자부터 우선순위(안희정)', '국민기본보장제 우선 실현… 기본 소득은 장기 검토 과제(안철수)', '아동·청년·노인 기본 소득 도입 이후 전면 확대(심상정)', '소득 하위 40% 국민에게 월 30~35만 원 기본 소득 1단계 도입(정운찬)', '복지 사각지대 해소가 먼저… 기본 소득은 아주 장기적으로 검토해 볼 만(유승민)', '기본 소득보다 기본 근로, 연 2천만 원 보장 일자리 10만 개 창출(남경필)' 등으로 다양하다. 그럼에도 기본 소득제의 개념이 대부분 관통한다. 그런데 문제는 재정이다. 그러나 간단하다. 증세를 위한 입법을 하면 된다.

대한민국 사람이라면 누구나 다 아는 제도인 대동법과 균역법이 서민 감세, 부자 증세의 제도이다. 그래서 의미를 가진다. 대동법은 본래 각 지역별로 특산물을 할당하여 내는 제도를 개선한 제도다. 호(戶)당 똑같이 내던 세금을 토지 결수에 따라 쌀, 돈, 베로 징수했다. 그래서 광해군 때 경기도부터 시작한 대동법은 숙종 대에 이르러 전국적으로 시행된다. 꼬박 100년이 걸린 것이다. 기득권의 반발이 얼마나 강했을지 짐작할 수 있다. 요즘도 같은 상황이라 쉽게 짐작이 될 것이다. 균역법 또한 그렇다. 백성들에게만 부과했던 군포를 양반들에게도 부과하려 했으나 양반층의 극심한 반발에 부딪쳐 절충안으로 만들어진 제도가 균역법이다. 그럼에도 백성들에게는 군포를 2분의 1로 줄여 주고 '선무군관포'라 하여 상류층에 군포를 부과하고 양반 지주에게 '결작'이라 하여 세금을 징수하였다. 얼마나 반발이 심했을까? 조선 시대 대부분 임금은 당시 사대부라 일컫는 기득권 세력과 끊임없이 맞섰다. 적어도 왕조 국가에서 임금은 국가와 백성을 위한 정치를 하고자 무던히도 노력했다. 그러나 기득권 세력에 의하여 번번이 무산되고 개혁이 흐지부지된 것이 한두 번이 아니었다. 그런 상황에 대동법과 균역법의 시행은 위민(爲民) 정치를 실현하려는 군주의 마음을 엿보게 한다.

역대 대통령도 나름대로 국민을 위한 정치를 펼쳤다. 흔히 의료보험 제도라 일컫는 제도는 아이러니하게도 박정희 대통령 때 시작된다. 요즘에는 의무 교육, 급식 지원, 노인 연금 등 다양한 복지 제도가 위민(爲民) 정치 차원에서 시행되고 있다. 그런데 이명박·박근혜 정부는 정반대로 국정을 이끌었다. 부자 감세와 4대강 사업, 자원 외교로 백여 조에 이르는 세금을 고스란히 국민이 부담하게 만들었다. 국정을 최순실에 맡겨 파탄에 처하게 만든 정부가 도대체 국가라고 말할 수 있을까?

이제 박근혜 대통령 탄핵 인용으로 새로운 대한민국을 만들 기회를 맞이하였다. 단순히 정권 교체, 적폐 청산뿐만 아니라 진정 국민의 삶이 편안한 국가를 만들어야 할 것이다. 조선 시대의 최대 위민을 위한 대동법, 균역법을 통해 기본 소득제를 생각해 보았다.

막장 정치, 투표로 끝내자

　오늘은 제20대 국회의원 선거일이다. 정치적으로 선거가 축제의 장이라 하지만 막장 드라마도 이 정도는 아닌 듯싶다. 자신이 제시한 공약을 실현하기 위해 노력하겠다는 장(場)은 어디로 가고, 큰절이나 하면서 읍소하는 것이 과연 선거 운동인가? 커다란 음악 소리에 율동하는 선거 운동원이나 동원하는 하는 것이 과연 선거 운동인가? 언젠가부터 우리네 선거 운동은 후보나 선거 운동원이 큰 사거리에 서서 손을 흔들거나 인사하면 되는 것으로 되어 버렸다. 차라리 과거 운동장에 모여 합동 유세하던 시절이 그리워진다. 각 후보 등이 상대방 후보를 비방하기도 했지만 나름의 정책을 발표하기도 했으니 말이다. 오늘날 대중 매체의 발달로 TV 토론 등 다양한 방법으로 후보와 후보의 정책을 알릴 방법이 있지만 여전히 선거 운동은 원시적이다. 요즘 선거 운동으로 막말과 상대 후보에 대한 비방, 심지어 노골적인 북풍 마케팅은 안타깝지만 효과적인 선거 운동 방법으로 여전히 유효하다. 이 점은 현재 우리 정치의 수준이기도 하다. 그리고 정치인들은 여전히 국민을 조롱하고 있다는 증표이기도 하다.

어느 후보의 막말과 수준 낮은 연설에 호응하는 유권자를 언론 매체를 통해 볼 때 자괴감이 든다. 특정 방송과 신문은 강도 높은 북풍 마케팅을 융단 폭격식으로 쏟아 내고 있다. 이미 균형 잡힌 보도가 실종된 지 오래지만 선거 때만 되면 북풍을 이용한 교묘한 선거 운동은 변하지 않고 있다. 정치적 중립을 지켜야 할 대통령이 민생 행보, 경제 행보란 이유로 선거 개입을 해도 방송사는 버젓이 보도에 열중이다. 심지어 공영방송이라 자처하는 9시 뉴스에서 연예인을 초대하여 인터뷰를 하는 대목에서는 할 말을 잃게 한다.

야권이 분열된 상황에서 제20대 국회의원 선거가 치러지고 있다. 수많은 청년들의 멘토였던 한 정치가의 행보가 실로 안타깝다. 원내교섭단체 의원을 확보하고 한 정당의 대표가 될 수 있겠지만 실로 걱정되는 대목은 이 선택이 특정 정당의 압승으로 이어질까 걱정된다. 그동안 갈 길을 찾지 못한 청년들의 희망이었고 정치적으로 신선감을 주었던 한 정치인을 무엇이 이렇게 만들었는지 모르겠지만, 혹시 그 지점이 대통령이 되기 위한 것이라면 또 한 명의 대통령병 환자를 보게 되는 것에 불과하다는 생각이 든다.

의원이든 자치 단체장이든 선거에 출마하고자 하는 사람은 평소에 몸가짐을 낮추고 열심히 공부하고 실천하는 자세를 보여야 한다. 평소에 준비하고 때를 기다려야 한다. 그러나 대부분은 선거 때만 나타나 표를 달라고 구걸한다. 애처로울 정도다. 제대로 준비 안 된 후보들이 나타나 지역을 바꾸겠다고, 지역을 발전시키겠다고 외친다. 그런 후보자는 번번이 실패하고 만다.

출마자들에게 《중용》 23장은 절묘한 메시지를 전한다. "작은 일도 무시하지 않고 최선을 다해야 한다. 작은 일에도 최선을 다하면 정성스럽게 된다. 정성스럽게 되면 겉에 배어 나오고, 겉에 배어 나오면 겉으로 드러나고, 겉으로 드러나면 이내 밝아지고, 밝아지면 남을 감동시키고, 남을 감동시키면 이내 변하게 되고, 변하면 생육된다. 그러니 오직 세상에서 지극히 정성을 다하는 사람만이 나와 세상을 변하게 할 수 있는 것이다."

이제는 결국 유권자의 몫이 되었다. 유권자인 우리도 한 번 되돌아보자. 선거 때만 되면 유권자를 향해 굽실거리는 정치인을 제대로 꼼꼼히 따져 보고 투표했는지? 유권자가 투표 기준을 어디에 두고 있었는지? 혈연, 지연, 학연의 범주에서 쉽게 벗어나지 못할지라도 공약 내용이나 그동안 활동을 참고하여 투표했는지? 정치인들의 막말과 비방은 유권자를 무시하기 때문에 나타나는 것이 아닌지? 선거 전에는 유권자가 주인인 것 같지만 선거가 끝나고 시간이 지나면 유권자는 정치인에게 종속되고 만다. 왜 그럴까? 유권자가 제대로 된 권리 행사를 못 했기 때문이다. 국민에게 주어진 유일한 방법이 투표인데, 그것을 포기한다거나 제대로 행사하지 못 할 때 여전히 이런 말을 들어야 한다. 좀 더 고생해야 한다고……

2017년 대선,
생쥐 나라 이야기

2017년 대선이 가까워지고 있다. 태극기 집회로 안간힘을 쓰지만 안 쓰러울 뿐이다. 잠시 반성하는 모습을 보이던 그들이 본색을 나타내고 있다. 한국 사회를 이렇게까지 망쳐 놓고 뻔뻔함이 이 정도니 그랬겠구나 하는 생각이 든다. 한국 사회를 망쳐 놓은 인간 군상을 생각하면 먼저 후안무치가 기본이다. 몽니도 부린다. 여기에 죄의식을 느끼지 못하는 점까지 공통점이다.

박근혜-최순실 게이트로 불거진 국정 농단의 실체는 이미 국민들이 다 알고 있다. 그런데 박근혜-최순실 등 국정을 농단한 세력만 모르고 있는 것 같다. 이들이 국가를 운영했다는 것이 정말 얼마나 우스운 일인가? 박근혜-최순실 게이트로 불거진 국정 농단으로 시작된 촛불 집회는 국민들에게 민주주의 학습을 시켜 주었다. 이미 세월호 사건은 국민에게 시나브로 민주주의 DNA를 이식해 주고 있었다. 그 결정체가 촛불 시민혁명으로 나타났다. 지난 주말 무척 추운 날에도 촛불 시민혁명의 열기는 시들지 않았다. 민주주의 교육을 재학습하고 화석으로 만들기라도 하듯 말이다.

특검 수사와 헌법재판소 재판 뉴스는 생생한 정치 게이트 드라마를 보는 듯한 요즘, 한편에서는 대선 주자들의 움직임도 매우 활발하다. 역동력 있는 정치가 펼쳐지고 있다. 대선이 다가오면 새로운 지도자가 급부상한다. 새로운 대한민국의 미래가 보인다. 매일매일 신선한 정책과 비전이 있는 정치 뉴스가 많았으면 좋겠다.

현재 진행되고 있는 정치 상황이라면 대선 일정은 빨라진다. 우리의 선택 순간도 당겨지게 된다. 이제 우리들의 몫으로 돌아오고 있다. 생쥐 나라 이야기는 대선에 직면한 우리들에게 주는 경고이다.

포괄적 공중의료정책을 펼친 것 등으로 2004년 캐나다 공영방송이 공모한 '가장 위대한 캐나다인'으로 선정된 토미 더글러스는 생쥐 나라 이야기를 한 것으로도 유명하다. 1962년 캐나다 의회에서 했다는 그의 이야기에서 생쥐들의 잘못은 고양이만 지도자로 뽑는다는 것이었다. 검은 고양이를 뽑았다가 호되게 당한 생쥐들은 흰 고양이를 대안으로 뽑았으나, 오히려 목숨을 더 많이 잃는다. 이후에도 생쥐들은 색깔을 번갈아 가며, 심지어 색깔이 뒤섞인 연정 형태의 고양이 정권도 탄생시켜 보지만, 결과는 생쥐 대학살뿐이었다.

생쥐들이 지도자를 뽑는 방식은 민주적이었다. 선거로 뽑았기 때문이다. 그러나 생쥐 나라 이야기는 민주적인 선거라고 해서 유권자들의 안녕과 행복을 보장하는 것은 아님을 보여 준다. 고양이만 뽑게 되어 있다

진안, 가슴으로 담다

면, 선거 절차가 아무리 민주적이라 해도 죽어 나가는 것은 생쥐뿐인 것이다. 생쥐 나라에서도 반란은 있었다고 한다. 어느 날 생쥐 한 마리가 왜 고양이만 우리 지도자로 뽑느냐, 이제는 생쥐 지도자도 뽑아 보자고 당차게 나선 것이다. 하지만 그 생쥐는 다른 생쥐들에 의해 빨갱이로 몰려 감옥에 갇히고 만다(〈한겨레〉 신문 2017. 2. 6.).

2017년 소위 '벚꽃대선'에 우리는 후회하지 않을 선택을 해야 한다. 그러기 위해서는 세월호 사건과 촛불 시민혁명으로 얻은 교훈을 잊지 말아야 한다. 그래서 생쥐 나라 이야기는 두고두고 가슴에 새겨야 할 교훈이자 경고이다.

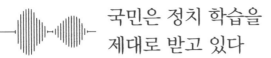

국민은 정치 학습을 제대로 받고 있다

연일 박근혜-최순실 게이트 기사가 넘치고도 넘친다. 그 뿌리는 어디
일까? 박정희 유신 시대 업보인가? 일제 강점기를 제대로 청산하지 못
했기 때문일까? 조선조 서인 세력의 질기디질긴 권력 기득권이 지금까
지 유지되었기 때문일까? 이제는 제대로 된 역사 의식과 함께 진정한 민
주 정부 수립으로 가야 한다. 과거 역사 속에서 민초들의 힘은 역부족이
었으나 현재 전개되고 있는 촛불 시민혁명은 새로운 역사를 쓰기에 충분
한 동력을 갖고 있다.

박근혜-최순실 게이트 주요 사건은 스펙터클한 정치 드라마 주제로
충분하다. 세월호 7시간, 정윤회 국정 개입, 정유라 특례 입학, 법조 비
리 나비효과, 평창 올림픽 개입, 아라리요 평창 기획, 늘품체조 기획, 문
화예술계 블랙리스트, 창조 경제 정책, 엘시티 게이트 등이 그것이다.

현재 드라마에 출연하는 배우들은 매우 다채로우며 모두가 주연급이
다. 우선 박근혜를 중심으로 김기춘, 우병우, 정호성, 이재만, 안봉근 등

은 주연 같은 조연이다. 변호인이라고 자처하는 유영하, 서석구 등은 배역 선택을 잘못 정했다. 주연보다 높은 위상을 자랑하는 최순실을 중심으로 최태민, 정윤회, 정유라, 최순득, 장시호, 고영태, 차은택 등은 찬란한 역할을 맡았다. 한 치 앞도 내다보지 못한 이들은 침몰의 순간을 알지 못했을 것이다. 이들이 청문회와 헌법재판소에서 한 발언을 보고 있노라면 대한민국이 이 지경이 될 수밖에 없었던 이유가 쉽게 짐작이 된다. 탄핵이 기각될 거란 생각을 하는 후안무치의 인간 군상들이다. 청와대는 안종범, 조원동, 김한수, 김상률, 이영선, 윤전추, 행정부는 황교안, 문형표, 김종덕, 조윤선, 김종, 송성각, 유진룡, 여명숙 등이 등장하는데 면면을 보면 최순실의 하수인에 불과하다. 이렇게 국정이 개인에 의해 철저하게 농단되었다.

여기에서 그쳤으면 재미없었을 것이다. 전경련의 이승철, 국민연금과 삼성물산 관련자 이재용·김재열 등은 이병철과 이건희에 이어 권력에 영합해 삼성 공화국을 만들었다. 재벌은 족벌 경영으로 우리나라에만 있는 용어이다. 그래서 영어로 재벌의 스펠링은 'chaebol'이다. 정치와 경제의 검은 뒷거래는 우리나라의 자화상이다. 문화예술계 색깔 입히기로 만들어진 블랙리스트는 김기춘 주도하에 조윤선, 김희범, 정관주, 신동철, 모철민, 송광용 등이 비밀공작 하듯 만들었지만 블랙리스트에 오른 문화예술인들을 우리나라 자랑스러운 문화예술인으로 만들어 주었다.

정유라 입학 특례 논란은 김장자, 최경희, 김경숙, 류철균(이인화) 등 천태만상의 인간이 이루려는 영원한 제국의 몰락을 목격하게 만들었다. 정말로 흥미진진한 분야는 시술, 부적절한 약품 구입, 태반주사 등 의료 논란이다. 김영재, 김상만, 조여옥, 이슬비, 이임순, 서창석, 주사 아줌마 등이 등장한다. 이정현, 김진태, 이완영 등 정치인도 잠시 등장한다.

실제 박근혜-최순실 게이트를 이끈 주연은 단연 세월호 사건이자 그 유가족이다. 세월호 사건은 국민을 촛불 시민혁명에 뛰어들게 했다. 촛불 시민혁명의 시작은 세월호 사건으로부터 배운 교훈에서 출발한다. 세월호 사건이 묻혀 버렸다면 촛불 시민혁명 탄생도 어려웠을 것이다. 세월호 사건으로부터 배운 학습이 시민 사회를 건강하게 담금질하여 성숙한 촛불 시민혁명을 이끌었다.

박근혜를 주인공으로 하는 정치 드라마는 역대 대통령이 못 이룬 업적을 이루었다. 우선 국민 대통합이다. 남녀노소, 지역을 가리지 않고 1,000만 명이 촛불 시민혁명에 참여했다. 젊은이들의 정치 의식 고취를 가져왔다. "90%가 대선 투표하겠다." 청와대 구조, 공간, 집무실, 의무실, 조직도 공개, 광장 참여민주주의 실현, 집권당 해체, 국회 활성화, 새로운 가정 문화 공간, 데이트 코스 개발(광화문, 관통로, 풍남문 광장), 전경련 해체 시발, 삼성 공화국 공개, 올바른 문화예술인 10,000명 분류, 국민 네티즌 수사대 발족, 양변기 산업 활성화 등 이루 헤아릴 수 없는 업적을 이루었다(〈한겨레〉 신문 〈조남준의 발그림〉).

국민은 코미디보다 더 재미있는 드라마를 보고 있다. 개그맨들이 분발해야 할 지경이다. 앞으로 국민들의 정치 의식은 더욱 높아질 것이다. 그만큼 현재의 정치 상황은 국민들에게 제대로 된 정치 학습을 하게 만들었다. 그래서 우리나라는 희망이 있다.

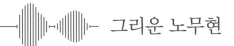 그리운 노무현

　노무현 같은 대통령을 다시 만날 수 있을까? 노무현은 진정성 있는 대통령이었다. 대통령으로 군림하기보다는 국민과 눈높이를 같이한 분이었다. 그의 삶 자체가 진정성이었다. 기득권을 가진 정치인을 부정하고 지역주의를 타파하기 위해서 온몸을 내던졌다. 보수 언론과 맞서 싸운 원칙주의자였다. 그리고 철저한 역사 의식을 가지고 외교적 대응을 한 분이었다.

　노무현 대통령은 5공 청문회로 국민에게 널리 알려졌다. 5공 청문회에서 정권을 잡기 위해 광주 시민을 학살하고, 수많은 사람의 인권을 말살하고, 기업인으로부터 수천억 원을 축재한 전두환이 청문회에 참석해 일방적인 변명과 형식적인 유감 표명으로 면죄부를 받게 될 상황에서 노무현은 전두환의 뻔뻔함을 질타했고, 국민과 함께 분노했던 정치인이었다. 당시 5공 청문회는 생중계되었고, 그로 인해 노무현은 국민적 스타로 탄생하게 되었다.

노무현은 현실 정치와 타협하지 않은 정치인이었다. 김영삼이 3당 통합으로 거대 보수 여당을 만들 때 그 길을 거부하고 민주당을 지켰다. 그 당시 합당을 반대하며 손을 힘차게 들고 입을 다문 인상적인 사진은 오늘날에도 많이 회자되고 있다. 여기에서 노무현은 '이의 있습니다.'라고 홀로 외친다. 이 선택은 지역주의를 반대하고 원칙을 지킨 노무현에게는 이후 험난한 정치 역경이 기다리는 분기점이 된다.

노무현은 지역주의와 맞서 싸웠다. 낙선이 불을 보듯 뻔한 상황에서 민주당 간판을 가지고 1995년 부산시장 선거와 2000년 총선에서 40% 가까운 표를 모았으나 낙선하였다. 아직까지 지역주의가 위력을 발휘하고 있는 현실 속에서 그것은 당연한 결과였다. 이때부터 바보 노무현이 되었다. '바보 노무현'의 지역주의 타파를 위한 여정은 결과적으로 노무현이라는 정치인을 만들었다.

노무현은 매우 어려운 여건 속에서 민주당 대통령 후보가 되었다. 당시 국민 경선제, '오픈 프라이머리(Open Primary)'는 정당이 선거 후보를 정하는 예비 선거(Primary)에 참가할 수 있는 자격을 당원에 국한하지 않고 누구에게나 개방하는 제도를 말한다. 국민경선제는 국민의 선거 참여 기회를 확대해 참여 민주주의를 실현한다는 면에서 긍정적인 제도였다. 또한 국민의 정치 참여 욕구를 반영할 수 있다는 의미가 있는데, 노무현 후보가 열세 속에서 대통령 후보가 될 수 있었던 제도였고 국민경선과정에서 노무현은 선택받았다. 당보다도 국민의 대통령 후보로 노무현은 드라마보다 더 드라마틱하게 대통령에 당선되었다. 노무현을 사랑하는 모임 '노사모', '돼지 저금통'으로 상징되는 국민적 지지 열기는 국

진안, 가슴으로 담다

민의 대통령을 만들었다.

"국민이 대통령입니다. 제가 지역주의에 맞아 쓰러졌을 때 일으켜 세워 주신 분은 국민 여러분이었습니다. 제가 검은 돈이 없어 선거를 못 할 때 돼지 저금통을 보내 주신 분도 국민 여러분이었습니다. 국민에게만 빚진 대통령, 노무현. 국민 여러분만을 위하여 일하겠습니다. 국민이 대통령입니다."

노무현은 진정성 있는 대통령이었다. 재임 기간 중 많은 부침(浮沈)이 있었으나 분명 국민을 위한 대통령이었다. 탈권위와 분권화, 지역 발전, 인터넷 강국, 남북 간 화해, 자주적 독립, 인권위원회, 과거사 진상 조사단, 참여 민주주주의, 지역 간 이기주의 타파 등 재임 중 많은 변화를 가져왔다.

지난 23일이 노무현 대통령 서거 7주기였다. 여전히 국정 운영 방식이 변하지 않는 현 정부를 보면서 노무현 대통령이 더욱 그립다. 국민의 대통령 노무현.

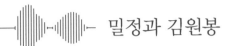 밀정과 김원봉

　주말에 〈밀정〉을 가족과 함께 보았다. 흥미진진한 140분이었다. 〈밀정〉에 등장한 인물을 역사적 인물에 대입하며 영화를 즐겼다. 영화 〈암살〉에서 잠깐의 등장에도 인상적이었던 김원봉은 〈밀정〉에서도 마찬가지였다. 실제 김원봉도 드라마보다 훨씬 드라마틱한 인물이었다. 김구와 쌍벽을 이룬, 사회주의 계열(혹은 민족주의 좌파)의 맹렬한 독립운동가였다. 해방 이후 두 독립운동가의 마지막은 오늘날 남과 북의 정치 현실과 오버랩 되어 안타까웠다.

　김원봉은 1919년 11월에 만주 길림성 파로문에서 13명의 소수 정예 대원으로 의열단을 구성하였다. 의열단은 일제의 요인 암살과 식민 통치 기관 파괴를 목적으로 조직되었다. 이는 3·1독립만세운동 이후 무엇보다도 강력한 무장 조직체가 필요하다는 인식으로 조직된 것이다. 의열단 단원은 철저하게 비밀에 부쳐졌으며 매우 엄격한 행동 지침에 의하여 운영되었다.

진안, 가슴으로 담다

의열단은 일제에게 공포의 대상이 되었으며 많은 의거는 목숨을 건 투쟁이었다. 박재혁의 부산경찰서, 김익상의 조선총독부, 김상옥의 종로경찰서, 김지섭의 일본 황궁 투탄 의거가 이루어졌다. 일제의 심장부에 이루어진 투탄 의거는 조국이 독립할 수 있다는 몸부림이기도 하였다.

의열단의 활동 지침은 신채호 선생의 〈조선혁명선언〉에 잘 담겨 있다. "혁명의 길은 파괴부터 개척할지니라. 그러나 파괴만 하려고 파괴하는 것이 아니라 건설하려고 파괴하는 것이니, 만일 건설할 줄 모르면 파괴할 줄도 모를지며, 파괴할 줄을 모르면 건설할 줄도 모를지니라. 건설과 파괴가 다만 형식상에서 보아 구별될 뿐이요, 정신상에서는 파괴가 곧 건설이니 이를테면 우리가 일본 세력을 파괴하는 것이 제1은 이족 통치를 파괴하자 함이다. '조선'이란 그 위에 '일본'이란 이민족 그것이 전제(專制)하여 있으니, 이족 전제의 밑에 있는 조선은 고유적 조선이 아니니, 고유적 조선을 발견하기 위하여 이족 통치를 파괴함이니라." 〈조선혁명선언〉은 의열단 선언문이며 이 지침으로 의열단은 폭력 투쟁을 전개했다. 특히 나석주의 동양 척식 주식회사와 식산 은행을 투탄하고 총격전까지 벌이며 보인 활동은 세상을 놀라게 했다.

김구는 대한민국 임시 정부 침체기에 한인 애국단을 조직하였고 이봉창의 일본 국왕 폭살 의거와 윤봉길의 홍커우의거가 이루어진다. 일본인에게 경종을 울린 의거는 조국 광복의 밑거름을 마련했다.

김원봉과 김구는 다른 길을 걸으며 독립운동을 했다. 김원봉은 의열단 활동 이후 방향 전환을 모색하여 폭력에 의한 수단과 방법만으로는 독립을 쟁취할 수 없다고 생각했다. 이후 단원들에게 정규 교육을 받게 했고 중국 혁명 세력과 함께 항일투쟁을 전개했다. 중국의 황포군관학교에서 군사 교육을 받고 조선 혁명 간부 학교를 설립 운영하였다. 여러 단체와 연합하여 민족혁명당을 결성해 활동했고 이후 조선민족혁명당으로 개편된다. 약화된 민족연합전선을 강화하기 위하여 조선민족전선 연맹을 결성하고 조선의용대를 편성한다. 한편 김구는 한국국민당을 창당하고 이후 한국독립당으로 개편하고 한국광복군을 창설한다. 이같이 1930년대 말 중국 본토에서 항일독립운동은 김원봉과 김구가 이끈 세력을 중심으로 전개되었다. 이후 김원봉은 김구와 합류하여 민족 전선의 통일을 이루었다.

해방 이후 김원봉과 김구는 각기 북과 남에서 활동했다. 김원봉은 1950년대 중반 이후 김일성에 의해 숙청되었고 김구는 그보다 앞서 1949년에 암살되었다. 두 사람의 운명은 일제 강점기 치열하게 조국을 위해 살았던 삶에 비해 그 마지막이 외롭고 쓸쓸했다. 역사의 뒤틀림 같았다. 영화 〈밀정〉은 김원봉의 일대기를 보여 주지는 못 했지만 의열단 단장으로서 진면목을 보여 주었다. 비록 김원봉이 북으로 가 활동하다가 여생을 마쳤지만 일제 강점기 독립운동사에서 김구와 함께 한 획을 그은 인물은 분명하다.

이재명 의사(義士)

　진안에 이재명 의사 동상이 있다. 지역에 사는 사람도 아는 사람이 드물 것이다. 매국노 이완용을 처단하기 위해 목숨을 조국에 던진, 이재명 의사. "이 군은 미친 사람 모양으로 동네 어귀에서 총을 쏘아 대며 매국노를 일일이 총살하겠노라고 소리를 치고 있다고 했다……. 나는(김구) 노백린과 상의하여 그를 불러들였다. 그러자 나이 23~24세 정도 된 청년이 눈썹 가에 분기를 띠고 들어섰다. 우리가 인사를 하자, 자기는 이재명이고 몇 달 전 미주(美洲)에서 귀국하였다고 했다. … 우리는 그에 대해 세세히 물었다. 그는 어려서 하와이에 건너가 공부했고, 조국이 왜놈에 강점되었다는 소식을 듣고 귀국하여 이완용을 비롯한 매국노 몇 놈을 죽이기 위해 준비 중이라고 했다. 그리고 단도 한 자루, 단총 한 정과 이완용 등의 사진 몇 장을 품속에서 내놓았다. 뉘 알았으랴, 그가 며칠 후 경성 명동에서 군밤 장수로 가장하고 이완용을 공격하여 조선 천지를 뒤흔들어 놓을 이재명 의사인 줄을. 우리는 그를 단지 시세의 격변 때문에 헛된 열정에 들뜬 청년이라 여겼다. 노백린이 그의 손을 잡고 칼과 총을 자신에게 맡기도록 간곡히 설득하였다. 이 의사는 노백린을 한참 쳐다보다가 마지못해 총과 칼을 맡겼지만, 즐겁지 못한 기색이 역력하였다." 이어 김구의 이재명 의사에 대한 회한이 이어진다. "그런지 한 달이 못되어 이 의사가 동지 몇 명과 경성에 도착하였다. 그는 군밤 장수로 가장하고 길거리에서 밤을 팔다가 명동 성당 앞에서 이완용을 칼로 찔렀다(1909. 12. 22.). 이완용은 생명이 위험하고, 이 의사와 동지 몇 명이 체포되었다는 기사가 신문에 실렸다. 나는 깜짝 놀랐다. 만약 이 의사가 단총을 사용하였다면 이완용의 목숨을 확실히 끊었을 것이다. 우리가 눈이 멀어 그의 행동을 간섭하고 무기를 빼앗는 바람에 성공하지 못한 것이다. 한탄과 후회가 그치지 않았다." 《백범일지》에 나오는 이재명 의사에 대한 회한 부분이다.

지금은 없어졌지만 고등학교 교육 과정에서 《한국 근·현대사》가 있었다. 《한국 근·현대사》가 많은 사람에게 선명하게 다가온 이유는 좌편향 역사 교과서 논쟁이 있었기 때문이다. 그 중심에는 금성출판사 《한국 근·현대사》가 있었다. 당시 《한국 근·현대사》를 수업하면서 필자가 끼고 살았던 책이 다름 아닌 《백범일지》였다. 마침 백범김구기념사업회에서 수백 권의 도서를 기증해 주어 부교재(?)로 사용할 수 있었다. 《백범일지》는 《한국 근·현대사》의 축소판이라 할 정도로 많은 독립운동의 내용을 담고 있다. 백범은 근현대사의 중심에서 활동했다. 독립운동에 온몸을 내던지며 평생을 살았다. 동학에 입문하여 동학농민혁명에서 애기접주로 활약, 을사늑약 반대 투쟁, 상해 임시 정부 활동, 대륙을 진동시킨 이봉창, 윤봉길 의거 지도, 중경의 임시 정부 활동, 한국광복군과 국내진공 작전, 그리고 남북 정부를 구성하기 위한 남북협상 등이 그것이다.

이재명 의사 유적으로 명동 성당 정문과 가톨릭 회관 사이에 '이재명 의사 의거 터' 표지석이 남아 있다. 그리고 이재명 의사 동상은 진안 로터리에서 북부 마이산으로 진입하면 오른편에 진안 이씨 재실 입구에 세워져 있다. 진안 이씨 종친에서 세운 것으로 우리나라에서 이재명 의사를 기리는 유일한 곳이다.

이재명 의사는 본관이 진안 이씨이다. 1890년에 평안북도 선천에서 출생했다. 1904년 하와이로 이민 가서 농부로 일하다가 1906년 미국 본토로 건너가 한인 독립운동 단체인 공립 협회에 가입하여 활동했다. 1907년 공립 협회에서 매국노 처단을 논의하자, 이를 위해 귀국했다. 1909년 11월 하순, 평양에서 그는 동지들과 매국노 이완용을 처단할 것을 결의하고 12월 12일에 상경하였다. 백범이 황해도에서 이재명 의사를 만날 때가 바로 이 시절이다. 거사는 안타깝게도 성공하지 못하였다. 재판 중에도 "나는 흉행이 아니고 당당한 의행을 한 것이다. 이 일에 찬성한 사람은 2,000만 민족이다. 왜법(倭法)이 불평하여 나의 생명을 빼앗기는 하나 나의 충혼은 빼앗지 못할 것이다. 나는 죽어 수십만 명의 이재명으로 환생하여 기어이 일본을 망하게 하고 말겠다."라고 의연함을 보였다. 이재명 의사는 경성감옥(서대문형무소)에서 1910년 9월 30일 11시경에 순국하였다. 약관(弱冠)의 나이였다.

이재명 의사는 비록 진안 출신은 아니지만 진안 이씨 종친들에 의해 그 정신을 받들고자 동상이 세워졌다. 아직 개관은 못 했지만 기념관을 세우는 일도 진행되고 있다. 이는 조국이 풍전등화에 처했을 때 온몸을 던져 나라를 구하고자 했던 정신을 잇는 것이라 생각한다. 현재의 혼탁한 정치 상황에서 자주독립된 조국, 통일되어 하나 된 조국을 열망할 이재명 의사를 생각해 본다.

진안, 가슴으로 담다

남도 고을에서 본 것

연초에 영광 법성포를 시작으로 함평, 무안, 목포, 진도, 해남, 완도, 강진, 고흥, 보성, 구례 등 남도 고을을 다녀왔다. 주로 전통 시장과 몇몇 유적지를 둘러보았다. 고을마다 시장은 활기에 넘쳤고, 역시 사람 사는 세상 같은 곳은 시장이라는 생각이 들었다. 지자체마다 전통 시장 활성화를 위해 나름대로 노력하는 모습이 보였다. 다녀온 지자체는 진안군보다 큰 규모(여기에서 필자는 지자체의 규모를 인구수로 잠정적으로 따져 생각하였다.)였으며, 당연히 전통 시장의 규모도 컸으며 매우 활성화된 모습이었다. 법성면의 경우 소재지 규모가 진안읍 소재지보다 크게 보일 정도였다. 그것은 굴비라는 먹거리를 즐기기 위해 찾아오는 사람들과 해안을 따라 시원하게 뚫린 4차선 도로 때문이었다. 진도읍이나 구례읍의 규모는 진안읍과 비슷한데, 진안 전통 시장보다 훨씬 규모가 컸으며 활성화된 모습이었다. 진안군도 전통 시장 활성화를 위하여 토요 장터, 할머니 장터 등을 운영하면서 나름대로 노력하고 있지만 보다 근본적인 활성화 대책이 마련되어야 할 것이다. 가령 비좁은 진안 전통 시장 규모를 좀 더 외곽으로 확대하는 방안이다. 지금으로는 진안천을 활용하는 방안이 최선일 것 같다. 그리고 진안을 찾게 하는 가장 좋은 방안은 먹거리와 특산물에 있다. 우리 지역의 특산물을 살린 먹거리 개발과 진안의 전통 시장을 찾으면 신선하고 값싼 특산물을 구입할 수 있다는 걸 한눈에 알 수 있는 농산물 생산 달력 등을 개발하여 홍보했으면 한다. 그리고 우리 지역에서 생산되는 특산물과 연계하여 생산지와 함께 전통 시장에서 수시로 작은 축제를 개최하였으면 한다.

전통 시장과 함께 장보고, 윤선도, 정약용 유적지를 둘러보면서 오늘날 정치를 생각한 것은 그들이 역사 속에서 굴곡진 삶을 살았던 것과 무관하지 않다. 오늘날 그들은 지자체에서 새롭게 탄생했다. 장보고는 완도의 상징이 된 인물이다. 지자체가 시작된 이후 가장 눈에 띄는 것은 지자체의 역사와 문화의 개발이다. 장보고가 꿈꾸었던 해상 제국은 중앙 권력에 의해 좌절되고 만다. 그러나 완도는 장보고를 부활시킨다. 장보고 기념관, 장보고 동상, 장도 청해진 유적지 등이 그것이다. 해남의 녹우당과 보길도는 윤선도의 삶이 오롯이 배인 곳이다. 조선 시대 당쟁이란 치열한 역사 속에서 잉태된 파평 윤씨 가문의 역사가 윤선도 유물 전시관으로 탄생하였다. 세월이 흘러 파평 윤씨는 강진 땅에 머물렀던 정약용과 인연을 맺는다. 강진 땅에서 학문을 닦고 제자를 길러 낸 다산 초당에서 정약용은 강진 땅에 혼을 심어 주었다. 최근에는 다산 기념관에 그의 정신을 담아 놓았다. 이렇듯 지자체는 역사적 인물을 새롭게 탄생시키면서 새로운 정신을 창조해 놓았다. 장보고, 윤선도, 정약용 등은 그

곳이 출생지는 아니다. 새로운 세상을 꿈꾸며 찾은 곳이며 유배지였다. 그런 인물들을 지자체의 인물로 추앙하고 정신을 기렸다. 우리 지역에는 과연 누가 있을까? 대동사상을 꿈꾼 정여립, 여류 문학가 김삼의당, 호남창의동맹단을 조직한 이석용 등을 생각해 보았다.

지방 자치제는 작은 지역을 살맛 나게 만들고 주민을 주인으로 여기고 자 만든 제도이다. 단체장은 당선된 이후에도 선거 운동 때와 같은 낮은 자세로 일관성을 보여야 한다. 정약용은 절친한 친구 이재의 아들 이종영이 함경도 부령도호부로 발령받아 부임하게 되자, 다음 글을 보낸다. "백성을 다스리는 자는 4가지의 두려움을 가져야 한다. 우선 아래로는 백성을, 위로는 대성을, 더 위로는 조정을, 그리고 마지막으로 하늘을 두려워해야 한다. 그런데도 목민관들이 두려워하는 바는 항상 대성과 조정이고, 백성이나 하늘을 두려워하지 않을 때가 있다."

남도 고을에서 실제적으로 본 것은 전통 시장도 역사 유적지도 아닌 해당 지역 목민관의 자세였다. 단체장은 지역 주민과 하늘을 두려워해야 지역을 제대로 보살필 수 있다.

진안, 정신적인 인물을 발굴하자

　지난달, 〈한겨레〉 신문 곽병찬 대기자 일행이 진안을 다녀갔다. 천반산의 정여립을 취재하기 위한 답사였다. 공교롭게 많은 눈이 내렸지만 그 일행은 천반산행을 감행했고, '참영웅은 민중의 가슴에 묻힌다던가'란 글로 정여립을 새롭게 탄생시켰다(〈한겨레〉 신문 2016. 1. 27.).

　마지막 대목을 인용해 보자. "진정한 영웅은 남은 자의 가슴에 묻힌다고 했던가. 산성터 주변은 민중의 원망과 결합돼 탄생한 신화로 빼곡하다. 군사 훈련 때마다 '大同(대동)' 깃발을 꽂았다는 깃대봉, 훈련 지휘소였다는 한림대 터, 망을 본 망바위, 정여립이 말을 타고 뛰어넘었다는 30m 거리의 두뜀바위, 연단이었다는 장군바위, 수백 명분의 밥을 지었다는 죽도 쪽 강가의 돌솥, 그리고 시험바위, 말바위, 의암바위… '죽도 서실'은 신화를 현실과 이어 주는 희미한 다리다. 관군이 급습했을 때 그곳엔 벼 200섬과 피잡곡 100섬이 있었다고 한다. 서실이 아니라 보급창이었던 것만은 분명하다. 변란 목적의 것인지 난리에 대비한 것인지는 아직 알 수 없지만⋯⋯." 천반산에서 전해지는 전설은 대동세상을 염원했던 표현이지만 끝내 이루지 못한 안타까움이 민중의 가슴을 사무치게 만든다.

많은 지자체에서는 지역의 옛 인물을 발굴해 내고 있다. 단순히 외형적인 면이 아니라 정신적인 유산을 지역에 심는 작업을 한다. 그 인물들은 지역 출생이기도 하지만 새로운 세상을 꿈꾸며 그곳을 찾았거나 유배지로 정착하였다. 정약용, 윤선도, 장보고, 김정희 등 수많은 인물들이 그런 예이다.

우리 지역에는 과연 어떤 인물이 있을까? 본란에서 대동사상을 꿈꾼 정여립, 여류 문학가 김삼의당, 호남창의동맹단을 조직한 이석용 등을 언급한 바 있다.

정여립에 대해서는 다른 기회에 보다 본격적으로 언급하도록 하겠다. 지역 사람이면 부부 시인으로 유명한 여류 문학가 김삼의당을 들어보았을 것이다. 김삼의당은 조선조 여류 문인 중 가장 많은 작품을 남긴 것으로 알려졌다. 매창, 황진이, 신사임당, 허난설헌과 비견될 인물이다. 비록 출생지는 남원이나 32세 때 진안으로 이주하여 살았던 조선 후기의 대표적인 여성 문인이다. 가난한 살림을 꾸리면서 남편에 대한 애정과 기대, 일상생활 속의 일과 전원의 풍치 등을 260여 편의 한시와 문장으로 남겼다. 그의 작품은 1930년에 김기현과 정형택이 원고를 모아《삼의당고(三宜堂稿)》로 간행되었다. 허난설헌 201수, 매창 58수, 황진이 14수의 작품을 남긴 것과 비교하면 조선 후기 문학사에서 중요한 위치에 있다고 말할 수 있다. 그럼에도 지역에서 차지하는 위상은 약할 뿐만 아니라 지역민의 관심도 약한 것 같다. 신사임당과 황진이의 위상과는 비교할 수 없다고 하더라도 부안에는 매창공원이 있고 허난설헌 문학상이 제정되어 운영되고 있는 사례를 참고했으면 한다.

이석용 의병장은 인근 임실 출생이나 마이산 용암에서 호남의병창의 동맹단을 조직하여 일제에 항쟁하였다. 1906년에 동지들을 규합함과 동시에 일본 정부 앞으로 규탄문과 격문을 발송하고, 전국 동포에게 주권을 되찾자는 건의문과 호소문을 발표하기도 하였다. 특히 이석용은 진안 마이산을 중심으로 의병 활동을 전개하였다. 1907년 9월 2일 의병 대장으로 추대를 받고 '의병창의동맹'을 결성하였다. 그는 〈격중가〉를 지어 의병들의 사기를 높였다. 의병 결성 다음 날, 진안읍의 일본군을 공격하여 큰 전과를 올리면서 이석용과 의병창의동맹군의 이름은 곧바로 호남 각지로 퍼져 나갔다. 1910년에는 비밀 결사 '임자밀맹단'을 조직하여 활동하다가 붙잡혀 1914년 대구형무소에서 교수형을 받고 순국하였다. 이런 활동에 비하면 이석용 의병장에 대한 지역에서의 대접은 매우 미미하다. 매년 호남의병창의 추모제가 의병창의결성지에서 열릴 뿐이다. 이런 와중에 최근 진안역사박물관에서 기획된 '진안의 항일 투쟁과 독립운동'이란 전시에서 새롭게 일제 강점기 진안 출신의 독립운동가 최제학(崔濟學, 1882~1959)을 조명한 점에선 의미가 크다 하겠다.

지자체마다 지역 출신이나 지역에서 활동한 인물을 재조명하여 지역민에게 자부심을 심어 주고 정신적 지주로 삼고자 한다. 우리 지역에서도 자부심을 심어 줄 수 있는 인물을 발굴해 보았으면 한다.

이상향을 꿈꾸는 배넘실마을

배넘실마을에 가면 사람의 아름다운 향(香)이 넘친다. 누군가 그랬던
가? 사람은 꽃보다 아름답다고…. 그곳에는 더불어 나누는 나눔피아가
있었다. 그 이름은 '가나안 나눔터'였다. 아름다운 향기의 진원지는 금
양교회 이춘식 목사다. 그는 일찍이 마을 공동체 사업을 해 왔다. "가나
안 나눔터는 수몰로 인하여 이 땅에서 가진 것 없고 소외받는 자들 누구
에게나 제공되는 삶의 터전이요, 특히 의지할 곳조차 없는 할아버지, 할
머니, 고아, 장애인들의 쉼터이며, 이들과 더불어 한 사랑, 한 가족 공동
체를 이루어 나가는 나눔의 마을로서 지극히 낮은 곳에서 참된 이웃 사
랑을 실천하기 위하여 설립되었습니다." 이런 취지로 1996년에 비영리
사회 단체 가나안 나눔터를 설립하였다. 이후 부랑인의 집 구입, 아동의
집 신축, 나눔터 운영을 위한 수익 관광 상품 개발(특허 출원 : 소리 나는
전통공예품(장구, 북) 제23019호 전통공예품 상표 등록 - 제35708호) 등 많은
사업을 하였고, 2001년에는 사단법인 가나안 나눔터로 등록하였다. 그

러나 나눔피아는 지속되지 못했다.

배넘실마을 이춘식 목사는 예수이다. 장애인이나 부모가 없는 학생들과 생활하면서 언제나 미소를 머금은 모습으로 우리가 사는 세상에 소금의 역할을 해 주고 있다. 이런 삶을 보람으로 느끼고 살아가는 모습이 너무 아름답다. 한때 중단되었던 가나안 나눔터 공동체는 현재 마을 공동체 사업의 모범으로 자리 잡았다.

배넘실로 불리는 금지마을에는 마을 형성과 관련된 홍수 설화를 전한다. 천지개벽할 때 배넘실산이 곱게 솟아올라 오는데 여자가 "왜 이리 곱게 올라오느냐."고 말했더니 멈췄으며 이곳에 홍수가 나 물이 넘실거렸다고 한다. 그리고 금지마을의 주산인 배넘실봉(산)은 배가 넘어 다녔기에 '배넘실'이고, 배넘실의 산등성과 연결된 금지마을 북동쪽 성주봉(꼭지봉)의 정상에 있는 '꼭지바위'는 물이 아래까지 차고 산봉우리만 보인 곳이라 하여 '꼭지바위'라 하였다고 하는 이야기가 전한다. 배넘실마을의 홍수 설화는 노아의 방주를 닮았다. 용담댐으로 수많은 마을들이 수몰되는 와중에도 배넘실마을은 물속에 잠기지 않아 구원받은 땅으로 생각하고 있다. 이런 연유로 금지마을에서는 마을 총회에서 '배넘실마을'이라는 예명을 정식으로 사용하게 되었다.

배넘실마을 공동체 사업은 농산물 직거래, 농촌 일손 돕기 등 2004년 도·농 교류 사업에서 시작된다. 그 중심에 이춘식 목사가 있었다. 교회, 학교뿐 아니라 사회 단체, 기업과 이뤄지고 있는 교류는 마을 공동체 사업을 담금질해 주었다. 2007년 농촌 전통 테마 마을(농촌진흥청), 2012년 향토 산업 마을(전라북도), 2016년 마을 종합 개발 사업(농림축산식품부)

으로 마을 공동체 사업이 계속되고 있다. 여기에 올해에는 용담호 주변에 해바라기를 가꾸며 '제1회 금지 배넘실 통일 해바유 축제'가 열렸다. 통일을 꿈꾸는 백만 송이 해바라기 축제가 이제 마을을 넘어 북녘에 통일의 기운을 불어넣고 있다.

배넘실마을은 '요람에서 무덤까지' 행복을 꿈꾼다. 이 세상 어느 곳에도 존재하지 않는 '유토피아'를 꿈꾼다. 그 토대는 마을이라는 공동체를 중심으로 이루어져 있다. 이 모든 마을 공동체 사업은 마을 사람들의 꿈을 이루기 위한 과정이며 여전히 진행형이다. 공동체 사업이 수많은 마을에서 이루어지고 있지만 이렇다 할 성과가 없어 새로운 길을 모색해야 할 때 배넘실마을의 성공 사례는 매우 중요하고 의미가 있다.

《중용》 23장에는 "작은 일도 무시하지 않고 최선을 다해야 한다. 작은 일에도 최선을 다하면 정성스럽게 된다. 정성스럽게 되면 겉에 배어 나오고, 겉에 배어 나오면 겉으로 드러나고, 겉으로 드러나면 이내 밝아지고, 밝아지면 남을 감동시키고 남을 감동시키면 이내 변하게 되고, 변하면 생육된다. 그러니 오직 세상에서 지극히 정성을 다하는 사람만이 나와 세상을 변하게 할 수 있는 것이다. 바뀐다. 온 정성을 다하여 하나씩 배워 간다면 세상은 바뀐다."란 말이 있다. 조그만 마을에서 한 사람이 시작한 마을 공동체 사업에 《중용》 23장이 담겨 있다. 배넘실마을이 대동의 공동체적인 이상향이 될 것이라 확신한다.

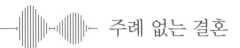

주례 없는 결혼

최근 지인의 결혼식에 참석했다. 결혼 풍속도가 많은 변화를 거쳤지만 이제는 주례가 없는 결혼 시대에 접어든 느낌이다. 성혼선언문 낭독은 부모가 진행하고, 신랑과 신부는 아름다운 결혼 생활을 할 것을 하객에게 다짐하는 등 결혼 풍속도가 빠르게 변화되고 있다.

결혼(혼례)은 두 남녀가 결합하여 가족을 구성하는 의식이다. 가족을 구성하는 최초의 절차인 결혼은 남녀 두 사람의 사회적·경제적인 결합을 기본으로 한다. 우리나라에서는 예부터 결혼을 인륜의 대사(大事)라고 하여 중요시했는데, 이는 개인적으로는 가족을 이룬다는 지위의 변화를 의미하지만, 사회적으로는 두 가문(家門)의 결합이기 때문이었다. 현재도 이 점은 크게 다르지 않다고 생각한다.

수십 년 전까지만 해도 결혼, 흔히 전통 혼례는 전통 예법에 따라 납채(納采), 문명(問名), 납길(納吉), 납징(納徵), 청기(請期), 친영(親迎)의 육례(六禮)로 행하였다. 하지만 시간이 흐르면서 의혼(議婚), 납채, 납폐(納幣),

친영의 사례(四禮)로 축약되어 행하여지다가 최근에는 전통 혼례를 주변에서 찾아보기 힘들게 되었다. 현재는 대부분 결혼식장에서 주례를 모시고 식이 진행된다. 식 순서는 별반 다를 게 없으나 친구들로부터 축하 노래를 선사받는 순서가 있다. 그런데 요사이는 신랑이 직접 춤을 추며 노래를 부르기도 한다. 결혼식장을 축제같이 만들기도 한다. 그럼에도 예식 후 전통 혼례 복식으로 갈아입고 폐백은 반드시 드린다.

1950~1960년대에는 중매인을 통해서 의혼(議婚)했다. 이들은 전문적인 중매인이라기보다는 혼주의 친구나 친척이 맡는 것이 보통이었다. 예전에는 당사자끼리 선도 보지 않고 궁합이 맞으면 결혼을 결정했는데, 혼인 조건은 대개 집안을 따져 보고 궁합이 좋으면 양가의 어른들이 합의하여 정하였다.

중매인이 사주와 궁합을 보고 이상이 없어 양가가 합의하면 남자 측에서 여자 측에 사성(四星 : 남자의 생년·월·일·시)을 보낸다. 이때 여자 측에서 혼사가 마음에 들면 신부의 사성을 보내고, 정식으로 결혼 날짜를 잡는다. 이를 납채(納采)라고 한다. 날이 정해지면 신랑 집에서는 신부 집으로 함을 보내는데 이를 납폐(納幣)라 한다.

전통 혼례는 신부 집에서 혼례를 올리는 경우가 대부분이다. 신랑이 신부 집으로 향하는 것을 초행(初行)이라고 한다. 혼례식의 본격적인 절차는 전안례(奠雁禮)인데 이는 혼례 당일 신랑이 신부 측에 나무로 깎은 기러기를 드리는 의식이다. 교배례(交拜禮)는 신랑과 신부가 처음 만나서 서로 맞절을 하는 절차이며 진행자의 구령에 맞추어 순서대로 예를 올린다. 신랑은 동쪽에, 신부는 서쪽에 서서 신부가 먼저 절을 하고 신랑은

이에 답배를 한다. 그리고 절을 끝내면 신랑과 신부가 마주 앉아 각각 술 한 잔을 마시고 이어서 잔을 바꾸어 한 잔을 마시는데 이를 합근례(合졸禮)라고 한다. 신랑과 신부가 첫날밤을 맞이하는 것을 초야(初夜)라 한다. 요사이는 제주도가 아닌 외국으로 신혼여행을 떠난다.

혼례를 치른 후 하룻밤 혹은 사흘 밤을 친정에서 지내고 시댁으로 가는데 이를 신행(新行)이라 한다. 신부가 시집을 와 시부모와 친지들에게 잔을 올리고 절을 하며 예를 올리는 것을 현구고례(見舅姑禮)라 한다. 시집을 간 후 다시 친정을 찾는 것을 근친(覲親)이라 한다. 우리 지역에서는 대부분 시집을 온 후 1년 농사를 지어서 가을에 친정을 가며, 친정을 갈 때는 술과 떡을 장만하여 간다. 요사이는 친정집을 문턱 닳도록 다닌다. 이런 모습이 이제 당연한 시대가 되었다.

시대가 흘러도 남녀 인연을 맺어 주는 절차가 결혼식이다. 내용만을 강조하여 절차를 무시할 수는 없다. 형식 속에서 내용이 채워지는 것이 아닌가? 부모가 결혼하는 자녀에게 당부하는 말을 전하는 것이 주례가 하는 주례사이다. 이보다 훌륭한 주례는 없을 것이다. 신랑과 신부가 하객 앞에서 멋진 결혼 생활을 하겠다고 다짐하는 것은 너무 좋았다. 이때 결혼식에 참석한 하객 모두 주례가 된다. 결혼식은 아름다운 영화와 같다. 결혼 생활도 영원히 영화와 같았으면 좋겠다.

진안, 가슴으로 담다

맛집의 조건

요즘 맛집 열풍이 불고 있다. 열풍을 넘어 광풍이라 해도 지나치지 않다. TV 등 모든 매체가 맛있는 음식으로 온 국민을 몰아넣고 있다. 3S(스포츠, 스크린, 섹스) 정책은 권력자가 국민의 정치적 무관심을 유발하여 권력자의 뜻에 따라 국가를 통치하는 우민 정책이다. 요즘은 4S라 하여 스마트폰을 포함하는데, 여기에 TV 매체의 맛집 소개도 만만치 않은 역할을 하고 있다. 유명한 요리사가 한 번 방문한 집은 그야말로 대박이다.

맛집은 사람을 끌어모은다. 3~4시간이나 걸리는 거리를 멀다 하지 않고 찾아오는 마력을 가지고 있다. 우리나라 사람의 큰 특징 중 하나가 먹거리를 찾아다니는 것에 수고를 아끼지 않는다는 점이다. 유적지에 가서도 그 지역의 맛집을 찾는 것은 기본이다. 유명 맛집은 그야말로 인산인해를 이룬다. 1~2시간 기다리는 것도 마다하지 않는다. 이쯤 되면 의지의 한국인이라 할 정도이다.

도시건 농어촌이건 먹거리로 소문난 시장은 활성화되어 있다. 서울 도심 한복판에 자리 잡은 광장시장은 사람 사는 맛까지 느낄 수 있는 곳이다. 광장시장에 가면 우선 빈대떡에 막걸리를 먹을 수 있다. 마약 김밥이란 조그만 김밥에 끌려서 입이 호강한다. 순대, 떡볶이, 오뎅국은 기본이다. 생태를 바로 손질하여 끓여 주는 탕이며 밀가루 반죽을 바로 밀어서 해 주는 칼국수는 일품이다. 도시에 살건 농촌에 살건 간에 맛있는 것을 먹을 수 있다는 것은 행복한 일이다. 부산에도 광장시장을 능가하는 깡통시장이 있다. 사람 부대끼기로는 깡통시장이 훨씬 더한 곳이다. 빈대떡을 비롯해 어묵, 튀김, 떡볶이로 대표되는 깡통시장 먹거리는 대중화된 메뉴로 사람을 끌어들인다.

진안군은 일찍이 8경 8품 8미를 선정했다. 더덕구이, 산채비빔밥, 흑돼지 삼겹살·목살, 쏘가리매운탕, 애저, 민물매운탕, 어죽, 송어회 등이 8미로 되어 있다. 진안군을 대표하는 8미가 과연 제대로 선정되었는지 의문이 든다. 메뉴가 중첩되어 있는 느낌이고 진안 하면 생각나는 대표 음식이 과연 몇이나 되는지 궁금하다. 애저란 음식이 진안군의 특징적인 면을 보여 주지만 대중화하기에는 어려운 측면이 있다. 본디 애저란 돼지 배 속에서 죽은 새끼 돼지를 요리한 것을 말하는데, 이미지가 있어 쉽게 찾지 않는다. 진안을 대표하는 8미 선정도 다시금 고민해 보았으면 한다.

진안군 홈페이지 답사기 중에 맛집을 소개한 내용이 있는데, 우리 지역에서만 찾을 수 있는 소박한 가게를 소개한 것도 눈길을 끈다. 진안시장의 빵돌이네 국수집, 시장의 찐빵집, 전북은행 골목 왕대포집이 그것이다. 진안을 찾았을 때 시골스러운 정감과 사람 냄새 나는 그런 맛집을

진안, 가슴으로 담다

안내해 주는 것도 좋을 것 같다.

　진안군 홈페이지에 소개된 일반 음식점(100㎡ 이상, 2015. 11. 23. 기준)은 86개소 정도 된다. 이 중 모범 음식점, 향토 음식점, 착한 가게, 관광 식당 등을 다양하게 지정하여 운영하고 있다. 몇몇 음식점은 블로그에 소개되어 나름대로 유명세와 함께 영업도 잘되고 있다. 그렇지만 진안 지역을 방문하는 사람에게 음식점을 추천해 달라고 할 때 선뜻 상호를 대지 못하는 경우가 많다. 지역에서 자주 접하는 음식이기 때문에 특별함을 느끼지 못하기 때문일 것이다. 특히 나름의 음식 맛과 함께 음식점의 분위기나 청결, 친절함 등 3박자를 갖추지 못했다고 생각하기 때문이다. 음식점을 추천하는 사람이 적어도 소개한 사람에게 음식 맛이 좋았고 특히 주인이 친절했다는 말을 들어야 하는데, 그렇지 못한 상황이 벌어질 수 있기 때문에 애써 추천을 망설인다고 생각한다. 그래서 맛집은 맛이 기본이며 음식점 분위기와 주인 친절도가 중요하다. 이런 조건을 갖추었을 때 사람을 끌어들인다. 요즘 TV나 블로그는 대단한 위력을 가진다. 유명 요리가가 한 번 찾은 음식점은 다음 날부터 음식을 먹기 위하여 줄을 잇고 문의가 쇄도한다. 제일순대집도 이렇게 많은 사람들에게 알려졌다. TV에 한 번도 나오지 않았지만 맛있다는 금당회관의 광고도 이색적인데, 그럼에도 많은 사람이 찾는 이유는 맛깔스러운 음식과 음식점의 청결, 주인의 친절함 때문이다.

쌍용 아파트를 추억하며

쌍용 아파트는 우리나라 곳곳에 있는 아파트 이름 중 하나이다. 쌍용 아파트는 10여 년 넘게 진안에 살면서 생활했던 가족의 터전이었다. 5층 건물이고 한 동짜리로 40세대가 살고 있는 아파트였다.

아파트에 사시는 아저씨는 40세대면 마을 규모라며 정겹게 살아가기를 바랐다. 대부분 그런 마음에서 이사해 왔기 때문이었다. 쌍용 아파트는 아주 정겨운 곳이었다. 어느 아파트와는 아주 다른 광경을 수시로 볼 수 있었기 때문이었다.

먼저 아파트 앞 정원에 펼쳐진 장독대를 말하고 싶다. 도시의 아파트라면 정원에 장독을 내다 놓는 것이 말이나 될 법한 소리인가. 그러나 쌍용 아파트는 그렇지 않았다. 처음 이사 왔을 때 몇 개의 장독만 있었는데, 어느 사이 백여 개가 넘는 장독대를 이루고 있었다. 단독 주택에서도 볼 수 없는 광경이었다. 그도 그럴 것이 쌍용 아파트에 입주한 나이 드신 분들은 지역에서 사셨던 분들이라 아파트라 할지라도 사람 사는 곳에 공동 장독대가 있는 게 뭐 어떠랴 하는 마음이 깔려 있던 것이다. 그래서 이사 오는 사람이 있을 때마다 몇 개씩의 장독이 늘더니 거대한 장독대를 이룬 것이다. 그런데 그 장독대는 그냥 장독대가 아니라 정이 오가는 길목 역할을 해 주었다. 고추장, 된장, 간장이 부족하면 스스럼없이 나눠 먹을 수 있는 장독대여서 더욱 좋았다.

마치 동면이라도 한 양 움직임이 없던 아파트는 봄이 되면 생기를 찾는다. 아파트 주변 한 뼘의 땅이라도 일구어 고추며 부추며 파, 가지 등을 심는다. 아파트 주변으로 한 평도 안 되는 부추밭이 십여 개에 이르렀었다. 제각기 주인이 따로 있었다. 서로 서로 작물이 커 가는 것을 볼 수 있었고 인심 좋게 나누어 먹기도 했다. 때로는 여러 집에서 받은 부추로 전을 부쳐 먹기도 했다. 또한 아파트 앞은 꽃밭을 이루었다. 연분홍의 철쭉, 분홍색의 봉숭아, 붉은 장미, 노란 서광 등은 아파트를 다양한 꽃의 정원 속에 지어 놓은 듯 만들었다. 어디 이뿐인가. 아이들은 철따라 정원에 심어진 빨강의 보리똥이며, 주홍색의 살구, 검정의 오디 등을 따먹는 특권을 누리는 곳이기도 했다.

또 빼놓을 수 없는 것이 널따란 평상이었다. 비가 오면 별수 없었지만 단풍나무 그늘 아래 놓인 평상은 여름 내내 아주머니들의 놀이터가 되고 모임 장소가 되었다. 그뿐인가. 고기도 구워 먹고, 천렵도 하는 장소가 되었다. 누가 주도한 것도 아닌데 모든 게 자연스럽게 이루어졌다. 이럴 때면 누군가는 술을 가져오고, 밥을 가져오고, 과일을 가져왔다. 자연스럽게 마을 잔치가 되었다. 그곳이 평상이 있는 단풍나무 그늘 아래였다. 술 몇 잔에 노래가 흘러나오기도 했다. '똑같이 아주머니'가 분위기를 이끌지만 누구나 즐거웠다. 아이들까지도…….

  아파트 주변은 시시때때로 이채로웠다. 마치 시골 마당에 온 듯했다. 봄이 되어 햇빛이 제법 비치면 부각을 만들어 아파트 앞 평상에 말렸다. 몇 백 장의 부각이 열 지어 있으면 밥을 생각나게 했다. 부각 만드는 것으로 그치지 않고 주변 사람들에게 조그마한 봉지에 몇 개씩 넣어 주는 정도 함께 있었다. 한동안 매일같이 아침에 보는 풍경 중 하나가 고사리 말리는 광경이었다. '회장 아주머니'가 연일 고사리를 말리면 모두가 부러운 표정이었다. 부러울 만큼 그 귀한 고사리를 연일 끊어다 말렸기 때문이었다. 한동안 보던 고사리가 사라지면 매년 농사짓는 용훈 할머니의 마늘이 그 자리를 지켰다. 초가을엔 고추가 아파트 광장을 지키고 깊어 가는 가을이면 도토리들이 서로서로를 의지하며 아파트를 지켰다. 겨울이 오면 왁자지껄하게 김장을 담그고 이내 아파트는 동면하듯 조용해진다. 봄이 올 때까지……. 이런 아파트에서 함께할 때 우리 가족은 행복했었다. 그런 진안 생활이 많이 그립다.

안호영 국회의원 당선자에게

제20대 국회의원 당선을 축하한다. 두 번째 도전에서 현직을 경선에서 누르고 국민의당 바람이 거셌던 선거 지형의 불리함 속에서 이뤄 낸 당선이라 의미가 크다고 본다. 안호영 국회의원 당선에는 그동안 침체된 지역에 활력소가 되길 바라는 진안, 완주, 무주, 장수 군민들의 염원이 담겨 있다고 본다. 또한 지역에서 믿음을 주는 정직한 정치인으로 각인되었기 때문에 선택했다고 생각한다.

국회의원이 되면 200여 가지의 특권이 주어진다고 한다. 국회의원은 회기 중에 다른 의원의 동의 없이는 체포되거나 구금되지 않는 '불체포 특권'을 보장받는다. 또한 국회 내 직무 관련 발언에 관한 어떠한 법적 책임도 지지 않는 '면책 특권'을 가진다. 이는 국회의원의 역할을 제대로 수행하기 위한 장치이기도 하다. 좀 더 구체적으로 살펴보자. 연봉에 해당하는 세비 1억 4,000만 원을 받고, 입법 활동을 위해 일반 수당, 급식비, 입법 활동비는 물론 회기 중에는 특별 활동비, 정근 수당과 명절 수당 등 수천만 원도 나온다. 또한 보좌진 7명과 유급 인턴 2명 등에 최대 3억 7,000만 원에 달하는 급여 역시 세금으로 지원된다. 의원실 운영, 출장, 입법·정책 개발 등의 지원비로 연평균 9,100만 원을 받을 수 있다. 이외도 다양한 편익(便益)을 제공받는다. 이런 혜택을 지원하는 것은 '걸어 다니는 헌법 기관'이라 불리는 국회의원으로 국민을 대표하는 역할을 수행하기 때문이다. 그 역할을 제대로 할 때 비록 1년에 수억 원의 비용이 들어도 수긍할 것이다. 그러나 국민의 눈높이에 맞는 역할을 하지 못할 때는 다음 선거에서 준엄한 심판을 받는다.

정치인 하면 요사이 국민들이 바라보는 시선이 따갑다. 그것은 다름 아닌 당선 전과 당선 후의 자세가 다르기 때문이다. 선거 전에는 무엇이라도 다 할 것 같이 하지만 당선 후에는 언제 그런 말을 했냐는 듯 돌변하는 데다 얼굴 보기도 어렵지만, 목을 뻣뻣이 세운 고압적인 자세는 선거 전의 모습과 너무 다르기 때문이다. 국민이 바라는 정치인상은 지극히 상식적이다. 초지일관의 마음가짐, 겸손과 배려, 지역 현안을 해결할 수 있는 열정이면 족하다.

선거는 경쟁이다. 전쟁과도 같은 일이다. 그래서 상대 후보와 불편한 관계를 가질 수밖에 없다. 선거가 끝난 후에는 상대방 후보를 찾아가 먼저 손을 내밀 수 있어야 한다. 그동안 선의의 경쟁을 치른 데 대해 감사를 표현해야 한다. 고소, 고발 문제 해결도 여기에서부터 시작되어야 할 것이다. 큰 정치는 상대방을 끌어안을 때 가능한 것이다.

특히 국회의원은 지역민과 가까이해야 한다. 어떤 국회의원은 주말이면 지역민과 소통하기 위하여 지역구를 찾았다고 한다. 진짜 특별한 2주를 제외하고 52주 중 50주를 금요일에 내려와 지역민과 현안을 논의하고 월요일 새벽에 서울로 올라가는 생활을 했다고 한다. 안호영 국회의원 당선자도 이런 원칙을 가지고 활동해야 한다. 애경사나 지역 행사 기념식에 찾아다니는 일로 지역구 관리를 해서는 안 된다.

'어리석은 사람은 할 수 있는 일은 하지 않고 반대로 할 수 없는 일을 하려고 애쓴다. 그러나 지혜로운 사람은 할 수 없는 일은 하지 않고 자기가 할 수 있는 일만 열심히 한다(《증일아함경(增一阿含經)》).'

그리고 지역민의 소리에 귀 기울여야 할 것이다. "남의 조언을 듣지 않는 사람은 도움을 받을 수 없다. 만약 당신이 옳은 조언을 듣지 않는다면 비난받게 될 것이다(벤자민 프랭클린)." 참 지혜로운 말이다.

안호영 국회의원 당선자가 제대로 역할을 할 수 있느냐는 지역민에게 달려 있다. 인간적인 도리를 다하는 것은 당연한 일이지만 막중한 국가대사를 수행하는 역할을 맡은 국회의원을 이렇게 저렇게 부르는 것은 온당치 않다. 앞으로 안호영 후보가 국회의원 역할을 제대로 할 수 있도록 협조해야 할 것이다. 그럴 일은 없겠지만 당선에 공을 세웠다고 하여 인사, 취업, 각종 이권을 요구하는 일은 절대 있어서는 안 될 것이다. 오히려 잘못된 길로 가지 못하도록 눈을 부릅뜨고 채찍질해야 한다. 이 점은 안호영 당선자가 국회의원 직무를 제대로 수행하게 하기 위한 최소한의 자세이다.

안호영 국회의원 당선자가 이야기하듯 한결같은 마음과 낮은 자세로 지역민에 다가가면 보다 슬기롭게 지역 현안을 풀어 갈 수 있을 것이다. 안호영 국회의원 당선자의 건투를 빈다.

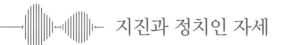

지진과 정치인 자세

요즘 경주 근처에서 예년에 없던 강진이 일어나면서 지진에 대한 안전 대책 강구가 시급하다. 경주는 우리나라 역사와 전통이 살아 있는 지상 박물관으로 역사 유적 지구이다. 지진이 발생한 인근 지역은 많은 원자력발전소가 가동 중이어서 국민들에게 불안감을 주고 있다. 그럼에도 정부는 제대로 된 안전 대책을 세우지 못하고 있는 실정이다.

우리나라에서 과거에 많은 지진이 발생했다는 기록이 남아 있다. 《삼국사기》를 비롯해서 《고려사》, 《조선왕조실록》 등에서 쉽게 찾아볼 수 있다. 공교롭게도 경주에서 지진이 일어났다는 기록이 나온다. 779년(혜공왕 15년) "봄 3월에 경주에 지진이 나서, 백성들의 집이 무너지고 죽은 사람이 100명이 넘었다."라는 기록이 그것이다. 대단한 강진으로 추정되고 있는데, 최근에 경주에서 발생한 지진이 우연이 아닌 것이다.

《조선왕조실록》 원문에서 '지진(地震)'이 1,899건이나 검색되었다. 단순히 "지진이 발생하였다."는 기록부터 구체적으로 "밤에 지진이 발

진안, 가슴으로 담다

생하였다.", "밤 1경(一更)에 지진하였다." 그리고 지진과 함께 일어난 자연 현상 기록도 자주 볼 수 있다. "지진하고, 큰비가 내리고, 천둥 치고 번개하였다." 장소는 예외 없이 '서북면', '경상도 의성현', '계림 합천 등지'로 기록되었다. 그리고 지진의 강도와 횟수, 피해까지 자세하게 기록하였다. "집이 흔들렸다.", "경상도 거창현에 지진이 일었는데, 인시(寅時)부터 진시(辰時)까지 모두 20차례나 하였다.", "평안도 안주·태천·가산·무산·용천·곽산에 지진이 3일 동안 일었다.", "3일 동안 충청도 충주·청풍·괴산·단양·연풍·음성에 지진이 있었는데, 안동에서 더욱 심하여 가옥들의 기와가 떨어졌다.", "공홍도의 문의·청산·보은·연기 등 여러 읍에 지진이 동쪽에서 일어나 서쪽으로 멈췄는데, 집이 크게 흔들리고 소리가 우레와 같았다.", "물이 교외(郊外)에 넘쳐서 목마(牧馬)가 빠져 죽고 곡식이 크게 손상하였다." 그리고 지진으로 사망자가 발생했다는 기록도 있다. "호서(湖西)의 덕산에 지진이 있었는데, 죽은 사람이 있었다." 이런 기록에 근거하여 나름대로 우리나라에서는 지진에 대한 연구가 정리되기도 했는데, 요사이 대한민국이 지진에 대처하는 모습은 참으로 한심스럽다.

《조선왕조실록》에서 진안현과 용담현의 지진 기록은 각각 11번, 15번 등장한다. 진안현에서는 "중종 11년 3월 13일에 전라도 진안현에 지진이 일어나다.", "숙종 37년 6월 4일 전라도 진안현에 지진이 일어나다." 그리고 용담현에서는 "선조 21년 1월 1일 전라 감사 윤두수가 용담현에 지진이 났다고 보고하다. 전라 감사 윤두수가 장계하였다. '용담현에서 지난해 12월 15일에 지진이 서남방으로부터 일어났는데 그 소리가 매우 컸습니다.'" 진안 지역에서는 500년 동안 십여 차례의 지진 기록이 남아 있는데 과거 과학적인 근거를 알지 못할 때 땅이 흔들렸으니 얼마나 당황하고 불안했을까? 최근 진안군 지역에서도 느꼈을 지진 여진을 생각해 보면 될 것이다. 여전히 국민의 안전보다 정치 권력을 우선하는 현재의 정치인들에 비하면 조선 시대 대신들과 왕의 위민 정신이 한결 나았다.

1518년(중종 13년) 6월 22일에 네 차례 강진이 일어나자 대신과 왕이 나눈 대화이다. "하늘이 어제 지진을 보임은 헛되이 일어난 일이 아니옵니다. 주상께서 '원통한 옥사가 있는 것인가' 물으셨으나 그뿐만이 아니옵니다. 사람 쓰는 것이 마땅치 않은 까닭 아니겠사옵니까. 신이 정승 노릇을 잘하지 못한 탓이니 해직하여 주소서(영의정 정광필)." 왕이 명했다. "내가 훌륭하지 못하고 하늘과 땅의 마음에 맞추지 못해 그런 것이다. 어찌 대신이 직책을 다하지 못해서겠는가. 사직하지 말라(중종)." 적어도 하늘이 하는 일에 책임을 통감하는 모습이다. 세월호 참사부터 백남기 사망에 이르는 사안, 사드 배치 논란, 우병우 민정수석 비리, 미르 재단·K스포츠 재단 의혹, 최순실 의혹 등에 이르기까지 모르쇠로 일관하는 정부나 마이산 케이블카 설치 논란, 운산 인공습지 조성 사업 의혹, 진안의료원 친인척 채용 의혹 등에 몰염치한 지자체도 생각해 볼 일이다. 누구를 위한 정부이고 지자체인가?

Ⅲ

문화

'진안 마이산 축제'를 제안한다

　우리 지역에서 한때 축제 논의가 활발하게 전개된 적이 있었다. 기존의 우리 지역에서는 마이산 벚꽃 축제가 대표적인 축제로 인식되었다. 매년 마이산을 찾는 관광객이 100만 명이 넘고, 마이산 벚꽃이 우리나라에서 마지막으로 피는 벚꽃으로 알려져 더 많은 사람이 찾아오니 그렇게 인식됐던 것이 사실이다. 그런데 시간이 지나면서 어느 지역이나 벚꽃을 심고 축제가 열리게 되니 마이산 벚꽃 축제는 지역 축제로서 기능이 약화되고 어느 해인가부터 사라지게 되었다. 이 무렵 우리 지역에서 축제에 대한 논의가 본격적으로 진행된 것 같다. 다양하고 기발한 의견이 많이 개진되었다. 진안의 상징인 마이산을 중심으로 신비한 이미지를 활용한 '마이산신 축제'가 제안되었다. 또한 우리 지역 용담댐과 골골마다 맑게 흐르는 이미지를 창출한 '물 축제'도 제안되었다. 그리고 야생화, 특용 작물 등을 집단적으로 재배하여 이를 주제로 한 '경관 농업 축제', 우리 지역 출신인 조선 세종 시대 어의 전순의와 홍삼 한방 특구로 지정

진안, 가슴으로 담다

될 만큼 인삼 최대 생산지라는 점을 더욱 부각시키기 위한 '홍삼 한방 축제' 등이 제안되었다. 당시 축제 발전 위원에서는 전체적인 축제 방향을 제시하지 못하고 주제 선정에 많은 시간을 허비하였고, 결국은 우리 지역 축제 대안을 제시하지 못한 채 해체되고 말았다. 그렇게 새로운 축제 모델을 제시할 기회를 안타깝게도 놓치고 말았다. 현재 우리 지역에서는 운장산을 중심으로 한 '진안 운장산 고로쇠 축제'가 올해 10회째를 맞았고 '진안마을 축제'는 7회째를 맞이했으며 '진안 홍삼 축제'도 개최되고 있다. 그리고 소규모지만 내실 있게 '원연장 꽃잔디 축제', '동향 한여름 수박 축제' 등이 진행되고 있다. 한때 '진안고원' 이미지를 살려 새로운 축제를 모색했으나 그 움직임은 현재 미미한 형편이다.

군민의 화합과 단결을 과시하는 군민의 날 행사는 반세기를 넘겼으며 민선 시대와 함께 시작한 마이문화제도 성년을 맞이하였다. 마이문화제는 나름의 축제 형식을 갖추고 진행되고 있으나 우리 지역 대표 축제로 내세우기에는 부족한 측면이 있다. 이에 우리 지역을 대표하는 축제를 새롭게 발굴해야 할 시점에 온 것 같다. 이에 몇 가지를 제안한다.

먼저 축제 명칭의 문제이다. 축제 명칭은 우리 지역을 상징화하고 포괄할 수 있는 지역인 '진안'과 세계적 이미지를 가진 '마이산'을 결합한 '진안 마이산 축제'로 할 것을 제안한다. '진안 마이산 축제' 명칭은 마이산의 인지도를 활용하여 다양한 축제를 묶어 낼 수 있는 가장 중요한 포인트가 된다. 마이산 인지도는 우리나라에서 손꼽을 정도이다. 그동안 개최되고 논의된 축제 주제 즉, 홍삼 한방 축제, 마을 축제, 산신령 축제, 물 축제, 마을 숲 축제, 고원길 축제 등을 어떻게 마이산과 접목시킬 것인가를 치열하게 고민해야 할 것이다.

둘째, 축제 시기의 문제이다. '진안 마이산 축제'는 5월 중순 무렵이 최적일 것 같다. 파종이 끝난 후 계절적으로 가족 나들이하기에 좋은 시기에 축제 기간을 설정하면 좋을 듯싶다. 기존 축제 시기가 9월 말에서 10월 초가 대부분인데, 이때가 추수철이며 우리나라 대부분의 축제가 이때쯤 개최된다는 점은 누구나 인지하는 사실이 아닌가?

셋째, 축제 참여 대상과 프로그램 개발이다. 축제 참여자는 가족 단위가 가장 이상적이다. 자녀가 참여하게 되면 자연스럽게 부모가 동행할 수밖에 없기 때문이다. 문제는 프로그램이다. 자녀들이 체험할 수 있는 프로그램 중심으로 개발되어야 할 것이다. 그리고 지역의 특성을 살린 생태 등을 주제로 한 프로그램 개발도 필요하다. 축제의 성패는 참여와 프로그램에 있기 때문에 이 점은 대단히 중요하다.

마지막으로 축제란 아무리 좋은 명칭, 적절한 시기, 좋은 프로그램이 있다고 하더라도 축제를 이끄는 구성원 간 협력과 신뢰 없이는 불가능하다. 우리 지역민이 중심이 되어 새로운 축제를 모색하는 장이 조속히 마련되었으면 한다.

진안, 가슴으로 담다

마이산 풍수박물관을 제안한다

풍수를 처음 접하게 된 것은 대학 1학년 때 지도 교수인 최창조 선생님을 만나고서였다. 처음 마주 대할 때 약간 날카로운 인상이었으나 그렇지 않다는 것을 알기까지 그리 오랜 시간이 걸리지 않았다. 선생님은 한마디로 너무나 인간적인 분이었다. 막걸리를 좋아하고 얼큰하게 취하면 〈천둥산 박달재〉를 부르는 그런 분이었다.

1학년 겨울방학 때 선생님은 완주군 주변으로 함께 답사를 다녀오자고 했다. 이때가 선생님과 함께한 첫 풍수 답사였다. 주로 형국론에 관한 답사였지만 어렴풋하게 풍수에 관심을 갖는 계기가 되었다. 그 당시 전주 색장동 장군대좌형국(將軍臺對形局), 봉동읍 연화도수형국(蓮花倒水形局), 복룡농주형국(伏龍弄珠形局), 노서하전형국(老鼠下田形局) 등을 살펴보고 봉동 어느 허름한 주막집에서 막걸리를 마시면서 답사를 마무리했던 기억이 선하다.

진안으로 발령받고 줄곧 진안에 살면서 마을 곳곳에 대한 답사를 하였고 선생님이 찾아올 때마다 마을을 소개해 주곤 했다. 종평마을, 하초마을, 유산마을, 율현마을, 무릉마을 등을 답사하면서 진안의 자연환경이 아주 잘 보존되어 있어 진안을 '자연사 박물관'으로 지정해도 손색이 없을 것 같다고 언급하기도 했다. 선생님은 진안을 답사하면서 마이산에 대한 관심은 남달랐다. 진안에 올 때면 마이산이 보이는 민박집에서 묵었고, 만에 하나 진안에서 살게 된다면 마이산이 보이는 곳이라면 어디든 괜찮다고 했다. 소박한 마음의 표현이었겠지만 진안의 자연환경이 잘 보존돼 있고, 마이산에서 좋은 기운을 느낄 수 있었기 때문일 것이다.

진안을 떠나 생활하다가 다시 진안을 찾을 때면 고향의 상징처럼 다가오는 것이 마이산이다. 타 시·도에 가서 누군가가 어디에서 왔느냐고 물을 때, 진안이라고 대답하면 갸우뚱거린다. 그러다가 "마이산이 있는 진안에서 왔습니다."라고 말하면 알겠다는 표정을 짓는다. 필자는 그래서 진안군을 '마이산군'이라 개명해도 좋겠다는 생각을 가진 적도 있다. 심지어는 진안군이 전남에 위치하는 것으로 알고 있는 경우도 많기 때문이다. 마이산은 백두산에서 뻗어 내린 백두대간의 한 줄기가 장수 영취산에서 다시 거슬러 금남호남정맥을 타고 팔공산에서 운장산으로 이어지는 곳에 자리 잡고 있다. 금남호남정맥이 진안에 와서 말 귀같이 생긴 마이산을 세워 놓았다. 신기한 생김새와 함께 많은 이야기를 간직한 듯한 마이산의 매력에 끌려 많은 사람들이 찾는다. 마이산은 호기심 어린 눈으로 한동안 바라보는 산이다. 때론 영적인 기운을 느껴 많은 무속인이 찾기도 하는 산이다. 현재 있는 그대로 바라볼 수 있게끔 만들어 주면 제일 좋은 산이다. 이런 마이산에 인공적인 가식은 필요 없다. 마이산 주변

진안, 가슴으로 담다

의 요란한 개발은 또 다른 환경 파괴로 이어질 게 분명하다.

마이산과 관련하여 한 가지 제안하면 마이산 근처에 풍수박물관을 조성하면 제격일 듯싶다. 새롭게 건설할 필요는 없다. 현재 진안 역사박물관을 새롭게 마이산 풍수박물관으로 특성화하면 된다. 마이산과 관련된 풍수적 자료는 수없이 많다. 또한 진안 지역 자체가 풍수박물관이라 할 정도로 풍수 이야기가 풍부한 곳이다. 우리나라에 풍수를 학문적으로 연구하는 학자도 상당수 된다. 이를 활용하여 정기적으로 저명한 풍수학자와 마이산이나 진안 지역 답사를 함과 동시에 학술 대회를 연다면 마이산이 한국 풍수 메카로 발돋움할 수 있을 것이라는 생각을 해 본다.

# '축제 발전 위원회'를 구성하여 끝장 토론하자

최근 김남기 의원이 우리 지역 대표 축제 발굴의 필요성을 언급했다. 지역 대표 축제가 지역 홍보와 소득 창출에 중요한 역할을 한다는 점도 지적했다. 또한 그렇게 되기 위해서는 기반 시설 확충에 대한 필요성도 피력했다. 필자는 본란에서 우리 지역 축제 명칭을 '진안 마이산 축제'로 제안한 바 있다. 그 이유를 다음과 같이 언급했다. "축제 명칭은 우리 지역을 상징화하고 포괄할 수 있는 지역인 '진안'과 세계적 이미지를 가진 '마이산'을 결합한 '진안 마이산 축제'로 할 것을 제안한다. '진안 마이산 축제' 명칭은 마이산의 인지도를 활용하여 다양한 축제를 묶어 낼수 있는 가장 중요한 포인트가 된다. 마이산 인지도는 우리나라에서 손꼽을 정도이다. 그동안 개최되고 논의된 축제 주제 즉, 홍삼 한방 축제, 마을 축제, 산신령 축제, 물 축제, 마을 숲 축제, 고원길 축제 등을 어떻게 마이산과 접목시킬 것인가를 치열하게 고민해야 할 것이다."

진안을 상징하는 이미지 중 가장 큰 것은 '마이산'이니, 이를 중심으로 한 축제를 설계해 보자는 의견이다. 요사이 '고원' 이미지를 활용하자는 의견도 만만치 않다. 소위 '진안고원 축제'를 말한다. 그러면 '마이산'과 '고원' 중 진안을 대표할 수 있는 것은 무엇일까 생각해 보았으면 한다. 마이산 이미지는 진안을 상징하는, 진안에서 가장 알려진 것 중 하나이다. 진안은 몰라도 마이산은 안다. 누군가 어디서 왔느냐고 물을 때, 진안에서 왔다고 하면 갸우뚱거린다. 그러다가 '마이산이 있는 진안'에서 왔다고 하면 그때서야 고개를 끄덕인다. 그런 반면 '고원'이란 이미지는 마이산에 비하여 상대적으로 약하다. 진안은 해발 300m 정도 된다. 해발고도가 바로 인근 군보다 낮다. 해피 700m 평창, 우리나라 지붕이라는 개마고원은 2,000m나 된다. '진안고원' 이미지가 쓰이게 된 계기는 교과서에서 '호남의 지붕 진안고원'이란 용어가 사용되었기 때문이다. 여기에서 언급된 '진안고원'은 실은 우리 진안 지역을 한정해서 부르는 용어는 아니다. 사전에 의하면 진안고원은 "소백산맥과 노령산맥 사이에 형성된 고원. 전라북도에 있으나 충청남도와 전라남도 일부에도 걸쳐 있다. 고도는 500미터이다." 그러니까 무진장에 걸쳐 있는 고원을 진안으로 명명한 것이다. 물론 이런 점을 굳이 따질 필요 없이 우리 지역에 활용하면 된다. 그래서 '진안고원'의 이미지를 활용하자는 의견도 상당수 된다. 특히 지역 특산물에 '진안고원'을 대입해 보면 이미지가 좋다. '진안고원 김치', '진안고원 홍삼', '진안고원 고구마', '진안고원 수박', '진안고원 유과' 등이 그것이다. 그런데 문제는 '마이산'과 중복되어 타 지역에서 혼란스러울 수 있다. 가령 '마이산 김치', '마이산 고구마', '마이산 유과' 등은 이미 알려진 상표이다.

그래서 '진안 마이산 축제'와 '진안고원 축제', '진안 홍삼 축제' 등 다양한 축제 명칭을 놓고 토론의 장이 마련되었으면 한다. 축제 명칭뿐만 아니라, 시기, 다양한 프로그램 등도 함께 논의되었으면 한다. 필자는 축제 시기에 있어, '진안 마이산 축제'는 5월 중순 무렵이 최적일 것으로 언급했다. 파종이 끝난 후 계절적으로 가족 나들이하기에 좋은 시기로 축제 기간을 설정하면 좋을 듯싶다. 기존에 진행된 축제 시기가 9월 말에서 10월 초가 대부분인데, 이때는 추수철이며 우리나라 대부분의 축제가 이때쯤 개최된다는 점은 누구나 인지하는 사실이 아닌가?

또한 축제 참여 대상과 프로그램 개발에 관해서도 언급했다. 축제 참여자는 가족 단위가 가장 이상적이다. 자녀가 참여하게 되면 자연스럽게 부모가 동행할 수밖에 없기 때문이다. 문제는 프로그램이다. 자녀들이 체험할 수 있는 프로그램 중심으로 개발되어야 할 것이다. 그리고 지역의 특성을 살린 생태 등을 주제로 한 프로그램 개발도 필요하다. 축제의 성패는 참여와 프로그램에 있기 때문에 이 점은 대단히 중요하다. 축제란 아무리 좋은 명칭, 적절한 시기, 좋은 프로그램이 있다고 하더라도 축제를 이끄는 구성원 간 협력과 신뢰 없이는 불가능하다. 제대로 된 축제를 만들기 위해 지역민이 중심이 되어 가칭 '축제 발전 위원회'를 조직하여 끝장 토론을 준비하였으면 한다.

진안, 가슴으로 담다

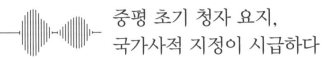

중평 초기 청자 요지, 국가사적 지정이 시급하다

　최근 성수면 중평마을에서 고려 초기에 만들어진 것으로 추정되는 청자가 발견되어 학계에 비상한 관심을 모으고 있다. 우리 지역에서 확인된 청자 도요지는 5군데에 이른다. 성수면 도통리 중평 2군데 도요지, 성수면 외궁리 점촌 도요지, 용담면 송풍면 방화 도요지, 백운면 반송리 두원 도요지가 그것이다. 우리 지역 청자 도요지는 10세기 후반~14세기 말에 이르기까지 나타나는데, 특히 중평 청자 도요지는 그보다 앞선 후백제시대의 청자 도요지로 추정하기도 한다.

　그동안 우리 지역에서 도자 문화에 대하여 무관심했던 것이 사실이다. 그러나 우리 지역에는 100여 개소의 도요지가 있다고 일찍이 학계에 보고되었다. 초기 청자뿐만 아니라 분청사기, 백자, 옹기 등 전 시대에 걸쳐 도자 문화를 꽃피웠던 지역으로 알려져 있다. 이는 우리 지역이 풍부한 고령토 산지라는 점과 역사 시대 이래 교통의 중심지라는 지리적인 요인 때문이라고 분석하고 있다.

중평마을은 역사적으로 매우 중요한 의미가 있는 지역이다. 신라 시대 월랑현의 터라고 전해지며, 마을 주변에 수령 가마를 보관한 관함청 자리, 옥터, 향교 터 등 지명이 그것을 말해 준다. 그리고 고려시대 구슬과 같은 보석류를 생산했던 강주소(剛朱所)의 치소였는데 이는 청자 생산과 관련이 있는 것으로 추정되고 있다. 뿐만 아니라 중평마을에는 19세기 후반에서 20세기에 이르기까지 다양한 종류의 계가 조직되어 운영되었다. 즉, 동계와 송계는 마을의 질서 유지와 주민들 사이의 상부상조, 그리고 생활에 필요한 연료용 땔감과 퇴비 재료를 확보하기 위하여 조직되었다. 그리고 장학계와 흥학계는 마을의 아동들이 교육을 받을 수 있도록 재정적인 지원을 해 주기 위한 목적에서 조직되었다. 이것은 마을이 하나의 공동체 조직으로서 어떻게 운영되었는가를 연구하는 데 중요한 시사점을 주는 자료이기도 하다. 이뿐만이 아니다. 전라좌도 농악을 대표하는 중평굿의 발생지이다. 고인이 된 김봉열에 의하여 중평굿이 뿌리를 내리고 그 전통이 오늘날에도 계승되고 있다. 현재 전라좌도 진안 중평굿 보존회의 상쇠 이승철을 비롯하여 보존 회장 한종철과 성태일 등이 생명처럼 이어 가고 있는 곳이 중평마을이다.

중평마을의 역사적 의미 중 서두에 언급한 초기 청자 요지가 요즘 새롭게 조명을 받고 있다. 윤성준의 《진안 지역 청자 요지의 연구》에서 우리 지역은 동서 교통로와 남북 교통로가 발달한 지역으로 왕건의 고려 통일 과정에서 중요한 전략적 요충지 역할을 했을 것으로 추정하고 있다. 고려 시대 청자 제작이 국가 수취 체제하에 진행되었던 것을 감안하면 우리 지역은 거리적 측면에서 볼 때 중앙 정부의 통제력이 미치기 힘들었을 것으로 판단하여 우리 지역의 청자 생산은 서남 해안 일대의 호족 세력의 영향하에서 시작되었을 것으로 파악하고 있다. 당시 성수면 일대의 청자는 10세기 후반에서 12세기 전반까지 운영된 것으로 파악하고 있다. 그리고 우리 지역 청자 소비 계층은 서남 해안 일대의 호족 세력이나 중앙 정부의 영향력을 받는 지방 토착 세력으로 지역 내에서 대부분 소비되고 일부는 섬진강과 금강의 수계를 따라 임실, 남원, 무주, 장수 등지로 이동했을 것으로 분석했다. 한발 더 나아가 곽장근은 《고고학으로 이해하는 진안군》에서 우리 지역 도통리 초기 청자를 중국 오월월주요의 선진 기술 전파로 후백제 때 제작된 것으로 추정하고 있다. 그리고 우리나라에서 초기 청자가 최초로 생산하기 시작한 곳이 우리 지역 도통리 초기 청자 요지라고 주장하고 있다. 이러한 사실이 밝혀지면 우리 지역 도자 문화의 역사적 의의는 새 전기를 맞이하게 될 것이다.

이에 제대로 된 발굴이 조속히 요구된다. 현재 우리나라 초기 청자 요지는 역사성을 인정받아 대부분이 국가사적으로 지정 관리되고 있다. 제대로 된 발굴과 함께 역사적 의미를 파악하기 위해서는 국가사적 지정이 시급하다. 이는 우리 지역 초기 청자 요지를 새롭게 조명하는 계기가 될 뿐만 아니라 우리나라 도자 문화의 위상을 재확립하는 기회가 될 것이라 생각한다.

* 진안 성수면 도통리 중평마을 청자요지는 2019년 9월 2일에 국가지정문화재 사적 제551호로 지정·고시되었다.

진안 전통 마을
발굴 작업이 필요하다

지난달 주말에 전주 시내버스 119번 노선을 탔다. 시내버스 119번은 전주에서 잘 알려진 노선으로 전주대와 삼천동 농협 공판장을 순환 운행한다. 특히 전주역에서 타면 전주한옥마을을 지나가는 버스이다. 시내버스 안은 많은 승객으로 붐비었고 시종 웃음 지으며 대화를 나누는 가족을 보게 되었다. 함께 앉게 되었는데 어디에서 왔느냐고 물었다. 인천에 사는데 서울 영등포역에서 KTX를 타고 내려왔다고 했다. 버스 안에서 지나치게 된 모래내 시장을 소개해 주었다. 그리고 풍년제과, 전동성당, 풍남문, 한옥마을 등을 이야기해 주었다. 저녁 무렵이었는데, 오늘 행선지가 어디냐고 물었다. 그분들은 삼천동 막걸리집이라 했다. 전주 막걸리집이 대외적으로 얼마나 잘 알려졌는지 실감하는 순간이었다. 먹거리가 관광 산업에 중요하다고 아무리 강조해도 부족함이 없다는 점도 느끼게 해 주었다. 남부 시장을 지날 즈음에는 주말 밤에 야시장이 열린다는 이야기를 해 주고 필자는 버스에서 내렸다. 그분들은 한옥마을에서 멀지 않은 곳에 숙소를 정했다고 하며 다음 날 일정은 한옥마을로 잡았다고 했다. 전주의 브랜드가 된 한옥마을, 무엇이 사람을 몰려오게 했을까? 전통적인 공간에 역사적 유적들이 주변에 산재하고 전주의 비빔밥, 막걸리, 풍년제과, 초코파이 등 큰 역할을 하고 있다는 생각을 했다.

 몇 년 전에 중국 윈난성에 공정 여행을 다녀온 적이 있다. 주로 그곳 소수 민족의 생활상을 보고 왔는데 공정 여행을 기획한 최정규 작가는 가는 곳마다 재래시장을 보여 주었다. 그야말로 우리나라 60~70년대를 연상하게 하는 시골 장터에서 먹거리를 즐기고 특산품을 구입했다. 놀라운 것은 윈난성에는 전주한옥마을 몇 배에 이르는 전통 고을(마을)이 수없이 산재해 있다는 것이었다. 그중 가장 대표적인 곳이 리장고성(丽江古城)이다. 리장고성은 구도심 전체가 1997년 유네스코 세계문화유산으로 지정된 중국의 대표적인 역사 문화 도시다. 리장고성은 소수 민족인 나시족에 의하여 건설되었다. 리장고성의 중심지인 스팡제는 조그만 광장인데, 이곳에서 많은 도로가 시작되고 끝난다. 이곳은 축제와 교역이 이루어지는 곳이며 특히 나시족 전통 춤 공연이 펼쳐지는 곳이기도 하다. 세 개의 물줄기가 시작되는 지점에 커다란 물레방아가 리장고성의 상징처럼 세워져 있다. 제법 커다란 개울이 리장고성을 굽이도는데 이는 가까이에 헤이룽탄이란 커다란 샘이 있기 때문이다. 맑은 물줄기를 따라 상가와 숙박 시설이 형성되어 있다. 천년을 넘게 유지되어 온 수로와 거리의 돌판은 리장고성에 생명력을 불어넣는 느낌이었다. 리장고성의 진면목을 볼 수 있는 곳은 만고루인데 흡사 전주 오목대에서 한옥마을 전경을 보는 듯하다. 셀 수 없이 많은 먹거리와 특산품 상점을 찾는 사람들로 서로 부딪치는 상황을 마주하기 십상이다. 특히 리장고성을 역사 문화 도시로 인정하는 이유는 최근에 인위적으로 조성한 것이 아니고 리장고성을 건설한 나시족이 살아온 생활 모습 그대로가 오늘날까지 남아 있기 때문이다. 이 점은 전주한옥마을과 가장 큰 차이점이다. 리장의 쑤허마을도 아름답기로 손꼽히는 곳이다. 이곳에는 800년 된 돌다리가 조성되어 있고 수로가 마을을 관통하는데, 역시 마을 뒷산에 오르면 한옥마을 같은 전경을 볼 수가 있다.

전주한옥마을이나 리장고성, 쑤허 마을이 너무 부럽다. 1년에 500만 명이 넘는 많은 사람들이 찾아오는 곳이기에 그렇다. 무엇보다도 옛 전통이 잘 유지되어 왔기 때문에 더욱 부럽다. 진안도 전통문화가 잘 보존된 마을이 없으란 법은 없다. 우선 생각되는 마을이 마령면 원강정마을이다. 원강정마을은 일찍이 2001년에 문화관광부·한국 향토사 연구 전국 협의회에서 《진안의 8명당, 원강정마을》이란 책자가 발간되어 전국적으로 알려진 곳이다. 원강정마을에 닿으면 시간이 멈춰 선, 과거에 온 듯한 느낌을 받는다. 마을 주변에 수많은 역사 문화 유적, 풍수 사상, 민속 신앙, 구전 설화 등이 고스란히 담겨 있기 때문이다. 진안 은천마을, 원연장마을, 원반월마을, 정천 하초마을도 여기에 포함할 만하다. 풍수를 중심으로 마이산과 주변에 조성된 마을을 연계하는 전통 마을 벨트화도 한 번쯤 구상해 볼 만한 사업이라 생각된다. 진안 전체 마을의 자원을 제대로 파악하여 전통이 잘 남아 있는 곳을 벨트화해 자연사박물관화한다면 지나친 욕심이 될까?

진안 팔경(八景) 재지정, 필요하다

　　팔경(八景)은 우리나라뿐만 아니라 중국, 일본에서 볼 수 있는 동아시아 특유의 경관 인식 및 경관 감상 방법이다. 예로부터 대한 팔경, 전주 팔경, 진안 팔경, 백운 팔경, 좌포 팔경과 같이 공간적 규모와 관계없이 지역의 빼어난 경관이나 특이한 풍속 등을 팔경에 선정해 왔다. 팔경이란 말은 11세기 북송 때 화가 송적이 그린 소상팔경도(瀟湘八景圖)에서 비롯되었다고 한다. 소상(瀟湘)은 중국 호남성 동정호의 남쪽 영릉 부근에서 소수(瀟水)와 상수(湘水)를 의미하며, 이곳의 아름다운 경치 여덟 장면을 소상팔경이라 하였다. 소상팔경은 낯설지 않은 풍경인데, 평사낙안(平沙落雁), 원포귀범(遠浦歸帆), 산시청람(山市晴嵐), 강천모설(江天暮雪), 동정추월(洞庭秋月), 소상야우(瀟湘夜雨), 연사만종(煙寺晚鐘), 어촌석조(漁村夕照) 등이 그것이다. 여기에서 진안팔경과 용담팔경을 감상해보자. 진안팔경은 진안읍 내의 팔경을 읊은 사언절구(四言絕句)로 《진안지》(1959)에 실려 있다. 작자는 미상이다. 마이귀운(馬耳歸雲 : 마이산에

감도는 구름), 강령목적(羌嶺牧笛 : 강령 목동들의 피리 소리), 부귀낙조(富貴落照 : 부귀산의 저녁노을), 고림모종(古林暮鐘 : 고림사의 저녁 종소리), 학천어정(鶴川漁艇 : 학천의 고기잡이배), 우제세우(牛蹄細雨 : 우제들에 가랑비 내리는 풍경), 남루효각(南樓曉角 : 남루의 새벽 고동 소리), 우화제월(羽化齊月 : 우화산에 둥실 솟은 밝은 달) 등이다. 용담팔경은 옛 용담현 내의 팔경을 읊은 사언절구(四言絕句)로 지금의 동향면에 살던 선비 성은명(成殷命)이 지었다고 한다. 태고정에 용담 팔경을 새긴 현판이 걸려 있다. 용강추월(龍崗秋月 : 용강산에 걸린 가을 달), 태고청풍(太古淸風 : 태고정에 부는 시원한 바람), 응봉락조(鷹峰落照 : 응봉에 깃드는 저녁노을), 송림수학(松林垂鶴 : 송림에 드리운 학의 정취), 소요낙안(逍遙落雁 : 소요대에 날아드는 기러기 떼), 옥천모종(玉泉暮鐘 : 옥천암의 저녁 종소리), 삼천서원(三川書院 : 삼천 서원의 풍광), 성남귀범(城南歸帆 : 성남 마을로 돌아오는 돛단배) 등이다. 쉽게 소상팔경과 유사성을 발견할 수 있을 것이다. 이는 우리나라의 팔경 문화가 중국에서 유래한 것임을 쉽게 짐작할 수 있다. 이렇게 도입된 팔경 문화는 우리나라에 정착되면서 지방으로 확대되었다. 즉, 중앙 정부로부터 도, 군, 현 등으로 확산된 것이다. 그래서 오늘날 면 단위, 마을 단위에도 팔경이 전한다. 우리 지역 백운팔경과 좌포팔경이 그러한 예이다. 백운팔경은 선각영봉(仙閣靈峰), 덕태낙조(德泰落照), 내산폭포(萊山瀑布), 용추기폭(龍楸奇瀑), 오만동천(五萬洞天), 상백복암(上白卜岩), 조령청풍(鳥嶺淸風), 운교용호(雲橋龍虎) 등이다. 좌포팔경(佐浦八景)은 봉대명월(鳳臺明月), 난산단풍(卵山丹楓), 덕봉귀운(德峰歸雲), 봉추유범(烽楸遊帆), 인산모설(麟山暮雪), 주연어화(舟淵漁火), 용암폭포(龍巖瀑布), 귀영낙조(龜

嶺落照) 등이 있다.

팔경은 처음에 그림 형태로 만들어졌고 여기에 팔경에 관한 감상을 읊은 시의 형태로 발전되었다. 소상팔경의 명칭 작법은 지명과 경관을 각각 두 글자씩 조합하여 모두 넉 자가 되도록 하는 것이다. 예를 들어 동정추월(洞庭秋月)은 동정호라는 장소와 가을 달밤이라는 부제가 절묘한 구도로 연출되는 하나의 장면을 포착한 것이다. 풍경 주제는 절, 마을, 강, 어촌, 호수 등 극히 평범하고 어디서나 볼 수 있는 것이지만, 이들이 바람, 소리, 비, 눈, 해, 달 등의 부제와 적절히 조화를 이루는 순간을 포착하여 언어의 틀 속에 고정화시킨 것이다.

12경, 10경, 9경(곡)같이 팔경이 아닌 형태로 경관을 선정하는 지역도 있으나 팔경이 가장 일반적인 경관 인식 체계였다. 그리고 팔경이란 의미는 여덟 곳의 경관이라는 의미보다는 그 지역을 대표하는 경관이라는 의미가 담겨 있다고 볼 수 있다.

지방 자치제가 시작되면서 여러 지역에서 새롭게 팔경을 지정하여 관광 자원으로 활용하고 있다. 우리 지역에서 오늘날 새로운 팔경으로 지정된 곳은 마이산, 용담호, 운일암반일암, 운장산, 구봉산, 마이산 석탑군, 백운동 계곡, 운장산 자연 휴양림 등이다. 지자체에서 지역민의 의견을 수렴하여 팔경을 정했을 것이나, 진안 팔경으로 미흡한 점이 있다고 생각한다. 팔경이 지나치게 몇몇 장소에 치우쳐 있고, 중복된 점이다. 그래서 선뜻 진안팔경으로 받아들여지지 않고 있다. 새롭게 군민의 의견을 수렴하여 재지정을 하였으면 한다. 그러면서 진안 팔경을 바탕으로 하는 다양한 문화 행사를 기획해도 좋을 듯하다.

제향(祭享)과 전통문화

오래전 EBS 방송에 출연한 적이 있다. 어쩌다가 출연하는 방송은 매우 부담스러운 일이었지만 교육 방송이란 취지 때문에 촬영에 응했다. '우리 마을 이야기', '마을 지도 그리기', '민속 생활용품을 이용한 수업', '신나는 탁본해 보기' 등을 하면서 지역을 잘 알면 애향심을 키울 수 있다는 이야기를 해 보고 싶었기 때문이었다. 당시 찾았던 곳이 마령면 월운마을에 위치한 구산서원이었다. PD와 함께 군내 버스를 타고 구산서원을 찾았던 기억이 지금도 선명하다. 진안향교도 진안여중 학생들과 함께 촬영했는데 그때 당시 뵈었던 분들과의 인연은 지금도 이어지고 있다. 송상완, 송정엽 어른들이다.

재작년 마령고등학교로 발령받아 오면서 마령에 거처를 구하게 되었는데, 그곳이 원강정마을 오현사였다. 마을분의 배려로 묵게 된 오현사에서 제향을 보게 되었는데, 문득 제향에 대해 깊이 있게 알아야 하는 것이 마치 의무처럼 다가왔다. 그러던 중 작년에는 여유를 갖고 과거 진안현에 위치한 사당의 제향을 찾아볼 수 있는 기회를 가졌다. 영계서원, 영산사, 충절사, 오현사, 구산서원, 충효사, 용계사, 내산사, 이산묘 등 제향에 참석했다.

제향에 참석하면서 생각한 것은 유림들이 토로하는 내용과 별반 다르지 않았다. 몇몇 분만이 제대로 된 제 절차를 알기 때문에 머지않아 제향 지내기가 쉽지 않을 거란 걱정이었다. 참석한 어떤 유림은 홀기(笏記)가 어렵다며 쉽게 풀이했으면 좋겠다는 의견을 내놓기도 했다. 그래서 제향을 진행할 때 한자음 다음 쉽게 풀이하는 방식으로 제를 지내면 좋겠다고 이야기를 한다. 사실 이미 그 방식으로 제향을 모시는 곳이 있으나 대부분 사당에서는 그렇지 못한 상황이다. 홀기를 쉽게 풀어 제향을 모시는 작업이 필요하다. 제향을 모실 때 홀기의 의미를 인식하지 못하여 우왕좌왕하는 상황이 나타나는데, 이런 점이 쉽게 해결돼야 할 것 같다. 지역 내 사당 홀기를 쉽게 풀이하여 누구나 참여해서 쉽게 제의 절차를 알고 의미를 알게 하는 작업이 필요하다는 생각이다.

그리고 제향을 계승하기 위해서는 청년들이 참여할 수 있도록 제관으로 배정하는 배려가 필요할 것 같다. 청년들이 제향에 참여하여 절차부터 알고 의미를 되새기고 유림의 뜻을 받든다면 이보다 더 큰 의미는 없을 거라 생각한다. 처음부터 참여가 쉽지는 않겠지만 청년들이 제관으로 역할을 하게 되면 전통이 끊길 거란 유림들의 염려는 기우(杞憂)에 그칠 것이다. 사당의 제향 참관은 교육적 효과가 클 것이다. 제향을 모실 때 지역의 학생들이 참여하게 하고 유림이 제향의 의미와 사당에 모신 분에 대하여 설명해 준다면 이보다 더 좋은 향토사 교육은 없을 것이라고 생각한다. 그래서 지역의 모든 사당에 관한 안내 팸플릿 제작도 교육적으로 반드시 필요하다.

올해도 몇 군데 사당 제향에 참석했다. 사당마다 사람들이 정성을 다해 제향을 진행했다. 그런데 가장 아쉬운 것은 제향에 참석하는 분들이 점차 줄어들고 있다는 것이었다. 그러나 제향에 참석한 분들은 한결같이 마음을 다해 함께한다는 것이 느껴지자 위안이 되었다. 앞으로도 사당 제향에 참여하면서 뵙게 될 유림 어르신이 기다려진다.

올해 3월 11일(토) 영계서원의 초헌관은 송상완, 아헌관 정곤영, 종헌관 정한기, 영산사는 초헌관 정태수, 아헌관 최경선, 종헌관 이동준 등이 맡았다. 13일(월) 오현사는 초헌관 김문석, 아헌관 신해범, 종헌관 김희만 등이 맡았다. 15일(수) 구산서원은 초헌관 김광술, 아헌관 최경호, 종헌관 이문선 등이 맡았다. 17일(금) 충절사는 초헌관 송상완, 아헌관 신재일, 종헌관 정윤주 등이 맡았다.

진안문화원

우리 지역에서 역사, 문화 자료를 찾으려면 어떻게 해야 할까? 진안문화원으로 가면 된다. 진안문화원은 우리나라 문화원 가운데서 그 역사는 짧지만 지역 문화를 일구는 핵심적이고도 중요한 역할을 해 왔다. 진안문화원은 1991년에 지역 문화에 관심을 가진 일군(一群)에 의하여 출범하였다. 현재는 회원이 250여 명에 이르며 지역 문화에 대한 자부심을 가지고 활동 중이다.

진안문화원의 연륜을 느끼게 하는 책은 1991년 출범과 함께 매년 출판되는 《진안문화》다. 《진안문화》는 올해 23호째를 맞는다. 그동안 《진안문화》에는 우리 지역의 역사, 지리, 민속 문화는 물론이고 구전 설화, 지명, 풍수에 이르기까지 100여 편에 이르는 논문이 실려 있다. 마이산에 관련된 내용에서부터 천지탑, 정여립과 죽도, 진안 풍물굿, 금척무, 김삼의당, 천주교 교우촌, 도요지, 전영표 가옥, 수선루, 영모정, 중평마을 계 조직, 남학, 매사냥, 탑 신앙, 거북 신앙, 지명, 마을 숲에 이르기까지 제목 그대로 《진안문화》를 탐구하는데, 필수적으로 찾아보아야 할 책자이다. 2013년에 펴낸 《진안문화》 22호에 창간호부터 21호까지 목차가 게재되어 있다. 《진안문화》에 실린 논문을 주제별 즉, 진안의 역사, 지명, 풍수, 민속, 마을 숲 등으로 묶으면 우리 지역 연구자에게 많은 도움이 될 뿐만 아니라 우리 지역민에게 지역을 새롭게 인식할 수 있는 자료가 되리라 생각된다.

진안은 용담댐 건설이라는 슬픈 수몰민의 역사를 가진 지역이다. 영원히 사라질 수몰 지역 역사를 온전히 전형무 선생님이 남겼다. 이제는 역사가 되어 수몰민의 위안이 되어 주고 있다. 정리한 도서는 《그리운 고향 산천》이란 이름의 용담 지역 문화 총서이다. 《유·불 문화가 조화 이룬 정천, 그리운 고향 산천》, 《들, 산, 강이 어우러진 상전 그리운 고향 산천》, 《효·열의 고장 안천, 그리운 고향 산천》, 《고을 이름 그대로 된 용담, 그리운 고향 산천》 등 4권이 전형무 선생님 유작으로 정리되었다. 이외에도 《명당으로서의 마을 터 결록, 나의 살던 고향은》, 용담향교, 삼천서원, 태고정 등을 정리한 《역사의 향기, 그리운 고향 산천》도 함께 빛을 보게 되었다. 오늘에 이르러 전형무 선생 같은 안목과 향토애가 새삼 그리워진다.

문화원은 향토사 사료 발굴 및 번역 작업도 꾸준히 진행해 왔다. 《호남 창의록》, 《대한이산묘지》, 《진안지》, 《담락당 시집》, 《수당 정종엽 유고집》, 《진안 향교지》, 《용담 향교지》 등이 그것이다. 그리고 민속 문화 작업도 활발하게 진행되었다. 《진안의 마을 신앙》, 《진안의 마을 유래》, 《진안의 마을 숲》, 《진안 지방의 탑 신앙》, 《진안 지방의 구

전설화집》,《좌도굿 뜬쇠가락》,《진안의 노거수》 등이 편찬되었다.

문화원은 지역 문화 대중화를 위하여 알기 쉽게 지역 문화 유적을 설명한 《진안의 역사 쉽게 알기》,《간추린 진안군 향토사》, 만화로 편찬한 《보고 배우는 진안의 문화유산》,《진안군 향토문화 해설사》,《진안군 정맥길 답사기》 등을 편찬하였다. 뿐만 아니라 《진안 역사 바로 알기》, 골든벨, 지역 문화답사도 진행하여 지역의 역사를 통하여 올바른 역사관을 심어 주는 작업을 꾸준히 해 오고 있다.

여기에 그치지 않고 《진안의 금석문》,《마이산 학술 연구》,《죽도 지역 정여립 사적지 사료 조사》,《마이산》,《진안의 지명》,《진안군의 산하》,《진안군 마을지》,《전북 진안 지역 근현대 민족운동사》,《안천면지》,《주천면지》와 역사를 입체적으로 살필 수 있는 우리 지역 고지도를 종합화한 《진안군 역사문화지리부도》 등도 편찬되었다.

벌써 편찬된 지 10년이 넘은 《진안군향토문화백과사전》은 진안문화원이 편찬한 책 중 가장 압권이다. 군 단위 문화원에서 백과사전식으로 편찬한 유일무이한 작업이라고 말할 수 있다. 《진안군향토문화백과사전》은 진안군의 개관을 비롯하여 정치, 경제, 교육, 민속신앙 등 전 분야를 망라해 편찬되었으며 입체적으로 지역을 파악할 수 있도록 지도 작업도 충실히 되었다. 그렇게 지역의 역사와 문화를 종합한 《진안군향토문화백과사전》도 많은 오류와 그동안의 연구 성과를 새롭게 집대성할 시기를 맞이하고 있다. 오늘 진안문화원에 책을 찾기 위하여 많은 사람들로 분주했으면 좋겠다. 진안문화원의 연락처는 063)433-1674이다.

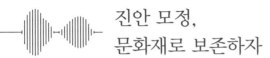

진안 모정,
문화재로 보존하자

제7회 진안군 마을 축제는 '모정에서 피어나는 마을 이야기'를 주제로 진행되었다. 마을 축제 기획 사업으로 이루어진 모정 순례단에 참여하여 우리 지역 모정을 찾아볼 수 있는 기회를 가졌다.

모정(茅亭)은 초가로 꾸민 소박한 정자로 마을 사람들의 휴식이나 마을 일을 논의하기 위하여 마을 사람들에 의해 세워진 마을 건물이다. 모정은 마을에서 가장 중요한 공간에 위치한다. 모정이 마을 중심에 위치하기 때문에 중요한 것만은 아니다. 모정은 마을 사람이 모여 있고 마을 대소사를 논의할 수 있는 아고라(Agora) 같은 곳이기 때문이다. 말하자면 모정은 사람을 보듬고 사람답게 살 수 있는 방안을 찾을 수 있는 공간이기 때문이다.

모정은 마을 공동체 산물이다. 모정을 짓는 일은 마을 사람들의 단합이 이루어지지 않으면 쉽지 않은 일이다. 마을 사람 중 누군가의 건의로 시작된 모정 짓는 일은 일단 마을 사람들의 논의 구조를 거치면서 시작되었을 것이다. 모정을 어디에 지을 것인가부터 어떤 나무를 가지고 어떤 크기로 지을 것인가가 먼저 논의되었을 것이다. 집 한 채를 짓는데 아무런 계획 없이 진행될 리 없다. 이후 역할 부담이 논의되었을 것이다. 역할이 결정된 이후 일은 일사천리로 진행되었을 것이다. 마을마다 계셨을 대목수의 지휘 아래 주춧돌이 놓이고 기둥에 쓰일 적당한 나무를 베어다 이를 다듬어 세운다. 드디어 상량식을 하는 날엔 한학을 하신 마을의 훈장 선생님이 일필휘지로 상량문을 써 내려간다. 《서경(書經)》에 나오는 '응천상지삼광(應天上之三光) 비인간지오복(備人間之五福)'이라 하여 하늘에서는 삼광 즉, 해·달·별이 조화롭게 잘 호응하고, 이 집에 오가는 사람에게는 오복을 누리게 해 달라는 마을 사람들의 소망을 담는다. 그리고 모정이 완성되던 날 백운면 윤기마을에서는 '바람을 쐬다'란 시적인 현판 '풍욕정(風浴亭)'을 걸고 한바탕 놀았을 것이다. 풍물 소리가 어우러지는 가운데 마을 사람들은 얼큰하게 취해 세상을 다 가진 듯한 마음으로 새로운 쉼터를 얻은 기쁨을 다 함께 나누었을 것이다.

우리 지역 모정 상당수는 풍수적으로 중요한 위치에 지어졌다. 즉, 풍수상으로 좌청룡이나 우백호 맥에 자리한다. 그곳에는 대체적으로 커다란 당산나무가 있거나 범상치 않은 바위가 있어 경관이 아주 빼어나다.

우리 지역에 현존하는 모정은 200여 개에 이른다. 모정은 세월의 흐름 속에 많은 변화를 겪었다. 일제 강점기 무렵에서 60년대 무렵에 세워진 모정은 말 그대로 짚으로 엮어 지붕을 올린 모습이었다. 새마을운동 무렵에는 석면이나 양철 슬레이트로 변모되었다. 마을에서 제대로 보존된 모정은 100년 가까운 역사에도 끄떡없이 오늘날에도 여전히 마을 사람과 마을을 찾는 사람의 쉼터가 되고 있다. 무너져 방치된 모정이 있는 마을에 새롭게 현대적 모정이 세워지는 것을 쉽게 볼 수 있다. 그러나 마을 경관과 어울리지 않는 기와를 올린 정자식 모정은 정감이 가지 않는다.

우리 지역 모정은 오랜 역사를 자랑한다. 백운면 원반 마을 개안정은 1896년, 성수면 장성마을 모정은 1924년, 백운면 윤기마을 풍욕정은 1926년에 지어졌다. 100년 가까이 마을 사람과 함께한 개안정, 풍욕정, 장성 모정은 마을 사람들의 소중한 쉼터로써 역할을 다하고 있다.

이제 우리 지역 모정을 문화재로 지정해 보존에 노력을 기울여야 할 때가 된 것 같다. 요사이 낡은 모정을 대신해서 새로운 모정이 세워지고 있다. 마을 사람 입장에서는 기존의 낡고 무너질 것 같은 모정을 새롭게 짓기를 원한다. 새롭게 모정이 세워지기로 결정되는 순간 100년 가까이 마을 사람과 함께한 모정이 사라질지 모른다. 진안의 모정을 찾으면서 이런 일이 현실로 되기 전에 서둘러서 문화재로 지정, 보존하였으면 하는 생각이 들었다.

진안, 가슴으로 담다

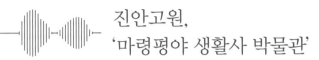

진안고원,
'마령평야 생활사 박물관'

농촌 문화 발전소를 자처하는 박물관이 마령에 있다. 진안고원, 마령평야 생활사 박물관이 그것이다. 마령평야 생활사 박물관에 수식어로 진안고원을 덧붙였다. 이는 마령 지역의 의미를 특화시키기 위한 명칭인 것으로 생각된다.

요사이 진안 곳곳에 '진안고원'이란 명칭이 많이 사용되고 있다. '북에는 개마고원, 남에는 진안고원', '진안고원 시장', '진안고원길', '진안고원 수박', '진안고원 배추', 최근 출하되기 시작한 '진안고원 마이산 고추' 등 다양한 명칭 앞에 '진안고원'이란 수식어를 붙이고 있다.

심지어 군수 명함에도 '진안고원 군수 ○○○'라고 적혀 있다. '진안고원'이라는 이미지를 활용하여 농작물 판매를 극대화시키겠다는 의도인 듯하다. 농·축산물과 관련하여 '고원'이라는 이미지는 매우 신선하며 소비자에게 호감을 주기에 충분하다. 그래서 적극 활용하는 방안을 강구할 뿐만 아니라 극대화할 필요가 있다. 그렇다고 하여 '진안고원'을 지나치게 과장하여 홍보할 필요는 없을 것 같다. 한반도에는 2,000m가 넘는 개마고원이 있고, 이에 비해 진안고원은 300~500m정도에 불과하다. 강원도 평창은 해피(Happy) 700m라 홍보하고 있다. 실제에 기초하여 '호남의 지붕 진안고원'이어도 충분하지 않겠는가?

'마령평야'는 진안 지역에서 꽤 넓은 평야를 가지고 있어 붙여진 명칭이다. 물론 지평선이 보이는 김제 만경평야와는 다르지만 산악 지대에 있는 평야치고는 비교적 넓은 뜰이다. 마령이란 지명에도 그런 의미가 담겨 있다. 마령은 삼한 시대 이후 백제 때는 마진(馬珍), 마돌(馬突), 마등량(馬等良)이라 불렸다. 이는 이두식 표현이므로 한자 그대로 해석은 무의미하다. 마령의 여러 명칭을 종합적으로 해석하여 '정치 세력의 중심이 되는 고을' 정도로 이해하고 있다. 그래서 현재 마령에 삼한 시대 소국이 있었을 것이라고 추측하고 있다. 이는 농경 사회에서 마령에 속한 널따란 뜰을 놓고 보면 충분히 가능성이 있겠다는 생각이다. 현재도 마령면은 어느 면보다도 벼농사 재배가 많이 이루어진다. 그래서 과거 마돌현 소재지인 평지리(平地里) 원평지(元平地) 마을 이름도 평야를 의미하고 있다. 그래서인지 원평지 마을에서는 들노래가 전승될 정도이다.

마령평야 생활사 박물관은 작년 3월에 개관하였다. 방치된 마령 복지회관을 리모델링하여 마령면 역사박물관을 만든 셈이다. '진안고원, 마령평야, 섬진강 최상류의 자연 자원, 농촌 원형이 잘 보존된 마을 문화 자원을 연계해 새로운 에너지를 공급하는 문화 발전소(복합문화 공간)로 조성하고, 천혜의 자연 자원과 잘 보존된 문화 자원을 통해 주민들의 문화 복지 향상'을 목적으로 문을 열었다. 생활사 박물관에 방문하게 되면

진안, 가슴으로 담다

마령면 마을 역사를 제대로 알 수 있다. 마을이나 유적의 이해를 돕기 위하여 그림과 삽화를 덧붙였다. 추억이 담긴 자전거, 재봉틀, 타자기 등과 지게, 바가지 등 옛 생활 도구도 함께 전시해 놓았다. 진안고원 마령평야라는 책자와 지도를 덤으로 얻을 수 있는데, 마령을 '마이산과 섬진강의 아름다움이 있는 곳! 진안고원의 넓은 평야가 있는 곳! 진안고원 마령평야와 마이산 스토리가 담겨 있는 곳! 선사 시대부터 살아온 사람들의 숨결을 느낄 수 있는 곳!'이라 표현하고 있다.

진안고원 마령평야 책자에는 합미산성(合米山城) 길, 덕천 인삼 길, 내동산 길, 산악자전거 길, 섬진강 길, 신앙골 길 등 권역별로 지역을 알차게 소개하고 있다. 지역을 어떻게 하면 제대로 알릴 수 있을 것인지 고민한 흔적이 배어 있는 책자여서 마음에 와닿는다.

박물관에 방문하면 지역 아주머니가 반갑게 맞이해 준다. 아주머니로부터 마령에 대한 이야기를 들을 수 있으니, 이 또한 덤이다. 시간 내어 진안고원 마령평야 생활사 박물관에 다녀오는 것도 지역을 사랑하는 한 방법일 수 있겠다. 주소는 진안군 마령면 서평로 173-6이다.

자존심이 상한다
– 《나의 문화유산답사기 2》 진안 관련 글

유홍준 교수의 《나의 문화유산답사기》는 오랫동안 선풍적인 인기를 누렸다. 총 7권으로 완성된 국내 편 《나의 문화유산답사기》에는 '평양의 날은 개었습니다'와 '다시 금강을 예찬하다'라는 북한 문화유산 답사기도 포함되어 있다. 최근에는 일본 편까지 출간되었고 인기는 여전한 것 같다.

《나의 문화유산답사기》는 우리 문화를 대중화하는 데 크게 이바지하였고, 유홍준 교수 자신은 아주 막강한 문화 권력을 쥐게 되었다고 해도 과언이 아닌 책이 되었다. 국민들은 답사 지침서가 된 《나의 문화유산답사기》를 들고 우리나라 곳곳의 문화 유적지를 찾으면서 열광했다. 당시 답사 열풍은 가히 강력한 태풍급이었다.

그런데 《나의 문화유산답사기 2 – 산은 강을 넘지 못하고》를 읽으면서 무척 속이 상했다. 아니, 자존심이 상했다. 정확하게는 '옛길과 옛 마을에 서린 끝 모를 얘기들' 편에 실린 글 때문이었다. 우리 지역 사람들이 읽게 되면 누구라도 속이 상할 것이다. 유홍준 교수는 수많은 지역을 답사하면서 우리 문화의 우수성을 설명하여 탄성을 자아내게 했다. 그런데 우리 지역을 지나면서는 유독 좋지 못한 기억만 되뇌고 무진장을 지나갔다. 유홍준 교수는 함양·산청을 답사하기 위해 우리 고장 소양·화심을 지나면서 '가든'이 즐비하다면서 비웃었고, 무진장을 지나면서는 비하하는 넋두리가 더욱 심해진다. 모랫재는 사뭇 험하다면서 사고가 잦다느니, 두 번의 답사 실패는 무진장에 눈이 많이 내린 데에서 그 연유를 찾고 있다. 다른 계절에 올 생각을 하지 않고 오직 '무진장'이란 말을 사용하기 위해 별일을 다 끌어들인다. 지금은 4차선 도로가 뚫려 전혀 다른 길로 진안을 오가지만, 여전히 많은 사람들이 경치가 좋은 모랫재를 이용하면서 낭만과 추억에 잠기곤 한다. 《나의 문화유산답사기》 내용 중 압권인 부분은 아주 어두웠던 시절의 캄캄한 시골 동네 이야기라며, 1972년 11월 유신헌법 찬반 투표에서 우리 고장 무진장 지역이 전국에서 가장 높은 투표율을 보여 주었다고 소개하고 있다. 조금은 번잡스럽지만, 그 대목은 이렇다.

"내가 잊지 못할 무진장의 또 다른 추억은 1972년 11월 유신헌법 찬반 국민 투표 때 일이다. 사상 유례없는 투표율과 유례없는 지지율을 얻어 내기 위해 대리 투표, 유령 투표 등 유례없는 관권 부정 선거가 자행됐던 이 선거에서 … 무진장은 전국에서 가장 높은 투표율을 보여 주었는데, 투표율은 자그마치 103%였다. 무진장 쏟아져 나온 것이다. 그 캄캄했던 시절의 캄캄한 시골 동네 얘기가 이제는 캄캄한 옛이야기로 전설이 되어 들려온다." - 《나의 문화유산답사기 2》 18쪽.

'무진장'이란 단어를 사용하기 위하여 순박하게 살아가는 무진장 사람을 조롱하고 있다는 느낌을 준다. 참으로 자존심 상하는 글이 아닐 수 없다. 이미 수백만 독자가 이 대목을 읽었을 터인데, 그 독자들이 우리 고장 전북 무진장 지역을 어떻게 생각할까. 끔찍한 느낌이 든다. 글 내용상 캄캄했던 시절이라 하지만 무진장 지역은 대단히 순진함을 넘어 미개한 사람처럼 느껴지는 대목이다. 특히 정치적으로 우매한 지역민으로 여겨지기 십상이다. 기회가 된다면 유홍준 교수와 출판사에 개정판을 낼 때 새롭게 기술할 것을 제의한다. 너무 자존심이 상하는 대목이라 해 본 생각이지만 반드시 개정되기를 바란다(진안군사에 의하면, 1972년 11월 21일 선거에서 진안군은 투표인 수 44,306명, 투표 수 41,689명, 투표율 93.5%라 기록하고 있다).

세시 풍속은 마을 축제의 보물

　1년 열두 달 농경의 변화에 따라 행하여지던 풍속을 세시 풍속이라고 한다. 세시 풍속은 마을 축제의 보물과 같다. 특히 정월에는 온 마을이 축제다. 마을을 동네라고도 한다. 동네는 자기가 사는 집을 중심으로 사람들이 모여 사는 일정한 공간을 일컫는다. 동네는 동내(洞內)에서 유래한 말이다. 조상들은 한 물을 먹는 사람과 공동체를 이루며 다양한 문화를 만들어 냈다. 특히 음력 섣달그믐부터 이월 초하루까지 이어지는 정월 행사는 한 해를 시작하는 중요한 의미를 지닌다. 정월 초하루 설부터 시작된 풍물은 영등할머니를 모시는 이월 초하루까지 쉼 없이 계속되었다. 예전에는 어느 마을이건 상쇠가 있었고 구성지게 장구를 치는 사람이 수두룩했다. 풍물을 앞세워 집집마다 방문하여 터를 다져 주고 막걸리 몇 잔에 얼큰해져 더욱 흥을 돋우었다. 농경 사회에서 이 시기는 농사짓는 사람들의 몸과 마음을 충전하는 시기였다. 여기에 그치지 않았다. 마을의 다양한 지킴이에 풍요, 풍년, 안녕을 기원했다.

세시 풍속은 의례와 놀이 등 문화적 장치를 통하여 다양한 기능을 가진다. 당산제·탑제·거북제·깃고사·용왕제·다리제·거리제 등 종교적 기능, 조상 숭배·세배 등 윤리적 기능, 혈연과 지역의 유대를 강화하는 사회적 기능, 윷놀이·그네뛰기 등 오락적 기능, 연극·음악·춤 등 예술적 기능 등이 담겨 있다.

그러면 세시 풍속에는 어떠한 의미가 담겨 있는 것일까? 먼저 마을 신앙과 가정 신앙에서 볼 수 있듯이 안녕과 풍요를 기원하는 간절한 소망이 담겨 있다. 그리고 농경 사회에서 노동의 고단함을 풀어 주는 놀이적 역할을 한다. 그래서 세시 풍속은 농경과 밀접하게 관련되어 농경의례의 의미를 담고 있다.

정월 세시 풍속은 설에 이루어지는 조상에 대한 차례, 어른에게 올리는 세배, 떡국과 같은 절식(節食), 윷놀이·지신밟기·연날리기 등 세시놀이와 의례, 대문에 용(龍)과 호(虎) 자 써 붙이기 등 아주 다양한 풍속이 있다. 정월 초사흗날 무렵부터 정월대보름 무렵 사이에 치러지는 원강정 마을 당산제, 능길마을 깃고사, 하초마을 탑제와 거북제, 은천마을 거북제, 갈거마을 탑제, 사양동 용왕제·거리제, 금평마을 거리제 등 다양한 마을굿을 통해 마을의 안녕과 풍요를 기원한다.

정월 행사의 핵심은 정월대보름이다. 대보름은 가장 큰 보름이라는 뜻이다. 정월대보름은 세시 풍속 전체에 있어서 그 비중이 가장 크고, 어느 지역에서나 쇠지 않는 곳이 없다. 한 해를 시작하는 대보름에는 일 년을 준비하며 풍요와 안녕을 기원하는 다양한 풍속이 전해 오고 있다. 또한 정월대보름 행사는 부럼 깨물기, 더위팔기, 귀밝이술, 오곡밥 등 다양한 풍속이 있지만, 가장 중요한 행사는 달집태우기다. 요즘 마을마다 이루어지고 있는 달집태우기는 온 마을 사람이 모두 참여하여 축원을 드리는 날로 새롭게 복원된 문화이자 축제가 되고 있다. 그런데 정월에만 이런 행사가 있었겠는가? 사시사철 수많은 축제가 행하여졌다. 2월 초하루 영등할머니 모시는 날, 삼짇날, 초파일, 단오, 유두, 칠석, 백중, 추석, 중구, 상달, 동지, 섣달그믐, 윤달 등으로 이어진다.

　세시 풍속은 마을 축제의 보물이다. 세시 풍속에는 신앙, 의례, 놀이, 의식주, 전설 등 다양한 이야기가 있어 축제 자원으로 활용할 수 있다. 세시 풍속을 마을 축제로 새롭게 복원, 전승하는 방안을 강구해 보자. 물론 우리나라 수많은 마을에서 세시 풍속을 축제로 활용하고 있다. 그러나 매우 단편적으로 활용하고 있는 것도 사실이다. 그럼에도 이천쌀문화축제, 강릉단오제, 화천산천어축제, 영광 법성포 단오제, 진주남강유등축제, 김제지평선축제 등에서도 세시 풍속을 활용하여 축제의 가치를 높이고 있다. 진안의 수많은 마을에서 예로부터 해 왔던 세시 풍속을 오늘날에 맞게 복원하여 시행하면 축제가 되는 것이다. 세시 풍속을 활용해 연중 신나는 마을 축제를 만들었으면 하는 생각을 해 본다.

삼굿, 감자삼굿, 길쌈

　지난 호(2015. 8. 4. 8면)에 소개된 '감자삼굿'은 안천면 지사 마을에서 마을 축제 때 재현된 행사였다. 마을 축제 때 재현된 민속 행사 중 가장 시의적절한 행사였다고 생각된다. 삼[大麻]은 보통 3~4월경에 파종하여 7월경에 삼대를 베어 삶게 되는데, 이때 삼대를 삶아 찌는 불기운에 감자를 삶아 먹기도 했다. 과거 농촌 지역에서는 의식주를 자급자족했는데, 특히 의복을 직접 만들어 입었기 때문에 마을 대부분의 가정에서 삼을 재배하였다. 그러다 보니 삼대를 삶아 찌는 일은 마을 규모로 이루어지게 되었다. 요사이 우리나라 몇몇 지역에서 삼굿을 전통문화로 재현하는 곳이 생기고 있다.

　일반적으로 삼굿은 삼대를 쪄서 삼(껍질)을 벗기기 위한 과정으로 인식한다. 그래서 삼대를 찌던 곳을 마을에서 '삼굿터', '삼굿거리'라고 부른다. 그런데 삼굿은 삼대의 껍질을 벗기기 위하여 삼대를 찌는 구덩이를 말하기도 한다. 그래서 어느 지역에서는 '삼곳'이라 표기하기도 한다.

진안, 가슴으로 담다

'삼굿'이란 용어가 '삼을 찌는 일'로 생각하기 쉬우나 그렇지 않다. 삼을 찌는 일은 '삼굿기'라고 한다(한국민속대사전). 또는 '삼문이기'라 하는 지역도 있다.

보통 삼대를 찌는 과정은 이렇다. 넓게 구덩이를 파고 가운데 돌을 쌓아 경계 짓고 한쪽에는 불을 피우고, 다른 한쪽에 삼단(삼대를 묶어 놓은 것)을 쌓아 놓는 공간을 만든다. 우선 불을 피우는 공간에 통나무를 쌓고 그 위에 여러 겹으로 돌을 올려놓는다. 돌 위를 흙으로 덮는데, 불기운이 빠져나가지 않도록 흙을 잘 다져 밀폐시킨다. 마치 벽에 찰흙을 바르듯이 잘 다진다. 이때 사용되는 통나무는 집집마다 쪄야 될 삼대 양에 따라 알아서 가져온다. 다른 공간에는 삼대 단을 쌓는다. 그런 후에 멍석으로 덮는다. 삼에 흙이 묻는 것을 방지하기 위한 것이다. 이후 흙으로 덮는다. 역시 이곳도 흙을 잘 다져 밀폐시킨다. 불을 피워 돌이 뻘겋게 달궈지면 구멍을 내고 재빨리 물을 붓는다. 이때 수증기가 발생하면 두 공간을 돌로 쌓아 경계 지은 곳에 구멍을 낸다. 이 구멍을 통하여 수증기가 삼대 단을 쌓은 방향으로 이동하면서 삼대가 쪄지게 된다. 이 과정이 제대로 이루어져야 삼대에서 좋은 삼 껍질을 얻을 수 있다. 당시에는 대부분의 농가에서 삼을 재배하기 때문에 마을 사람들 대부분이 참여했다. 마을 잔치 같았다고 이야기한다. 이때 삼을 찐 불기운에 풀을 깔고 감자를 흙에 묻어 두었다가 익으면 간식으로 먹었다. 이를 감자삼굿이라 했다. 요사이 삼대를 찌는 방식으로 옥수수, 감자, 고구마를 익혀 먹으면서 삼굿체험이라고 하고 있다. 그러니 고구마를 삼대 찌는 방법으로 해 먹으면 고구마삼굿, 옥수수를 그런 방법으로 해서 먹으면 옥수수삼굿이 되는 것이다.

삼대를 찐 후 하루쯤 햇볕에 말린 다음에 물에 불려 삼 껍질을 벗긴다. 이 삼 껍질이 삼베길쌈의 주원료가 된다. 보통 삼 껍질은 잿물로 삶아서 부드럽게 만든 후 삼실을 얻는다. 또는 벗긴 겉껍질을 삼 톱으로 긁어내면 속껍질만 남는데, 이것에서 삼실을 얻기도 한다.

삼대에서 삼 껍질을 벗기고 나면 흰 대가 남는데, 이를 '저(제)릅대'라 칭한다. 또는 '절우피'라고 부른다. 저릅대는 초가집 지붕을 엊을 때 받침대로 사용되었다. 또는 햇볕을 가리는 발을 만들어 사용하기도 했다.

70~80년대 농촌에 사셨던 어머니들은 낮에는 논밭에 가서 일하고 밤이면 고단한 몸으로 길쌈을 하여 가족들의 옷을 만들어 입혔다. 길쌈은 삼베, 무명, 모시, 명주 등으로 크게 구분된다. 그 제작 과정은 매우 까다로운 절차를 거치는데, 삼베의 경우는 삼삼기, 껍질 벗기기, 삼째기, 실삼기, 삼띄우기, 베날기, 베매기, 베짜기 등의 과정을 거친다. 참 힘든 과정을 통하여 옷을 만들어 입었다.

90여 년을 살았던 장모님은 동향면 아래 여럿니에 시집을 와서 70여 년 동안 농사를 지으면서 살았다. 80년대 무렵까지 길쌈을 했다. 시부모님과 남편의 옷을 만들어 입혔고 수의도 준비했다. 글을 쓰면서 1년 전에 영면한 장모님의 길쌈하는 모습이 떠오르는 것은 삼베 속에 담긴 정서가 사위에게도 맥을 같이하기 때문일 것이다.

진안, 가슴으로 담다

버렁·통아리·시치미

매사냥과 관련된 용어이다. 버렁은 매를 길들일 때나 이동할 때 매의 날카로운 발톱으로부터 손을 보호하기 위해 사용하는 가죽 장갑을 말한다. 버렁은 엄지손가락과 나머지 네 손가락을 끼울 수 있게 무명천에 솜을 넣고 만든 벙어리장갑하고 비슷하다. 매사냥 기능 보유자였던 고 전영태가 사용한 버렁은 현재 진안 역사박물관에 전시 보존되어 있는데, 소가죽을 이용하여 손가락 놀림이 편하도록 만들었다. 매의 발톱과 부리가 무척 날카롭기 때문에 버렁은 매를 받아와 생활하면서 반드시 필요로 하는 도구 중 하나다. 매를 받는 사람인 봉받이는 매와 친해지기 위해서 버렁을 낀 손등에 매를 올려놓고 밤과 낮 구분 없이 받아 주어야 했다. 이를 '매풀기', '매고투기'라고 한다. 매가 사람과 친해지면 손등에서 경계하는 기색 없이 털을 세우고 하품을 하며 온몸을 털거나 털 고르기를 하는 등 자연스럽게 행동하는데 이를 '매가 풀어진 상태'라 한다. 매를 훈련시킬 때나 사냥에 나설 때도 봉받이에게 버렁이는 필수적인 도구다.

통아리는 매를 앉혀 놓는 곳으로 보통 '횃대'라고 하는데 '매통'이라고도 부른다. 평소 실내에서 매를 앉혀 놓는 기구이며 재료는 주로 무거운 참나무, 박달나무, 느티나무 등을 이용하였다. 통아리 상단에는 매의 발톱을 보호하고 먹이를 먹인 후 부리를 문지를 수 있도록 짚으로 엮은 새끼줄을 감아 놓았다. 고어로는 좌가(坐架)라고 하며 왕실이나 신분이 높은 집에서는 장인이 만든 품위 있고 운치 있는 것을 사용했다. 사냥을 하지 않는 여름철에는 일반적으로 매를 밖에 놓고 관리하는 실외 통아리를 이용하는데, 일반적으로 직사광선이 닿지 않는 곳에 약 150㎝ 정도의 통아리를 설치하였다. 통아리는 매를 받아 온 후 매를 받는 사람인 봉받이와 함께 생활하는 장소로 매의 집인 셈이다. 통아리와 관련된 표현이 몇 가지 전해 온다. 통아리에 앉아 있을 때 긴장이 풀어진 매가 한쪽 발을 축 늘어뜨린 상태를 '발 떨군다'라고 표현한다. 통아리에서 손등으로 날아와 먹는 먹이를 '날띔밥'이라고 한다. '날띔밥'은 '손밥 먹이기'라고도 하는데, 매의 기운 조절이 어느 정도 되면 실내에서 통아리 위에 있는 매를 가장 가까운 거리에서 손에 먹이를 쥐고 불러 손 위로 오게 하여 밥을 먹이는 과정을 말한다. 첫 띔밥이 제일 힘든 과정이라고 한다. 일반적으로 야생매를 받아 와 5~6일 정도 지나면 가능하다고 한다.

시치미는 매의 꽁지에 달아 주는 주인의 표시로써 사냥할 때 매의 위치를 파악하기 위한 기구이다. 이청준의 소설 《매잡이》를 보면 매 꼬리의 기다란 깃털에 '응주(鷹主) ○○리(里) 곽돌(郭乭) 번개쇠'라 써 있다고 하는데 이것을 '시치미'라고 한다. 시치미는 매 주인의 주소와 이름, 그리고 매 이름을 기록한 것으로 일종의 매 명찰이다. 시치미는 패각, 방울, 망우(빽깃, 백깃) 등 세 가지로 구성된다. 시치미 하단에는 청실, 홍실의 색실을 넣어 멋을 내기도 한다. 패각은 소뿔을 직사각형으로 잘라 그 위에 매 주인의 이름과 주소를 새기고 방울과 흰털을 달았다. 패각은 방울에 부딪쳤을 때 소리가 잘 울리는 딱딱한 황소 뿔을 많이 이용한다. 방울은 매가 사냥감을 쫓아 숲속이나 기타 장소로 들어갔을 때 매의 위치를 알기 위한 것으로 소리가 맑고 멀리 나가는 인청동 방울이 사용된다. 매의 깃털 색은 자연환경과 보호색을 이루기 때문에 눈에 잘 띄지 않는다. 그렇기 때문에 사람의 눈에 잘 띄게 하기 위한 표시로 흰색의 깃털을 단다. 이것을 망우라 하며 고니 털이나 거위 털을 이용하는데 크고 길수록 좋다. 망우를 달 때에는 매의 꼬리보다 약 2~3cm 길게 단다. 매사냥을 하다가 매가 달아나면 그걸 잡은 사람이 시치미에 새겨진 이름을 보고 매 주인에게 돌려주는데, 이때 매 주인은 그 대가로 닭 값을 주거나 매사냥으로 잡은 꿩을 주기도 한다. 매 값을 치를 수 없는 경우에는 매가 날아 들어간 마을에 가서 2~3일 매와 놀아 주어야 했다고 한다. 그런데 주인에게 돌려주지 않고 시치미를 떼어 자기 것으로 삼는 사람도 있다. 알고도 모른 체하는 행동을 '시치미 뗀다.'고 하는데 여기에서 유래한 말이다.

시치미는 교과서에도 언급되어 그 유래가 잘 알려진 편에 속한다. 매사냥에 대한 다양한 용어들은 그야말로 우리 민속의 자산(資産)이다. 잊히기 전에 채록과 함께 널리 보급할 수 있는 방안을 강구했으면 한다.

기우제(祈雨祭)의 의미

연일 폭염이다. 한바탕 비라도 와 주었으면 싶다. 이런 날이 계속되면 열대야 현상이 나타나 밤잠을 제대로 이룰 수 없다. 흔히 이런 폭염의 원인은 지구의 온난화, 열섬 현상, 티베트고원의 적설량 감소, 엘니뇨 등에 있다고 한다. 그런데 이러한 현상이 발생하는 주요 원인은 온실가스 배출이다. 온실가스의 농도가 증가하면서 온실효과가 발생하여 지구 표면의 온도가 점차 상승하고 있는 것이다.

농사철을 앞두고 가뭄이 들면 큰일이었다. 농경 사회에서 가뭄이 계속될 경우 날을 정하여 기우제를 모셨다. 기우제를 보통 마을에서는 '무제', '무지'라고 부른다. 지금이야 수리 시설이 잘되어 모내기 등 농사철 때 물이 부족하거나 하는 어려움이 발생하지 않지만 조선 후기만 해도 그러지 못했다. 특히 조선 후기 모내기가 일반화되면서 국가에서는 수리 시설을 확충해야만 했다. 그래서 국가적으로 제언(저수지와 보)을 설치하거나 마을 사람들이 작은 규모의 보를 스스로 만들어 물을 확보하였다. 당시 국가에서는 가뭄의 피해 때문에 모내기 금지령을 내리기도 했다. 그럼에도 불구하고 모내기가 노동력 절감이나 생산력 증대를 가져왔기 때문에 모내기는 보다 쉽게 일반화될 수 있었다. 가뭄은 생존을 위협하는 요소로 작용했다. 그래서 가뭄의 원인을 찾아 그 해결 방안을 모색해야만 했다.

기우제의 유형은 다양하나 보통 마을에서 이렇게 기우제를 지냈다. 낮에 남자들에 의해 산 정상에서 모실 때에는 가축의 피를 뿌린다거나, 불을 피워 연기를 내는 주술적 유형으로 이루어졌다. 마을에서 기우제장으로 갈 때는 풍물을 치면서 갔다. 이때 마을마다 깃발을 앞세우며 깃발을 서로 꽂으려고 치열한 경쟁을 했다. 마을의 위세를 과시하기 위해서였다. 이때 가축도 산 채로 끌고 갔다. 보통 돼지, 염소, 닭 등이다. 또는 불을 피울 화목을 각 집마다 거출하여 가져갔다. 그러나 제가 시작되면 엄숙해졌다. 제의 모습은 산신제나 당산제와 같다. 산 채로 끌고 간 가축의 목을 찔러 피를 받아 바위에 뿌렸다. 이 바위는 마을이나 지역에서 신성하게 여기는 장소로 용바우, 무제바위, 병풍바위, 감투봉, 장태바위 등으로 불렸다. 이렇게 신성한 장소를 더럽히면 신이 노하여 비를 내려 이를 깨끗하게 씻어 준다고 믿었다. 가축의 머리를 땅에 파묻기도 했다. 생솔가지나 보릿대로 불을 피워 연기를 내는 것은 마치 연기가 구름처럼 몰려오는 것처럼 연상되어 비가 내릴 것이라고 믿었기 때문이다. 밤에는 여자들에 의해 물가(沼)에서 제의가 행하여졌다. 이때는 엄숙함보다 그야말로 날굿이를 했다. 챙이(키)나 바가지를 준비하여 가까운 물가에서 물을 푸면서 마치 비가 내리는 것처럼 한다든지 물싸움을 했다.

기우제는 온갖 정성을 다해 지냈다. 그 정성에 보응이라도 하듯 기우제를 지내고 산에서 내려올 때면 비를 맞고 내려오는 일이 많았다고 한다. 가뭄으로 인해 농사를 지을 수 없다는 것은 매우 심각한 문제였다. 이것은 개인적인 문제를 떠나서 집단의 심각한 문제로 받아들여지기에 충분했다. 가뭄이 심하면 심할수록, 기간이 길면 길수록 집단 간에 내적으로 잠재되어 있던 갈등이 표출되었다. 그래서 기우제는 자연 마을 단위가 아니라 면, 군, 심지어 국가적으로 행하여졌다.

기우제는 보통 하지까지 비가 오지 않으면 행하였다. 하지를 넘기면 그해 농사를 망치게 되기 때문이다. 그렇게 되면 마을은 동요할 것이고 잠재되었던 갈등이 폭발하는 것이다. 이를 해소할 목적으로 기우제가 반드시 비를 가져다주지 않더라도 집단간의 갈등을 해소하고 마을 공동체적인 화합을 위해서 추진되었다. 기우제는 말 그대로 비가 오기를 기원하는 제의이면서 가뭄으로 인하여 쌓였던 갈등을 해소함으로써 정상적인 생활로 환원시키기 위한 놀이였던 것이다. 요즘 폭염으로 사망자가 발생하고 사건도 사고도 빈번하다. 이럴 때 민심을 수습할 수 있는 기우제라도 지냈으면 하는 생각이 든다.

진안, 가슴으로 담다

거북이 마을로 온 까닭은?

    우리 지역에는 매우 독특한 민속신앙물이 많이 전승되고 있는데, 그 중의 하나가 거북 신앙이다. 거북 신앙물은 한두 곳이 아니라 10여 곳에 이르는 마을에서 볼 수 있다. 그 기능이나 형태가 매우 다양하다. 심지어 최근에 조성된 사례가 있으며 형태에 있어서도 기이한 경우를 우리 지역에서 볼 수 있다.

    그러면 우리 지역 거북 신앙은 어떠한 연유에서 조성되었을까? 먼저 불을 막아 준다는 믿음에서 조성되었다. 옛날 집은 대부분 초가집이었다. 당시에는 장작이나 볏단으로 불을 지폈기 때문에 그 불씨가 화재를 일으킬 가능성이 매우 컸다. 실제 불이 나서 마을 전체가 황폐화된 경우도 있었다고 한다. 이러한 화재를 방비하고자 거북을 세웠다. 흔히 마을에서는 화재가 발생하는 이유를 마을 앞산에서 비치는 산이 화산(火山)이기 때문일 것이라고 한다. 그래서 마을에 불이 자주 발생한다고 생각하여 화재를 방비할 목적으로 거북을 마을에 세웠다. 거북은 장수와 복을 가져다주는 것으로 상징된다. 여기에 덧붙여 수신(水神)으로서 역할을 하기도 한다. 사실 은천, 종평, 회룡, 송내, 원강정 마을에서는 도승이 나타나 불을 방비할 수 있는 방안을 가르쳐 주는데. 그 방책이 거북을 조성하는 것이었다. 물론 거북이 불을 방비해 준 것은 아니다. 거북을 보면서 화재가 나지 않도록 경각심을 일깨워 주는 것으로 생각하면 될 것 같다. 그래서 마을 사람 모두가 모여 거북제를 지내는 것이다.

거북은 그야말로 풍요 그 자체이다. 그래서 거북은 꼬리를 매우 중요시한다. 먹이를 먹고 꽁지로 내놓기 때문이다. 특히 한꺼번에 수백 개의 알을 낳기 때문에 더욱 그러하다. 하초, 예리, 구암 마을에서 이런 사실들을 쉽게 확인할 수 있다. 이러한 마을 거북이는 한결같이 꼬리 방향이 자기 마을로 향하도록 했다. 꼬리 방향을 놓고 맞은편 마을과 다툼이 있었다는 이야기를 쉽게 들을 수 있다. 특히 예리마을과 원물곡마을에서 심한 돌싸움이 벌어졌다고 하는 이야기는 전설처럼 남아 있다.

거북은 마을에서 일반적으로 마을 입구에 위치한다. 예외로 송내 마을은 마을 뒤에 위치하는데 이는 그 기능에 있어 산(火山)을 마주하는 곳에 세웠기 때문이다. 거북 신앙은 위치와 관련하여 머리나 꼬리 방향이 어느 쪽을 향해 있느냐가 매우 중요하다. 이는 앞서 이야기한 것처럼 기능과도 긴밀한 관련을 맺고 있기 때문이다.

거북은 형태에 있어 매우 다양하다. 먼저 거북 모양인 자연석(봉곡, 원강정, 상염북, 하초, 예리)으로 모신 경우를 쉽게 볼 수 있다. 그 생김새가 누구라도 거북이라고 인정하게 만드는 형태이다. 자연석에서 약간 가공한 형태(원회룡, 구암)도 볼 수 있다. 거북의 머리, 등, 꼬리 부분이 세밀하게 조각된 모습이다. 종평마을에서는 아예 거푸집을 만들어서 콘크리트로 거북을 만들었다가 도난당하는 일도 있었다. 특히 거북 신앙은 최근에까지 이어지고 있는데, 종평, 송내, 은천 마을에서는 도난당했던 거북을 석재 공장에 의뢰하여 다시 세웠다.

10여 년 전 연장리 농공 단지를 조성하던 중 어미 거북과 몇 마리의 새끼 거북이 가족을 이룬 형태로 암반에 형상화되어 있어 많은 사람들의 주목을 끌었다. 많은 사람들은 진안과 전주를 오가면서 농공 단지 조성지에 암반으로 드러나 있는 거북 가족을 보고 감탄을 했다. 어떻게 거북이 땅속에서 나왔는지 의아해 하면서도 그 거북 가족이 진안에 상서로운 일을 가져다줄 징후라고 느꼈을지도 모른다.

거북은 수명이 길고 수륙 양생이라는 특성을 가진 신성한 동물로 여겨진다. 거북을 모시는 마을에서는 거북을 부귀, 장수, 복을 가져다주는 영물인 동시에 화재막이까지 하는 수신(水神)으로 믿는다. 이러한 마음에서 마을 사람들은 거북을 마을로 불러들인 것이 아닌가 생각해 본다.

마을 달력

학교 달력(탁상)이 만들어지는 것은 흔한 일이 되었다. 초·중등을 막론하고 거의 모든 학교가 달력을 제작하여 3월에 학생과 학부모에게 배포한다. 대학에서부터 제작되기 시작한 학교 달력은 학교 홍보를 목적으로 한 것이다. 학교 특색과 학사 일정, 멋진 교정 사진을 담은 학교 달력은 나름의 의미를 가지고 있다. 그래서 연말이면 수없이 많은 대학에서 보내온 달력을 나름대로 감상하는 버릇도 생겼다.

필자가 재직하는 학교에서도 몇 년 전부터 달력을 제작해 오고 있다. 학생, 학부모뿐만 아니라 지역 사회에 배포하고 있다. 즐거운 학교생활을 하는 자녀의 모습과 학사 일정을 소개해 주는 학교 달력은 소통의 장이 되기도 한다. 보통 학교에서는 학기가 3월에 시작하기 때문에 3월부터 달력을 제작한다. 이러다 보면 달력을 선점할 수 없다. 그래서 마령고등학교에서는 1월부터 다음 해 2월까지를 제작하여 배포한다. 2월인 요즘에 농협, 보건소, 새마을금고에서 마령고등학교 달력을 볼 수 있다.

진안, 가슴으로 담다

원강정마을이 문화 마을 조성 사업을 하게 되자 마을에 마을 달력 제작을 제안한 적이 있다. 말 그대로 마을 달력에 마을 사람들, 마을의 역사, 문화, 생태 등을 고스란히 담아낼 수 있다는 생각에서이다.

가령 1월은 마을 전경 사진이나 모든 마을 사람들이 모여 있는 장면을 시작으로 2월에는 마을 당산제와 정월대보름 망월 굿을 차지하게 하면 어떨지? 한 해를 시작하면서 마을의 안녕과 마을 사람들의 소망을 담아내면 좋겠다. 웃어른을 찾아 세배하는 모습도 반드시 담아냈으면 좋겠다. 3월은 생명이 약동하는 때이다. 마을의 어른들이나 농사가 시작되는 모습, 마을 주변 야생화를 담아내면 좋겠다. 4월에는 오현사, 영산사, 영계사 등 향사 모습이나 마을에 찾아온 제비를 담아내는 것도 좋을 듯싶다. 5월에는 강정 뜰에서 모내기를 하는 모습이나 4월 초파일 보흥사의 모습, 그리고 어버이날을 맞아 마을에 찾아온 손주들의 모습을 담아내면 좋지 않을까? 6월에 들어서면 마을 주변 곳곳에서 힘차게 자라나는 농산물을 담아내면 좋겠다. 마을에서 판매하는 농산물을 홍보하는 자리가 될 수도 있다. 7~8월에는 마을을 찾아온 대학생들의 농활 모습이나 마을 모정에서 여유롭게 지내는 마을 사람들, 그리고 백중날 들독(들돌) 들어올리기 행사 모습 등이 이 계절에는 안성맞춤일 듯싶다. 9~10월은 풍요로운 들판, 수확하는 기쁨, 성묘 가는 길로 꾸며지면 될 것이다. 11월에는 김장을 하기 위하여 고향을 찾는 자식, 겨울이 갖고 있는 농촌의 정취도 담아낼 수 있으면 좋겠다. 12월에는 마을 회관에 모여 식사하는 모습, 강정 교회의 성탄절 모습, 눈 쌓인 당산나무 모습이 고향을 떠나 사는 사람들에게 고향 소식을 전해 주는 역할을 할 것이다.

마을 달력에는 농사력이 빠질 수 없다. 당연히 농사 정보도 들어가야 한다. 또 원강정마을 주변에는 수없이 많은 문화 유적이 산재해 있다. 매달 한 가지씩 조그맣게 소개하는 것 자체가 교육이며 마을의 역사를 알리는 일이 될 것이다. 개인적인 정보가 문제가 되지 않는다면 마을 사람들의 생일을 기재하는 것도 정이 담기는 달력이 되지 않을까 생각해 본다. 매년 마을 달력을 만들다 보면 마을의 옛 사진이나 추억이 담긴 사진도 실리게 될지 모를 일이다. 마을 달력은 마을 공동체 의식을 높이는 데 크게 기여할 것이다. 마을 사람들이 모여 논의하고 좋은 생각을 모은다면 마을 달력 제작 자체보다도 그 이상의 의미가 있을 것이다. 올해부터 준비에 들어가는 마을에서는 내년에 멋진 마을 달력을 볼 수 있을 것이다. 연초가 되면 마을에 한 번쯤 제안해 보고 싶은 사업이다.

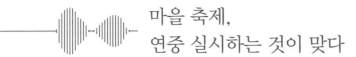

마을 축제,
연중 실시하는 것이 맞다

제8회 마을 축제는 '진안고원길 달빛걷기'를 시작으로 22개 마을에서 진행된 '소박한 마을 잔치' 등 주민 자치 위원회와 지역 단체에 의해 다양한 프로그램이 진행되었다. 여기에 다양한 분야의 '학습 교류'가 결합되었다. 작년 마을 축제 평가회 때 언급했던 '연중하는 마을 축제'로 만들자는 노력도 조금은 엿보였다. 그리고 안천면 지사 마을 감자삼굿 재현은 마을 축제로서 의미를 가지기에 충분했다. 특히 올해는 '소박한 마을 잔치'를 표방했는데, 과연 몇몇 마을을 탐방하면서 확인할 수 있었다. 7월 칠석날이나 7월 보름 백중날같이 농사일을 마무리하고 벌어지는 마을 잔치처럼 말이다.

그럼에도 불구하고 대부분 같은 기간에 동시다발적으로 진행되는 마을 축제는 앞으로 개선되어야 할 점으로 생각된다. 한여름 삼복더위에 마을 축제를 해야 할 이유가 없는 것이다. 그동안 마을 축제는 여러모로 마을 전통을 찾아 재현하고 공동체 의식을 다지는 데 중요한 역할을 해 왔다. 그러나 마을 축제가 한여름에 집중적으로 진행되어 시기에 맞지 않게 전통문화가 재현되다 보니 그 의미가 퇴색되는 느낌을 받곤 했다.

초기 마을 축제를 실시한 마을은 '마을 만들기' 사업을 실시한 마을이었다. 여러 가지 좋은 여건 속에서 실시되었는데, 이후 많은 사업이 특정 마을에 집중되면서 마을 사람들이 피로감에 지쳐 있는 상황이 되었다.

현재 진행되고 있는 마을 축제의 여러 프로그램은 마을에서 오래전부터 있어 온 전통문화이다. 고래로 정월 초하루부터 정월대보름까지는 연일 풍물을 울리고 당산제를 모셨다. 다양한 놀이가 진행되었다. 어느 마을이나 연중 있어 온 '세시 풍속'이나 '민속 행사'가 마을 축제였다. 마을 축제는 마을 사람들의 잔치이다. 그런 마을 축제는 연중 자연스럽게 이루어진다.

진안읍 단양리에서는 설과 추석에 한과를 생산한다. 단양리 사양동 마을에는 전통문화인 다리제와 용왕제가 정월과 7월 백중에 진행된다. 단양리에서는 이때 마을 축제를 실시하면 된다. 안천면 노채마을 단지봉 축제는 마을 화재를 막기 위하여 음력 2월 초하루에 진행되는 마을 신앙이다. 단지봉 축제 때 쓰는 단지에는 각 면에 동(東)·서(西)·남(南)·북(北)의 글자가 새겨진 목침이 들어 있다. 제삿날에 주민들이 단지 속에 물을 길어다 부으면 목침이 떠오르는데 그 목침을 보고 그해 농사의 길흉을 점친다고 한다. 예를 들어 남(南) 자가 위로 보이면 남향(南向)은 화(火)를 뜻하니 가뭄이 들거나 화재가 있을 것으로 예상하고, 북(北)은 수(水)를 뜻하니 비가 많이 오고 물이 풍부하여 풍년이 들 것이라 봤고, 동(東)은 재환이 닥칠 것을, 서(西)는 태풍이 불거나 바람이 많아서 해를 입게 될 것이라 보는 농점(農占) 신앙이었다. 그러면 당연히 2월 초하루에 해야 의미가 있지 않겠는가? 회룡마을 산신제, 개실마을 당산제 등 마을 신앙은 당연히 정월에 해야 의미가 있지 않을까? 우리 지역은 마을마다 당산제, 고목제, 돌탑 신앙, 거북 신앙, 마을 숲 등 전통문화가 잘 남아 있다. 시기는 마을마다 제각각 진행된다. 감자삼굿은 옛날 삼[大麻]을 쪄 내던 곳을 삼굿이라 했는데, 삼굿에서 삼을 찔 때 그 열기로 감자를 익혀 먹는 것을 말한다. 이는 한여름에 해 왔던 추억이 있으니 시기가 적절하며 의미가 있는 것이다.

마령면 신덕마을 호박고구마와 복분자 축제는 덕천리 일대를 중심으로 고구마 수확 시기에 맞춰 여러 마을과 함께 진행하면 좋을 듯하다. 마을에서 생산되는 특산물에 시기를 맞춰 해야 한다는 사실을 모르는 사람은 없을 것이다. 이런 면에 착안하여 만들어진 것이 동향면 수박축제이며 이미지화에 나름 성공한 축제라 생각한다.

진안 일대는 고랭지 채소 생산지로도 널리 알려졌다. 도시 지역에서 절임 배추 주문도 상당하다. 고랭지 절임 배추를 특화시키는 마을 축제도 해 볼 만하다. 마이산을 중심으로 마을마다 숲이 조성되어 있다. 마을 숲 기행과 함께 마을마다 제각기 보이는 마이산을 보는 재미도 마을 축제라면 축제일 수 있다.

우리 지역은 마을이 306개에 이른다. 마을은 작은 국가와도 같아서 마을 속에 정치, 경제, 사회, 문화, 종교가 녹아들어 있다. 또 마을마다 전설, 설화, 지명에 얽힌 수많은 이야기가 고스란히 담겨져 있다. 그래서 마을 축제는 이미 오래전부터 마을마다 연중 실시되고 있었다.

IV

생태와 농업

국제적인 진안 마을 숲

최근 일본 학자 시부야, 야마모토 등 세 분이 우리 지역 마을 숲을 보기 위해 세 번째로 찾아왔다. 마이산에 특별한 관심을 갖고 있는 세 분은 마이산 주변 마을에 분포한 마을 숲을 연구하여 일본 학술 대회 때 발표할 목적으로 방문한 것이었다. 서울대 환경 대학원 이도원 교수도 몇 년 동안 정기적으로 동료와 제자, 심지어 독일인 교수와 함께 우리 지역 마을 숲을 찾았다. 마을 숲 내의 야생화, 조류, 곤충 등을 보기 위해 다양한 분야의 전문가들도 동행했다. 이도원 교수 제자인 고인수 씨는 진안 지역 마을 숲을 주제로 서울대학교에서 박사 학위 논문을 받기도 했다. 이렇게 우리 지역 마을 숲을 많은 사람이 찾게 된 계기는 최규영 전 문화원장이 《진안의 마을 숲》을 편집하여 책으로 출간했기 때문이다. 당시 《진안의 마을 숲》이 발간되기까지는 우석대학교 박재철 교수의 힘이 컸다. 《진안의 마을 숲》은 진안문화원에서 가장 인기 있는 책이 되었고, 수정 증보판까지 나온 상태이다. 《진안의 마을 숲》은 군 단위의 마을 숲을 체

진안, 가슴으로 담다

계적으로 정리한 최초의 마을 숲 책자였기 때문에 더욱 의미가 있었다. 이도원 교수와의 추억은 언제나 답사 후 막걸리집에서 이루어졌는데, 몇 시간씩 이어진 자리에서 마을 숲에 관한 다양한 정보를 얻게 되었고, 마치 이도원 교수의 제자가 되어 사숙(私塾)하게 된 느낌이었다.

마을 숲은 우리나라에서 나타나는 독특한 경관 요소의 하나라고 말할 수 있다. 마을 숲은 우리 지역 마을에서 쉽게 찾아볼 수 있는데, 그 개념은 아주 활발하게 논의되고 있으나 일반적으로 마을 사람 공동으로 조성·소유·보호된 숲을 말한다. 마을 숲은 마을에 터를 잡고 살아오면서 마을이 불안하거나 화재와 수해가 발생할 때 이를 극복하기 위해 조성되었을 것으로 생각하고 있다. 또한, 오늘날까지도 마을 숲이 보존될 수 있었던 요인은 마을 숲을 공동 소유해 온 데다 신앙성과 신성성이 부여된 점에 있다 하겠다. 이러한 마을 숲은 문화적, 역사적, 생태적으로 다양한 요소와 결합된 문화유산이기도 하다.

마을 숲은 다양한 관점에서 그 의미를 파악하고 있는데, 먼저 마을 숲이 어느 위치에 조성되었는가를 보는 풍수적 관점이다. 즉, 조상들이 터 잡고 살면서 터가 좋지 않다고 떠나는 것이 아니라 모듬 살이 공간을 명당화하기 위한 비보책(裨補策)으로 마을 숲을 조성했다고 보는 것이다. 그것을 기능적 관점으로 보면 마을 숲이 풍수해를 방지하는 실제적인 기능이 있다 할 것이고, 수구막이의 신앙성, 신성성 측면에서 보면 보이지 않는 힘을 움직이는 상징적 기능을 한다 할 것이다. 문화적 관점에서는 마을 숲 내에 산재하는 역사, 문화적 유형물과 전통적 신앙 체계를 파악해 볼 수 있다. 또한, 사회적 관점에서는 마을 사람들이 바라보는 마을 숲의 의미와 소유 관계 변천사들을 파악해 볼 수 있다. 마지막으로 생태적 관점에서는 마을 숲을 이루는 수종, 야생화, 조류, 곤충 등도 파악해 볼 수 있다. 이렇듯 마을 숲은 다양한 관점에서 여러 의미를 찾아볼 수 있는 전통적인 문화유산이다.

최근 우리 지역 몇 개의 마을에 산재한 마을 숲의 보존 관리가 소홀하다는 보도가 있었다. 사실 농촌의 삶이 주변 환경을 깨끗하게 보존하면서 살아갈 수 있는 상황은 못 된다. 마을 숲 근처 공유지에 농기계나 농자재를 보관하는 것은 어쩌면 당연한 일인지도 모른다. 마을 사람들의 측면에서 보면 마을 숲은 보존하다가 때로 훼손되면 아주 절실하게 복원해야 할 대상으로 생각하는 주체이다. 마을 숲 조성이 마을 사람들의 안녕과 공동체적인 삶에 긴밀하게 관련되어 있기 때문이다. 따라서 마을 숲을 우리 지역 문화유산으로 제대로 보전하고 관리하기 위해서는 지자체가 나서 줬으면 좋겠다. 2009년 김정흠 전 의원 발의로 제정된 〈진안군 마을 숲 보전 관리 조례〉가 있어 법적 근거가 마련되어 있다. 나아가서 진안문화원 등이 주체가 되어 우리 지역 마을 숲 가치를 새롭게 조명해 볼 수 있는 마을 숲 학술 대회도 개최해 봄 직하다.

마을 숲과 국가중요농업유산

   진안군과 진안문화원이 진안 마을 숲을 국가중요농업유산으로 신청했다. '국가중요농업유산'이란 제도가 생소하지만, 이는 농어촌 자원의 가치에 대한 인식 부족, 농업 방식의 현대화, 도시화에 따른 농촌의 인구 감소, 경제 개발 논리 등에 의해 전통 유산이 방치되거나 훼손되는 상황에서 농업 자원으로 보호하기 위하여 지난 2012년 3월에 제정되었다. 현재 국가중요농업유산으로 6개소가 지정된 상황이다. 완도(청산도) 구들장 논, 제주 돌담 밭, 구례 산수유 농업, 담양 대나무밭, 금산 인삼 농업, 하동 전통 차 농업 등이 그것이다.

   마을 숲은 마을의 역사, 문화, 토속 신앙 등을 바탕으로 하여 마을 주민에 의해 조성, 보호, 관리되는 숲으로써 마을 사람들의 실생활과 직접적인 관련을 가지고 있는 공동 터전이다. 마을 숲에 대한 연구는 조경학을 필두로 풍수학, 야생화, 조류학, 곤충학, 생태학 등 다양한 분야에서 연구되고 있는 종합 과학이다.

특히 진안의 마을 숲은 일찍이 2002년 진안문화원에서 《진안의 마을 숲》이란 단행본이 발간된 때부터 주목받았다. 이후 국내외의 많은 연구 자들이 다양한 분야에서 진안의 마을 숲을 대상으로 연구하면서 주목하게 되었다. 박재철의 〈마을 숲의 바람과 온습도 조절에 관한 실증적 연구 — 하초 비보 숲과 고사포 비보 숲을 중심으로〉와 고인수의 〈경관 구조가 진안군 마을 숲의 식물 종 풍부도와 종자 전파에 미치는 영향 : 다중 규모 분석과 시뮬레이션〉 등 박사 학위 논문이 진안 지역의 마을 숲을 대상으로 한 논문이다.

보통 마을 숲은 양난 이후 마을이 형성되면서 마을 사람들에 의하여 조성된다. 마을 숲의 역사는 길게는 500년, 보통 200~300년의 역사를 갖고 있다. 마을 숲은 마을의 수구(水口)막이 역할을 한다. 풍수적으로 비보 역할을 하여 마을을 풍수적으로 완벽한 땅으로 만들어 준다. 마을 숲은 바람을 막아 주는 방풍림, 홍수를 막아 주는 제방림 역할을 하여 마을뿐만 아니라 농경지를 보호해 준다. 이는 과거 농경 사회에서 마을 사람들의 생존과 직결되는 문제이기 때문에 매우 절실한 문제였다. 마을 숲에는 다양한 마을 신앙이 존재하며 마을 공동체 역할도 한다. 마을 숲에는 당산나무와 돌탑, 거북 신앙 등 마을 신앙 유형이 있다. 이러한 마을 신앙은 마을 숲을 오랫동안 보호, 보존할 수 있는 중요한 역할을 한다. 또한 보존될 수 있었던 중요한 시스템은 마을 숲의 토지 소유가 마을 공동 소유라는 점이다.

마을 숲은 마을 역사와 함께하며 현대사의 굴곡진 역사를 지켜보았다. 마을 숲은 마을이 형성될 무렵에 조성되었을 것으로 추측하고 있다. 특

진안, 가슴으로 담다

히 마을 숲은 일제 강점기와 한국 전쟁, 새마을 운동 무렵에 수난을 당한다. 일제 강점기에는 선박을 제조할 수 있는 커다란 나무들이 베어졌다. 새마을운동 때에는 마을에 전기나 다리를 놓기 위하여 마을 숲 일부가 잘려져 나갔다. 그럼에도 불구하고 나머지 나무가 자라 오늘날 마을 숲을 이루어 놓았다. 그래서 오늘날 마을 숲의 나무들이 크지 않은 이유가 여기에 있다. 물론 요행히 살아남은 커다란 나무는 당산나무로 모셔지고 있다.

진안 마을 숲을 국가중요농업유산으로 지정 신청을 한 중요한 요인은 마을 숲이 농경 사회에서 마을 사람과 함께해 왔다는 점이다. 요즘 마을 숲은 생태 환경적 관점에 의하여 많은 연구 성과가 이루어졌는데 바람을 막아 주거나 논밭에 거름(낙엽)을 제공하는 역할을 하여 농업생산성이 증대된다고 한다. 마을 숲에서 표고버섯 재배를 흔히 볼 수 있는데 이는 일정한 온도와 습도가 유지되기 때문이다. 그리고 마을 숲 내에는 야생화, 곤충, 조류 등 생물 다양성이 제대로 보존되어 있기 때문이다. 우리 지역에서는 일찍이 마을 숲 보존관리지원 조례 제정, 마을 숲 해설사 양성 학교, 마을 숲 복원 작업 등이 이루어져 마을 숲의 중요성에 대한 인식도 고양시켰다.

이미 지정된 국가중요농업유산에 비해 결코 뒤지지 않는 진안 마을 숲이 국가중요농업유산으로 지정되어 지역의 브랜드로 중요한 역할을 했으면 하는 바람이다.

꠸꠸꠸ᅵᅵᅵ—ᅵᅵᅵᅵᅵᅵ— 마이산과 마을 숲

진안을 떠나 생활하다가 다시 진안을 찾을 때면 고향의 상징처럼 다가오는 것이 마이산이다. 타도에 가서 누군가가 어디에서 왔느냐고 물을 때, 진안이라고 대답하면 갸우뚱거린다. 그러다가 "마이산이 있는 진안에서 왔습니다."라고 말하면 알겠다는 표정을 짓는다. 필자는 그래서 진안군을 마이산군이라 개명해도 좋겠다는 생각을 가지고 있다. 심지어 진안군이 전남에 위치하는 것으로 알고 있는 경우도 많기 때문이다.

마이산 주변에 몇 개의 초등학교가 있는데 마이산을 그려 보라고 하면 다니는 학교에서 보이는 마이산의 모습을 그린다고 한다. 읍내에서 학교를 다니는 학생들은 우리가 생각하는 말 귀와 같이 쫑긋 서 있는 마이산을 그린다. 반월리에 사는 학생들은 수마이산만 볼 수 있다. 그래서 문필봉이라 불리는 우람한 수마이산을 그리고, 은천마을에 사는 학생들은 타포니 현상이 일어나 폭격 받은 듯한 모습의 마이산을 그린다고 한다. 마이산은 이렇게 아주 다양한 모습으로 그려진다. 태어나서 보고 생활하는 환경이 이렇게 우리를 지배한다.

진안 읍내에서 멀지 않은 원반월에 마을 숲이 있다. 진안군에는 마을 단위 지명 중에 원(元) 자를 앞세우는 지명이 많은데, 행정리 자연 마을 중에서 가장 오랜 역사를 지녀 자부심을 가진 의미로 생각된다. 원반월은 특히 진안 8명당 중 하나로도 유명한데 그야말로 살기 좋은 마을로 으뜸이라는 이야기일 것이다.

원반월마을은 운중반월(雲中半月) 명당이 있는 곳이며, 마을 이름도 여기에서 기인한다. 마을 숲은 마을 입구 북쪽으로 빠져나가는 수구(水口)에 1,500평에 이르는 숲이 조성되어 있다. 우리나라의 경우 자연 마을의 형성 시기를 일반적으로 양란 이후로 생각하는데, 마을 숲도 마을 형성과 함께 조성되었을 것으로 추측된다. 원반월마을은 멀리 금남호남정맥을 타고 온 덕태산과 성수산에서 갈라져 나온 원오봉산 줄기를 주산으로 삼아 마을이 형성되어 있다. 그리고 산수동에서 흘러 내려온 물줄기가 고암 마을을 거쳐 원반월마을을 관통한 후 진안 읍내로 향한다. 수구에 마을 숲을 조성한 것은 마을의 재물과 복이 빠져나간다고 믿기 때문이다. 실질적으로는 이곳은 북향인데, 자연스럽게 겨울철 바람도 막기 위함이었을 것이다. 물줄기를 거슬러 원반월마을을 지나면 고암 마을에 이르는데, 역시 천변에 숲을 조성해 두었다. 이 숲은 마이산이 비치기 때문에 이를 가리기 위하여 조성되었다고 한다. 마을에서 보면 수마이산이 험하게 보이는데, 풍수에서 산이 뾰족뾰족하면 오행중 화(火)의 형국으로 본다. 그에 따라 화기(火氣)가 비치면 마을에 화재가 일어날 수 있다고 여긴 데서 비롯된 것이다. 고암 마을을 지나 물줄기를 거슬러 막바지에 이르면 산수동이 나오는데, 역시 수구막이 마을 숲이 있다. 원오봉산에서 시작된 물줄기를 따라 산수동, 고암, 원반월 마을이 형성되어 있는데, 하나같이 독립적인 마을 숲이 조성되어 있다. 이런 현상은 마이산 주변 마을에서 흔하게 보인다. 수학여행으로 찾아오는 학생들이나 오랜만에 고향을 찾아 마이산을 보는 사람은 마이산이 신기하고 정겹게 다가올 수 있다. 그러나 터 잡아 한평생을 살아가면서 마이산을 바라보는 마을 사람 입장에서는 다를 수 있다. 특히 옛날 옛적에 초가지붕을 얹어 살 때 화재가 일어나면 마을 전체가 황폐화되는 상황에 처하는데, 화재의 원인을 화의 형국인 마이산이 비친 탓으로 생각했다. 이를 대처하는 수단으로 마을 숲을 조성하여 화기(火氣)를 가렸던 것이다. 또한 전염병이 돌 때도 마이산의 험상궂은 모습으로 인해 발생한 것이라고 생각하여 이를 가리기 위해 숲이 조성되기도 했을 것이다.

그러면서도 마을에서 볼 때 마을의 수구 지점에 마을 숲을 조성하면 마이산을 화기(火氣)나 험상궂은 모습이 아닌 전혀 새로운 형상으로 보게 하는 역할도 한다. 마을 숲이 있는 곳에서 바라보는 마이산과 그렇지 않은 마이산은 너무도 다르다. 이렇게 마이산 주변 마을 숲은 마이산과 더불어 요술을 부리고 있는 것 같다.

진안, 가슴으로 담다

마령에 제비가 왔다

마령에 많은 제비가 왔다. 면 소재지를 중심으로 이렇게 많은 제비를 본 적은 어릴 때 이후 처음이다. 날렵하게 자신의 비행 솜씨를 한껏 뽐내며 날아다니는 제비를 보면서 출·퇴근을 한다. 흐리거나 비가 올 것 같으면 낮게 날며 필자에게 날아들 것처럼 아슬아슬하게 스쳐 지나가는 제비의 비행 솜씨는 감탄을 자아내게 한다. 흔히 제비가 낮게 날면 비가 온다고 한다. 그것은 비가 오기 전에 공기 중 습도가 높아지면 잠자리를 비롯한 곤충들이 날개가 무거워져 낮게 날 수밖에 없고, 그걸 먹이로 잡아야 하는 제비가 먹이를 따라 낮게 나는 데서 생긴 말이다.

제비는 인간과 아주 가까운 조류이다. 우리나라에 제비와 관련된 속담이 무척 많은데, 하나같이 긍정적인 내용이다. 그리고 다른 조류와 달리 인가(人家)에 둥지를 틀고 살아간다. 인간을 두려워하지 않는다. 오히려 보호해 줄 것으로 믿는 것 같다. 마치 흥부전에서 새끼 제비가 둥지에서 떨어지자 흥부가 보호해 준 것처럼 말이다. 실제 주민들로부터 떨어

283

생태와 농업

진 새끼 제비를 둥지에 넣어 주었다는 이야기는 쉽게 들을 수 있다. 사람이 사는 주변에 둥지를 틀면 고양이, 뱀, 구렁이 등으로부터 보호받는 것은 당연한 일이다. 또한 제비에 대한 인식이 매우 좋아 보호해 주면 복을 받는다는 인식이 깊게 자리 잡고 있다. 그래서 흥부전은 이러한 사실에 상상력을 가미하여 구성한 작품인 것이다. 또 하나는 탁란(托卵)을 방지하기 위한 것이란 연구 자료 〈행동생태학 & 사회생물학〉(2013년 6월호)이 있다. 연구 자료에 의하면 덴마크에서 5,000개가 넘는 제비집을 관찰했지만 한 번도 탁란을 목격하지 못했다고 한다. 그리고 이탈리아에서는 1.2%, 폴란드에서는 0.2%로 나타난 반면 숲에 둥지를 튼 중국의 경우 100개가 넘는 둥지에서 탁란이 발견됐다는 것이다. 탁란은 조류의 습성으로 뻐꾸기와 붉은머리오목눈이의 탁란 관계가 유명하다. 제비가 탁란으로부터 번식의 피해를 막기 위해 인가(人家)에 둥지를 만들고 새끼를 키운다는 것이다. 그리고 뻐꾸기는 절대 인가로 오지 않는다고 한다. 제비는 뻐꾸기를 만나면 추격하고 밀어내는 습성이 있다고 한다. 연구 자료에 의하면 덴마크 인가에서 뻐꾸기를 목격한 게 단 한 차례이고, 반면 야외에서는 제비가 뻐꾸기를 쫓는 장면을 150차례나 목격했다고 한다(1970~2012년). 결국 이런 이유 때문에 제비가 인가에 둥지를 틀고 번식한다는 것이다.

제비는 귀소(歸巢) 본능이 있어 자신의 둥지로 다시 찾아오는데, 집이 비면 찾아오지 않는다고 한다. 마령면 소재지 평산과 솔안 마을에 20여 기의 둥지가 있는데 올해 많은 제비가 찾아왔다. 본래 논을 갈 무렵에 와서 논흙과 지푸라기를 이용하여 둥지를 짓는다. 그런데 기온 상승으로 빨리 온 제비들은 전에 사용한 둥지를 다시 사용하는 것이 목격되었다. 제비가 둥지를 틀 때는 아무렇게나 하지 않는다고 한다. 제비가 집을 짓기 전에 부부 제비 중 한 마리가 날아와서 집의 처마가 마음에 든다 싶으면 처마 밑에 표시를 한 후 같이 둥지를 짓기 시작한다고 한다. 이때 집주인의 성품도 관찰하는데 인상이 좋지 않으면 다른 집에 둥지를 짓는다는 이야기도 전해진다.

마령에 제비가 왜 찾아올까? 당연한 대답이지만 마령이 제비가 살 만한 곳이기 때문일 것이다. 제비가 우리 곁을 떠나 한동안 보이지 않았던 이유는 과다한 농약 사용, 인구 감소, 도시화, 산업화로 인한 주변 환경 악화에 있다. 그렇다면 마령은 제비가 살 만한 곳이 되었다는 이야기가 된다. 마령은 '마령평야'라 할 정도로 매우 넓은 들이 있다. 예전에는 지나칠 정도로 논에 농약을 많이 했으나 요즘 벼농사는 거의 농약을 하지 않는 정도가 되었다. 이런 측면에서 청정해진 마령에 제비가 찾아오는 것 같다. 그리고 마령 사람의 인품을 제비가 느낀 것 같다.

이중환은 《택리지》의 〈복거총론〉에서 살 만한 주거 입지의 조건을 지리(地理), 생리(生利), 인심(人心), 산수(山水)의 네 가지로 제시하였다. 필자는 제비가 찾아오는 마령이 〈복거총론〉에서 제시한 4가지 요소를 갖춘 곳이 아닌가 생각해 본다. 제비가 찾아오는 곳은 단순히 청정한 곳을 넘어 사람이 살 만한 곳이라고 생각한다. 이 글을 쓰는 동안 서울시에서 '제비 SOS 프로젝트'를 실시한다는 보도를 접했다. '제비 SOS 프로젝트'는 서울에서 찾아보기 힘들어진 제비의 둥지, 개체 수, 번식 유무, 잠자리 등을 관찰한다고 한다. 이렇게 찾아보기 힘든 제비를 쉽게 찾아볼 수 있는 곳이 마령 땅이다. 제비에 관한 지속적인 관찰과 함께 살기 좋은 곳이란 이미지로 브랜드화하는 작업이 이루어졌으면 한다.

진안, 가슴으로 담다

요즘 마령을 중심으로 백운, 성수, 연장리 방향으로 도로변에 활짝 핀 무궁화를 볼 수 있다. 하얀 빛깔의 꽃부터 가운데에 분홍빛을 내는 꽃, 진분홍 색깔 꽃까지 예쁘게 무궁화가 피었다. 무궁화는 한여름 100일 동안 피고 지고 하면서 그 자태를 뽐낸다. 이곳 무궁화가 어느 시기에 심어졌는지는 정확하게 모르겠으나 특히 마령-백운 간 도로변에는 제법 길게 무궁화 길이 형성되어 있다.

가로수는 지역의 경관을 이루는 중요한 요소일 뿐만 아니라 요사이 관광지로 개발되기도 한다. 특히 도시의 경우에는 삭막한 도시의 경관을 아름답게 해 줄 뿐만 아니라 도심의 기온 조절 기능, 공기 정화, 소음 차단, 보행자를 보호해 주는 다양한 역할을 한다. 담양의 메타세쿼이어 가로수 길은 이미 널리 알려져 가로수로 지역의 이미지를 창출할 수 있는 예를 보여 주고 있다. 물론 담양의 메타세쿼이어 가로수 길이 처음부터 이렇게 많은 사람들이 찾을 것이라 예상하고 식재한 것은 아니었다. 부귀 세동리의 메타세쿼이어 가로수도 많이 알려졌는데, 이곳을 찾는 사람도 적지 않다. 심지어 드라마 촬영지로 사용되기도 했다. 이곳은 식재를 한다든지 쉼터를 조성하는 등 지속적으로 관리하고 있다. 주천 운봉리에서도 운치 있는 메타세쿼이어 가로수를 볼 수 있다. 담양의 메타세쿼이어 가로수뿐만 아니라 정읍 내장산 단풍나무 길, 충북 청주 플라타너스 길, 충남 아산 은행나무 길, 서천 배롱나무 길, 제주도의 억새꽃과 삼나무로 이루어진 길 등은 지역의 랜드마크 역할을 하고 있다. 나무 심는 작업은 단순한 작업 같지만 미래에 투자하는 일이다. 곧 개장을 앞두고 있는 부귀 편백숲도 70년대 지역민이 심어 놓은 것인데, 오늘날 그 가치를 발하고 있다.

우리나라에 가장 많이 가로수로 심어진 나무는 단연 벚나무이다. 벚나무가 전국 가로수의 20% 이상 된다는 통계도 나와 있다. 그래서 봄이면 전국적으로 많은 곳에서 벚꽃 축제를 하는 이유가 여기에 있다. 벚나무 다음으로는 은행나무와 느티나무가 많다. 은행나무는 병충해가 없기로 알려져 가로수로 많이 식재했으나 요사이는 은행 열매에서 나는 냄새로 인하여 갈수록 배제되고 있다. 느티나무는 수형이 좋을 뿐만 아니라 도심에 그늘을 제공하기 때문에 선호하는 수종이다. 최근에는 이팝나무, 배롱나무, 단풍나무, 메타세쿼이어 등이 심어지고 있는 추세이다. 그리고 지역의 특색을 살려 유실수를 심는 경우도 있다. 충북 영동 감나무, 인근의 장수 사과나무가 그것이다.

진안의 가로수도 각기 다양하게 심어져 있다. 역시 가장 대표적인 가로수는 진안에서 마령 간 국도에 조성되어 있는 벚나무이다. 지자체가

진안, 가슴으로 담다

시작되면서 식재된 것인데 오늘날 마이산의 벚꽃과 연계되어 벚꽃 길로 많이 알려졌다. 요사이는 백운 동창에서 신암리에 이르는 길에서 생기 넘치는 벚꽃을 볼 수 있다. 전국적으로 알려진 벚꽃 길인 강릉 경포대, 하동 쌍계사, 영암군에서도 눈부신 벚꽃을 볼 수 있다. 정천면에도 씨 없는 곶감 이미지를 살려 가로수로 감나무를 심어 놓았다. 그리고 동향 가는 방향으로 단풍나무가 심어져 있다. 요사이에는 새로 길이 조성되면서 대부분 이팝나무를 가로수로 조성하고 있다.

가로수는 지역의 이미지를 대표할 수 있는 경관 요소 중 하나이다. 그래서 지역의 랜드마크 역할을 하기도 한다. 그런데 진안읍이나 면 소재지에서는 가로수를 거의 볼 수 없는 것이 현실이다. 여기에는 상가 주인들이 간판이 보이지 않는다고 민원을 제기하여 가로수를 없앴다는 이야기도 있다. 읍·면 소재지에 특성 있는 가로수 조성 작업도 의미 있을 것이다. 가령 마령초등학교에 천연기념물로 지정된 이팝나무가 있는데 이를 살려 마령면 외곽 도로뿐만 아니라 소재지 주변에도 식재했으면 좋겠다. 그리고 현재 조성된 가로수의 관리 작업도 제대로 이루어졌으면 좋겠다.

진안 숲풀

　진안은 옛날에 난진아현(難珍阿縣)과 월랑(月浪, 越浪)으로 불렸다. 기록에 의하면 진안 백성은 소박하다고 언급하고 있으며 경제적으로 매우 궁핍한 고장이라고 적고 있다. 아마 산간 지역이라는 표현을 이렇게 한 듯하다. 진안(鎭安)이라고 부르게 된 것은 '신라 경덕왕 때 세 글자로 된 우리말을 두 글자로 줄여 마을 이름을 한자로 지을 때 난진아(難珍阿)의 진(珍) 자와 음이 같은 진(鎭) 자를 택하여 편안하고 살기 좋은 곳, 안락한 곳이라고 생각하여 택하지 않았을까?'라고 임공빈 선생은 추론하고 있다. 여기에 동의하며 진안만큼 살기 좋은 곳은 없다는 것이 필자의 생각이기도 하다.

　진안의 진산(鎭山)은 부귀산(富貴山)이다. 진안 사람들은 부귀산을 '배때기산'이라 부르기도 한다. 진산은 군·현을 진호(鎭護), 표상(表象)하는 상징성을 내포하는 것으로 멀리서도 군·현을 대표할 수 있는 수려장엄한 산세(山勢)의 산으로 이루어진다. 이런 역할을 진안에서 부귀산이 담당한다. 부귀산 기운이 읍내에까지 뻗어 우백호(右白虎)는 진안에서 전주로 넘어가는 고개인 강경골재 맥에 해당한다. 강경골재는 금강과 섬진강의 분수령(分水嶺)이라 하여 붙여진 이름이다. 좌청룡(左靑龍)맥은 진안향교 쪽으로 뻗어 내려간다. 안산(案山)은 진안천 건너편 우화산(羽化山)과 성뫼산 줄기이다. 그리고 내룡(來龍)에 해당되는 당산(堂山)에 힘찬 기운이 머물고 그 앞자리에 명당판을 형성해 놓았다. 그 명당판에 군청이 자리 잡고 있는 것이다. 군청 자리는 옛날 진안현 동헌이 있던 자리이기도 하다. 당산(堂山)은 일제 강점기에 신사당이 설치됐던 곳이다. 그래서 오늘날 간혹 당산을 '신사당'이라 부르는 이유가 여기에 있다.

1997년 진안읍 우회 도로를 내면서 우화산맥이 잘렸고 강경골재도 심하게 맥이 훼손됐다. 특히 강경골재는 금남호남정맥인 영취산(장안산)과 부귀산, 운장산을 연결시켜 주는 매우 중요한 산줄기인데, 그 맥이 험상궂게 잘리고 말았다. 최근에 맥을 이어 주는 다리를 건설하여 다행이다.

진안읍으로 들어서는 '삼거리' 근처 진안천변에 숲이 자리해 있다. 이곳에 형성된 마을을 '숲풀'이라 한다. 그래서 이 숲을 보통 '숲풀'이라 부른다. 이곳에 숲이 조성된 것은 풍수 이론상으로 진안이 완벽한 땅을 이루고 있는데, 진안천 상류에서 진안읍으로 들어오는 물길이 불길하다 하여 그 좋지 않은 기운을 막기 위한 방편으로 숲이 조성되었을 것이다. 그렇게 해서 전형적인 진안읍 수구막이 역할을 하는 숲이 생겼다. 또한 실질적으로 진안읍을 침수로부터 막기 위한 용도로 조성된 숲이기도 하다. 그러나 지금에 와서 진안 사람들은 이런 사실을 잊은 채 살아가고 있는 듯하다. 현재 '숲풀'은 6그루의 느티나무로 과거에 비해 그 규모가 매

생태와 농업

우 축소된 상황이다. 더군다나 최근에 하천 제방을 새롭게 만들면서 숲의 위세가 약화된 듯한 느낌이다. 굳이 하지 않아도 되는 토목 공사가 이루어지면서 제방림으로 조성된 많은 숲이 훼손될 상황에 놓인 것이다.

마을 숲은 조상들의 지혜로 만들어진 우리나라에서 특유의 경관 요소 중 하나이다. 또한 마을 숲은 문화적, 역사적, 생태적으로 다양한 요소가 결합된 문화유산이기도 하다. 이렇듯 마을 숲의 의미를 되새겨 보는 것은 마을 숲의 위기가 그만큼 심각하기 때문이다. 이제는 마을 숲을 보존, 보호해야 할 구체적인 방안이 더 강구되어야 할 때라는 생각이 든다.

골프장, 푸른 사막

　전국의 골프장은 회원제 골프장 259개, 퍼블릭 골프장(비회원) 286개로 총 545개에 이른다(한국골프장경영협회, 2014. 1. 1. 기준). 이 중에서 현재 운영 중인 골프장은 460여 개소이다. 여기에 도시 주변 곳곳에 자리한 골프 연습장은 헤아릴 수 없이 많다. 좁은 땅덩어리에 빼곡히 들어찬 것이 가히 '골프 공화국'이라 할 정도이다. 골프 애호가들은 우리나라 골프장 숫자는 다른 나라에 비하면 매우 적은 편이라고 강변하지만 우리나라의 자연환경을 고려할 때 적지 않은 숫자라고 생각한다.

　김대중 대통령이 한때 골프를 대중 스포츠로 육성해 노동자까지도 골프를 할 수 있게 하겠다고 공언한 적이 있다. 당시 이런 보도를 접한 후 국민의 정서와 동떨어진 정책이라 생각했다. 지금도 필자는 골프에 대하여 부정적이다. 간혹 친구가 이제는 골프 칠 때가 되었으니 시작해 보자고 언급하면 그냥 웃고 넘긴다. 친구와 골프로 인하여 얼굴을 붉힐 필요가 없기 때문이다.

골프는 우리나라에 이상하게 정착된, 스포츠가 아닌 천박한 문화 중 하나이다. 우리나라 사람들이 그토록 선망하는 명품 가방 하나 지니면 계층이 상승한 것처럼 착각하듯, 커다란 골프 가방을 지니고 다니면 마치 계층이 상승한 것으로 생각한다. 차량을 구입할 때도 실용성보다는 남에게 보여 주기 위하여 대용량의 차량을 구입하는 것과 같은 천박함이 함께한다.

환경운동가는 '골프장은 우리 모두 같이 죽는 공멸의 길이요, 색깔만 풀빛인 푸른 사막일 뿐'이라 주장한다. 공감한다. 풍수에 관심을 가진 필자 입장에서 골프장은 많은 문제점을 노출하고 있다고 생각한다. 골프장이 건설되면 주변 사람들이 큰돈을 챙길 수 있다고 한다. 그리고 골프장에서 잔디 깎기나 잡일을 하며 일자리를 구할 수 있다고 한다. 그러나 문제는 오랫동안 지켜온 삶의 터전이 파괴된다는 것이다. 그리고 농사지으며 살아온 터전에는 음식점이나 모텔이 들어선다. 마을 사람들은 삶터의 주체가 아니라 심부름꾼으로 전락하고 만다. 그야말로 마을 공동체가 파괴되는 것이다.

골프에 대해 매우 부정적으로 인식하게 된 것은 특히 정치인들이 원대한 꿈을 설계한답시고 드넓은 초원을 누비는 모습이 각인되었기 때문이다. 작년에 지역 사회에도 그런 유사한 일이 발생하기도 했다.

우리 지역에 처음 골프장이 들어선다는 소식을 접했을 때 뭔가 모순이 된다는 생각을 하게 되었다. 용담댐 상류 지역에 위치한 부귀면에 골프장을 건설하게 되면 잔디를 키우기 위해 사용되는 농약이나 비료 사용량이 막대할 것인데, 그 유출물이 고스란히 용담댐으로 들어갈 것이다. 그리되면 용담댐은 상수원으로써 역할을 제대로 할 수 있을 것인가? 당시에 이 문제점이 많이 지적되었다. 그러나 지금에 와서 골프장과 용담댐 상수원과의 관계는 어떤 이유에서인지 묻히고 말았다. 지금도 골프장은 성업 중이다. 또 당시에 골프장 건설로 지자체 재정에 많은 도움이 된다고 언급했는데, 과연 우리 지역 발전에 얼마나 기여했는지 묻고 싶다. 필자의 생각은 대단히 부정적이다. 그런 단적인 일면이 작년에 발생했다. 골프장 건설로 인하여 마을 길 통행을 방해하는 횡포를 부렸다. 마을 사람을 무시한 처사였다. '갑질'을 한 것이다.

2015년 예산에 골프 연습장 예산이 책정되었다. 7억 원을 삭감했는데도 사업비가 자그마치 18억 원에 이른다. 일반적으로 골프 연습장은 개인 사업자가 건설하여 운영하는 체계이다. 그런 사업을 지자체가 솔선하여(?) 추진한다는 것이 이해가 되지 않는다. 지역의 골프 동호인을 위한 골프 연습장이라면 지역 민심을 제대로 파악하지 못한 것이다. 우리 지역에서도 골프 동호인들이 마음껏 골프를 즐길 자유는 있다. 그런데 적지 않은 예산으로 지자체까지 나서서 골프 연습장을 지을 필요는 없을 것 같다.

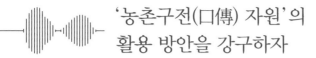# '농촌구전(口傳) 자원'의 활용 방안을 강구하자

내일모레면 입춘이다. 봄은 24절기 중 첫 번째 절기이다. 보통 올해와 같이 양력으로 2월 4일에 해당된다. 예전에는 이 무렵이면 한창 마을에서 풍물을 치며 흥겹게 지낼 때인데 오늘날에는 벌써부터 농사 준비를 한다. 요즘에는 비닐하우스에 고추 파종을 시작하는 것으로 한 해 농사가 시작된다.

답사를 다니다 보면 민속에 담긴 농경 이야기를 흔히 들을 수 있다. 농가에서는 입춘에 보리 뿌리를 파 보고 1년 농사의 풍흉을 점치는 풍습이 있다고 한다. 늦가을에 심은 보리가 입춘쯤이면 뿌리를 내리기 시작하는데, 세 갈래로 되어 있으면 풍년이 들고, 두 갈래면 평년작, 하나면 흉년이 들 징조라 한다. 뿌리 성장의 좋고 나쁨을 보고 보리농사의 풍흉을 예측한다는 것인데, 이는 오늘날에도 매우 과학적이고 합리적인 판단이라고 생각된다. 특히 뿌리가 시들었을 때는 흉년이 들 징조라고 하는데 이는 겨울에 땅이 얼었다 녹았다 하면서 뿌리가 뜨기 때문이다. 그래서 봄

철에 보리밟기를 하는 이유가 여기에 있다.

정월대보름에는 논·밭둑을 태운다. 이는 잘 알려진 사실로 논·밭둑에 있는 해충을 없애기 위해서다. 흔히 정월대보름에는 쥐불놀이를 한 다음 논·밭둑 태우기를 한다. 이는 해충 알을 죽임과 동시에 풍년을 기원하는 행사이기도 하다. 그렇게 태운 잡초는 재가 되어 작물의 생육에 도움을 주는 효과를 가져온다. 요즘에는 불이 날 염려로 자제하도록 하고 있지만 과거 농촌에서 일상적으로 볼 수 있는 풍속이었다.

정월 보름경에 과실나무에 주저리를 싸서 묶어 두면 그해 열매를 맺고 병충해를 예방할 수 있는 풍속이 있다. '주저리'는 일정한 양의 볏짚 끝을 모아 엮어서 무엇을 씌울 수 있도록 만든 물건인데 이는 특히 병충해를 예방하는 효과가 있다. 요즘도 병충해를 예방하기 위하여 나무를 짚으로 묶어 두는데, 그런 지혜이다.

곡우 무렵에 거자수나 다래나무의 수액을 먹으면 건강에 좋다는 이야기도 전한다. 이는 요즘 고로쇠 수액을 마시는 것을 생각하면 될 것 같다. 고로쇠 수액은 비가 자주 오는 해에 마시면 맛이 덤덤하고 하루만 놔두어도 색깔이 변하여 효과가 떨어진다고 한다. 그래서 고로쇠 수액은 날이 가물고 비가 적을 때 마시는 것이 건강에 도움이 된다는 이야기가 전한다.

시골 마을 어귀에 있는 대부분의 당산나무에는 다양한 이야기들이 얽혀 있다. 어떤 당산나무는 큰일이 발생할 것을 예견했는지 그 징조로 곡소리를 냈다는 이야기도 전한다. 성수면 상염북 마을에서는 1910년 8월 29일 한·일 병탄시 당산나무가 굉음을 내며 북쪽으로 쓰러졌다고 한다.

그래서 그 나무로 충목정(忠木亭)을 지었다고 전한다. 그리고 수몰된 마을이지만 상전면 월포리 항동마을에서는 당산나무 잎이 무성하면 나라가 평화롭고 흥했다고 한다. 특히 농경과 관련된 당산나무 이야기도 전한다. 진안읍 궁동 마을, 상전면 금지 마을, 동향면 보촌 마을 등 많은 마을에서 전해 오는 이야기로 나무의 잎이 푸르고 넓게 피면 그해 풍년이 들고 반대로 잎의 모양이 좋지 않으면 흉년이 들었다는 것이다. 또는 잎이 한꺼번에 피면 모내기를 일시에 해 풍년이 들고 부분적으로 피면 모내기가 늦어져 흉년이 들었다고 한다. 나무를 보고 풍흉을 점친다는 것인데, 이는 나무와 수분과의 관계를 나타낸 것으로 판단된다. 잎이 한꺼번에 핀다는 것은 그해 강수량이 충분하다는 것이고 그렇지 않으면 그해 강수량이 적다는 것을 의미하는 것이다. 필자는 실제 어느 해인가 진안읍 궁동 마을 느티나무잎이 한꺼번에 피지 않고 층층이 핀 모습을 본 적이 있다. 그해 강수량과의 관계를 파악하지는 못했다. 이런 이야기를 하는 이유는 마을에서 전해 오는 이야기가 전혀 근거가 없는 이야기가 아니라는 점을 강조하기 위해서이다.

민속에 담긴 다양한 지혜는 조상들이 여러 대에 걸쳐 축적한 경험적 지식이다. 이들 가운데는 매우 과학적이고 합리적인 사고에 기반한 내용이 부지기수다. 이런 자료들이 오늘날 과학적인 분석 작업을 거쳐 소위 '농촌구전(口傳) 자원'으로 재탄생되고 있다. 우리 지역도 마을마다 수많은 민속에 관련된 이야기가 전해 오고 있다. 이를 수집하여 마을 이야기를 재구성하기 위한 마을 스토리텔링, 농촌 체험, 지역 관광화 등으로 활용 방안을 강구했으면 한다.

농사지으면 다 같은 농민이다

농민은 농사짓는 사람을 일컫는다. 농사짓는 사람이면 누구나 농민이라고 부르면 된다. 군이 여기에 다른 명칭이 필요 없다. 고려나 조선 시대 백성은 농민을 일컬었다. 당시에는 대부분의 경제 활동이 농업이었다. 그래서 농민이 곧 백성이었다. 지금은 다르다. 농민은 전체 국민의지극히 일부에 해당된다. 현재 전체 인구 5% 정도밖에 되지 않기 때문에몹시 무시받는 계층이 되었다. 통계상 1995년에 485만 명으로 10% 정도 차지했던 농민 인구는 2014년 275만 명, 2015년 261만 명으로 줄어든 것으로 추정되고 있다. 진안군 인구도 1966년 10만 명을 넘어 정점을 찍고 산업화가 진행되면서 많은 사람들이 떠났고, 특히 용담댐 수몰로 이주자가 많아 2015년 12월 말 기준 26,203명에 불과한 실정이다.

농사짓는 일은 쉬운 일이 아니다. 그런데 많은 사람들이 도시를 떠나농촌으로 이주해 와서 '농사라도 짓겠다.'는 말을 쉽게 한다. 그러나 농촌에 살다 보면 농사짓는 것이 결코 만만치 않다는 것을 느낄 것이다.

10여 년 전에 절친하게 지내는 형님과 벼농사와 과수 농사 등을 지은 적이 있었다. 학교생활과 병행하여 농사를 거들었는데 농사가 얼마나 어려운지 실감한 바 있다. 때로는 남의 손을 빌려 가면서 일 처리를 했지만 농사란 정말 만만치 않은 일이었다.

최근 성수면 지인 집에 가족과 함께 가서 담배 모종 옮기는 일을 도와준 적이 있다. 말이 도와준 것이지 한나절 일하는데도 몸을 제대로 가누기조차 힘들었다. 함께 일을 한 마을 분들은 미동도 하지 않고 일에 열중하고 있었다. 돌아오면서 민폐만 끼치지 않았나 하는 생각을 했다. 담배와 고추 모종을 옮겨 심으면서 1년 농사를 시작하는 농민은 올해 담배와 고추 농사가 잘되기를, 그리고 제값을 받을 수 있길 간절한 기원했을 것이다. 그래서 절대 '농사라도 짓겠다.'는 말을 쉽게 해서는 안 된다.

지역에 살고 있는 사람들의 명칭은 매우 다양하다. 귀농인, 귀촌인, 원주민, 다문화 가족 등이 그것이다. 다양성의 원리는 매우 중요한 의미를 담고 있다. 그것은 민주주의 원리이기도 하고 통합, 조화, 유연성 등을 의미한다. 그런데 다양한 사람들의 저울추가 한쪽으로 치우치면 갈등의 원인이 된다. 지역 사람들을 군이 다양한 용어로 표현하는 것이 옳은 것인가? 하는 의문이 든다. 필자는 그렇지 않다고 생각한다. 농민이라고 하면 된다. 다양한 용어 중에 어느 쪽에서는 우월감을 가질 수 있는 용어로 사용하기도 하고 어느 쪽에서는 숨기고 싶은 용어가 되기도 한다. 지역에서 오래전부터 살던 사람을 원주민이라고 부르는 것은 아메리카 인디언을 연상하게 만든다. 물론 지역 살림살이를 위하여 통계적으로 파악할 필요는 있다. 그런데 지나치게 각각의 용어를 사용하여 행사를 한다면 이질감만 심화될 수 있겠다는 우려가 든다.

진안군 2015년 12월 말 기준 통계에 의하면 총인구는 26,203명이다. 귀농·귀촌 가구는 총 210가구(귀농 131가구, 귀촌 79가구)에 403명이다. 다문화 가정은 245가구로 자녀까지 포함하여 907명에 이른다. 그리고 지역에 거주하는 외국인은 2013년 통계에 의하면 303명으로 파악되고 있다. 이쯤 되면 우리 지역도 이제 국제화(?)에 접어들었다 할 만하다.

우리 지역도 이제 다양한 구성원이 어우러져 살아가야 할 상황에 직면해 있다. 인근 지역에서 온 사람은 물론이고 먼 나라에서 이주해 온 사람들에게 우리는 먼저 감사함을 가져야 한다. 지역의 급격한 인구 감소로 모든 부분에서 어려움을 겪고 있는 상황이니만큼 보다 따뜻한 마음으로 감싸 안도록 하자. 그들에 의하여 지역의 일정 부분은 재생산될 수 있는 토대가 마련됐으니 말이다. 그들 역시 같은 마을에 살게 된 이상 모나지 않게 살아갔으면 좋겠다. 특히 지역 사람에게 지나친 우월감으로 비치게 되는 언어나 행동을 하지 않았으면 좋겠다. 물론 지역민들도 외지에서 들어와 살아가는 사람들에 대해 배타적인 자세를 가지면 안 된다. 그 지역에 들어와 터 잡고 농사지으며 살아가면 다 같은 농민이다.

대형 원형 볏짚과 토양 산성화

가을철 벼 수확을 한 후에 논에서 볼 수 있는 새로운 풍경이 생겼다. 그것은 다름 아닌 논에 놓인 커다란 원형의 하얀 비닐이다. 요즘 진안뿐만 아니라 우리나라 곳곳에서 쉽게 볼 수 있다. 누군가는 '공룡 알'이라고 부른다. 공룡 알같이 크기 때문이다. 어떤 사람들은 떡가래 같다고 한다. 논에 마치 떡가래처럼 놓여 있기 때문이다. 하얀 모양이 박하사탕처럼 생겨 '박하사탕'이라고도 부른다. 이것을 '대형 원형 볏짚' 또는 '생볏짚 곤포 사일리지'라고 한다. 이는 벼를 수확하고 난 다음, 바로 볏짚을 둥글게 말아서 곤포(梱包)를 만든 다음 비닐을 감아 밀봉시켜 젖산 발효를 일으켜 장기 보관하도록 만든 것이다. 곤포 사일리지(BaleSilage, Balage)의 사전적 의미는 수분량이 많은 목초, 야초, 사료 작물 등을 진공으로 저장 및 발효하는 것을 말한다. 이것을 만든 목적은 가축 사료로 사용하기 위한 것이다. 전에는 진안 지역 논에서는 볼 수 없었는데, 요즘은 우리 지역에도 축사가 많아지면서 대부분의 논에서 볼 수 있게 되었

진안, 가슴으로 담다

다. 축사를 운영하는 사람뿐만 아니라 그러지 않은 사람도 볏짚을 판매해 '대형 원형 볏짚'을 볼 수 있다. 논 한 마지기(200평)에서 2개 정도 만들 수 있다고 한다. 보통 1개당 5만 원 정도에 판매된다고 한다. 5만 원은 판매 가격이니 실제 볏짚 가격은 훨씬 싸다. 그럼에도 불구하고 벼 수확 후에 조금의 소득이라도 되니 볏짚을 판매하는 상황이다. 1개당 보통 300~400kg 정도 되는데, 소 한 마리가 1년에 먹는 양은 보통 8~10개 정도 된다고 한다. 우리나라 전국 방방곡곡에서 '대형 원형 볏짚'을 볼 수 있으니 현재 우리나라 축산업 규모를 짐작할 수도 있다. 국제 곡물 상승으로 사료값이 인상되어 생산 원가가 높아져 축산 농가가 경쟁력 차원에서 '대형 원형 볏짚'을 만들게 되었다고 한다. 그런데 토양에 문제점이 발생하기 시작했다. 실질적인 농가 소득 또한 간과한 꼴이 되고 있다.

예전에는 벼를 수확 후에 지극히 일부 짚만을 사용하고 대부분의 짚을 논에 그대로 두어 퇴비로 사용하였다. 그런데 요즘은 '대형 원형 볏짚'을 만들어 사용하기 때문에 논의 유기물이 감소하고 있다고 한다. 논의 산성화를 가속화시킨 것이다. 논에서 볏짚은 매우 다양한 역할을 한다. 즉, 볏짚은 양분을 공급할 뿐만 아니라 다른 양분의 유실을 막으며 작물 생육 기간 동안 양분을 골고루 공급하는 역할을 하는 것이다. 그래서 볏짚 환원 작업이 토양을 개선해 이듬해 벼 생산량을 증가시키는 것으로 나타났다. 또한 볏짚을 논에 깔면 토양 유기물 함양과 지력 증진으로 고품질 쌀 생산이 가능해진다고 한다. 실제 가축 조사료용으로 사용하는 경우 볏짚 판매 금액은 10a(300평)당 36,000원 정도지만, 논토양에 환원하면 벼 생산이 14% 증수돼 10a당 70kg 내외를 더 생산할 수 있어 볏짚

생태와 농업

환원 시 10a당 7만 원 이상의 경제성이 있다는 연구도 있다(충남 농업기술원). 이렇게 본다면 '대형 원형 볏짚'을 판매하면 약간 소득이 있을 수는 있어도 실질적으로는 축산업자에게 이익이 될 뿐이다.

결국 논에 볏짚을 환원하면 화학 비료와 퇴비 사용도 줄일 수 있어 실질적인 경제성은 더 늘어난다는 것이다. 이제는 대량의 화학비료를 사용해 농사짓는 농법에서 벗어나 볏짚을 퇴비로 되돌리는 볏짚 환원 작업이 이루어져야 할 것이다.

⫸⫷⫸⫷ 동향 가는 길

5월 실록의 계절, 동향으로 간다. 4월에 초록이 피어날 때 수채화를 그려 놓은 듯 세상을 예쁘게 만들어 놓더니 순식간에 짙푸른 녹음을 만들어 놓았다. 이팝나무, 아카시아, 함박꽃들이 환하게 웃는 듯 하얀 꽃을 피우며 꽃 내음까지 아름답게 안겨 주고 있는 5월에 동향으로 간다. 전주의 꽃들이 떨어질 무렵 진안에는 꽃들이 한창이다.

부귀를 지나 상전, 안천, 동향에 접어들자 주변 풍경이 달라진다. 한창 모내기를 할 무렵인데, 모내기한 논이 드물다. 마령만 하더라도 요즘 모내기 준비가 한창이다. 논에 물을 대고 써레질을 하여 논을 다듬고 있다. 그런데 안천, 동향 지역은 논농사 대신 수박, 고추, 인삼 재배가 주종을 이루고 있었다. 모내기를 한 논을 거의 볼 수 없을 정도였다. 생명 같은 벼농사가 농민의 마음에서 멀어져 간 지 오래됐다고는 하지만, 이런 푸대접을 받는구나 하는 생각이 들었다.

우리나라 총인구는 2016년 5,125만 명이다. 농가 인구는 249만 명에 불과하다. 총인구의 5%가 채 되지 않는다. 도시 근로자 가구 대비 농가 소득 비중은 1980년 95.9%, UR 협상 타결 무렵인 1995년에는 95.8% 까지 상승했으나 이후 시장 개방 확대로 지속적으로 하락, 2013년에는 62.5%까지 감소했다. 쌀값이 폭락한 2016년 도농 간 소득격차는 58% 로 추정된다. 또한 우리나라 전체 인구의 고령화율은 1980년 3.8%에서 2013년 12.2%로 증가한 반면, 같은 기간 농가 인구의 고령화율은 6.7% 에서 37.3%로 크게 증가했다. 2016년 현재 농가 인구의 고령화율은 43.4%로 우리 농촌은 이미 초고령 사회를 넘어 초초고령화 사회에 진입 해 있다. 진안군도 이런 상황에 처해 있다(박경철).

동향 마을에 도착해서 마을분과 농사 이야기를 나누었다. ○○○ 씨 (60년생, 남)와 이야기를 나누면서 벼농사를 짓지 않는 이유를 쉽게 알 수 있었다. ○○○ 씨는 마을에서 매우 젊은 층에 속하며 부지런히 생활하는 전형적인 농민이다. 올해는 벼농사를 3마지기(600평)만 짓는다고 한다. ○○○ 씨가 산출한 벼농사 소득과 비용은 이렇다. 이곳에서는 1마지기에 3가마니 정도 쌀이 수확된다고 한다. 보통 정부 보조금을 더해한 가마가 18만 원 정도 된다고 한다. 그러니 1마지기의 논에서 나오는 소득은 54만 원 정도 되는 셈이다. 그런데 1마지기에 쓰는 비용은 트랙터 2번 사용하면 7만 원, 이앙기 사용료 4만 원, 콤바인 사용료 5만 원, 농약·비료 대는 2만 원 정도가 들어 총 18만 원 정도가 소요된다고 한다. 그럼 1마지기에서 고작 36만 원의 소득이 되니 10마지기를 농사짓는다고 하여도 400만 원이 채 되지 않는다. 어느 농민이 벼농사를 짓겠는가?

○○○ 씨는 작년에 1,400평의 고추 농사를 지었는데, 수확 초기에는 1근당 6,000원 정도 되었는데 갈수록 가격이 떨어져 평균 4,000원 정도 되었다고 한다. 이런 가격이라면 적자를 면하기 힘들다. 몇 년 전만 해도 고추 가격이 1근에 15,000원이 넘어섰고 한동안 1만 원이 넘을 정도였는데 이제는 수입산이 대량으로 들어오면서 가격이 많이 떨어졌단다. 그래도 올해 1,200평의 고추를 재배하였다고 한다. ○○○ 씨가 가장 심혈을 기울여 농사짓는 것은 수박이다. 올해 수박을 2,000평 심었다. 작년의 경우 1,600평을 지었는데 1마지기에서 평균 250만 원 정도의 소득을 올렸다고 한다. 수박 재배를 통하여 한 해 소득을 올린 셈이다. 그렇다고 언제나 이와 같은 소득이 보장되지는 않을 것이다. 특히 올해 진안군의 수박 농사 재배 면적이 작년에 비해 30%가 늘었다고 한다. 동향면에서 시작한 수박 농사가 이제 진안군 전 지역으로 확산되고 있는 상황이다.

필자도 아주 오래전에 절친하게 지내는 형님과 농사를 지어 보았기에 농사가 쉽게 달려들 그런 대상이 아니라는 것은 깨달았지만, 지금의 상황은 더더욱 어려워진 것 같다. ○○○ 씨는 농사를 제대로 짓기 위해서는 농산물 가격 보장제가 실시되어야 한다고 주장한다. 필자는 미래의 농촌이 살아남기 위해서는 농산물 가격 보장제를 넘어 농민 기본 소득제가 실시되어야 한다는 생각을 갖고 있다. 그러나 현실과 이상은 언제나 괴리가 있는 법. 녹록지 않은 농촌 실정에 대해 듣고 나니 실록의 5월이 마냥 낭만적이지만은 않다.

제초제 사용 자제되어야

몇 년 전 학교 운동장에 제초제를 뿌려 논란이 된 적이 있다. 학생들이 일상적으로 생활하는 공간인 운동장에 제초제를 뿌렸으니 대단히 잘못된 일이었다. 도시 학교는 학생 수가 많기 때문에 운동장에 풀이 제대로 자랄 여유가 없지만 읍면 단위 학교는 학생 수가 적어 운동장 사용이 드물기 때문에 날마다 무성하게 풀이 자란다. 상시적으로 제초 작업을 하기 어려우니 선택한 방법이 제초제를 뿌리는 일이었다. 어떤 이유를 막론하고 학교 운동장에 제초제를 뿌리는 일은 잘못된 것이며 교육청 자체적으로 사용을 금지하도록 해야 한다.

제초제는 살충제, 살균제에 비해서 독성이 강하다. 요사이 모내기가 한창이다. 모내기를 하기 전에 논두렁을 정리하는데, 이때 논두렁의 풀들을 제초제로 잡는다. 노동력이 없기 때문에 가장 쉬운 방법인 제초제를 뿌리는 것이다. 확실히 제초제를 사용하면 값싸고 편리하게 농사를 지을 수 있어 경제적으로 유리한 것은 분명하다. 그러나 소비자와 토양

진안, 가슴으로 담다

환경을 생각한다면 마땅히 사라져야 한다. 제초제를 뿌리면 풀들은 조금씩 말라 가며 시간이 지나면 흔적 없이 사라진다. 논두렁뿐만 아니라 과수 재배 농가에서도 제초제를 사용한다. 청정 진안이라는 우리 고장에서 요즘 흔히 볼 수 있는 풍경이다. 제초제를 사용하면 미생물이 살지 못하여 땅속 유기물이 부족해지고, 토질이 경화(단단해지는 것)되어 작물 생육이 부진하다. 지렁이 등 토양 생물이 살지 못하면 토양 산소가 부족해져 작물이 허약하고 병에 잘 걸린다. 그런 식물을 음식으로 섭취하면 체내에 축적되어 불치병에 걸릴 수도 있다.

과거 농촌은 두레로 공동 작업을 진행해 왔다. 논두렁에는 콩을 심어 땅 힘을 보태었고 제초 작업의 일손을 덜었다. 현재 상황에서 제초제 살포가 경제적이고 능률적인 것은 사실이나 실제적으론 제초제를 사용하지 않고 논두렁 조성기에 보수하거나 콩을 심으면 2배가량의 경제적 효과를 보는 것으로 연구된 바 있다. 김매기는 보통 3번 정도 하는데 마지막을 '만두레'라고 불렀다. 논매기가 끝나는 음력 7월 칠석이나 백중 중에 날을 정해 즐기는 농민들의 휴가이자 1년 중 가장 큰 마을 잔치였다. 흔히 백중날을 '술멕이' 하는 날이라고도 했으며, 술과 음식을 푸짐하게 장만하여 나누어 먹으며 풍물을 치고 놀았다. 집집마다 빚은 술을 한 동이씩 들고 나와 마시고, 장원례(壯元禮)도 치르며 농번기의 피로와 수고로움을 풀었다. 이날을 백중놀이, 술멕이, 호미걸이, 호미씻이라고도 불렀다.

여하튼 제초제 살포는 문제가 심각하다. 제초제 살포 금지로 친환경 농산물을 판매하는 지역이 있었다. 경기도 파주시다. 파주시에서는

2006년부터 친환경 농업을 위해 제초제 사용 금지를 실천했다. 그래서 당시 파주시에 가면 '파주시에선 제초제를 쓰지 않습니다.'라고 쓰인 커다란 현수막을 볼 수 있었다.

파주시는 초기에 소위 '논두렁 전담 팀'을 본청 2개 반(행정지원반, 기술지원반) 12개조 46명으로 구성하여 현장 지원 업무를 추진했다. 또한 읍면동 12개조 60명을 마을별 책임 담당 공무원으로 배치하는 일일관찰 제도도 병행 운영하여 논두렁 제초제 사용 금지의 당위성을 적극 홍보해 왔다. 이후에 제초제 살포 농가에 대해서 병해충 지원 방제 농약, 못자리용 상토와 유기질 비료 지원 등을 중단하면서 친환경 논두렁 관리를 지속적으로 추진하여 친환경 농업 정책을 강력하게 펼쳤다. 그러나 농민들의 민원과 반발로 2010년에 중단되었다.

제초제 사용을 하지 않고 농사를 짓는 일이 현실적으로 어려움이 있다는 사실은 주지하는 바다. 초고령화 사회에 접어든 농촌 현실에서 제초제를 사용하지 말라는 주장은 현실을 모르는 이상주의에 불과할 수도 있다. 그럼에도 불구하고 청정 진안을 지향하고 유기농 농산물을 생산 판매하는 고장이니만큼 제초제 사용을 줄임으로써 얻는 효과는 무엇보다도 클 것이라 생각된다. 논두렁 부직포 지원 사업이나 공공근로를 활용한 논두렁 제초 작업과 아울러 친환경 농산물 유통을 지원해 준다면 유인책이 되지 않을까 생각해 본다.

진안, 가슴으로 담다

V

교육

 새로운 출발

3월이면 새로운 학교생활을 마령고에서 시작하게 된다. 지난 6년간 전주고등학교에서 보낸 생활을 생각해 본다. 진안에서 18년 동안 생활하면서 한 번쯤 도시 인문계 고등학교에서 근무해 보는 것도 교직 생활에 큰 경험이 될 것 같다는 생각으로 전주고등학교 생활을 시작했다. 그러나 막상 인문계 고등학교의 생활은 기대와 달랐다. 소위 명문고라 불리는 학교로 발령받았을 때 여간 부담스러운 게 아니었다. 수준 높은(?) 학생들을 대상으로 어떻게 수업을 할 것인가? 시험 문제 출제는 어느 정도 수준으로 내야 할까? 학생들과의 상담은 어떻게 해야 할까? 이런저런 고민을 하면서 참고서를 뒤척이다 잠까지 설쳤다.

첫날 수업을 위해 교실에 들어섰는데, 대부분 학생들이 책상에 엎드려 있었다. 나는 자는 학생들을 보며 처음 오는 선생님과 장난을 치려나 보다 생각했다. 교직 생활 20년이 넘도록 이런 광경은 처음이었다. 이 발칙한 장난에 어떻게 대응을 해야 하나 하며 엎드려 있는 학생들을 살폈다. 장난이 아니었다. 학생들은 진짜로 잠을 자고 있었다. 잠들어 있는 학생들을 깨우기 시작했는데, 잠에 취해서 도저히 수업을 진행할 수 없는 학생들이 부지기수였다. 심지어 깨기 아쉬워(?) 계속 눈을 감고 있는 학생들도 있었다.

이런 광경은 인문계 고등학교에서 쉽게 볼 수 있는 모습이다. 인문계 고등학교 하루 일과를 살펴보자. 1교시 수업을 오전 8시에 시작하여 보충 수업까지 마치면 오후 6시가 된다. 야자(야간 자율 학습)는 10시, 3학년은 11시까지 진행된다. 이후에도 가정, 도서관, 독서실에서 많은 학생들은 공부를 한다. 이렇게 되면 12시를 훨씬 넘겨서야 잠에 든다. 다음 날 오전 시간에는 학생들이 수면 부족으로 비몽사몽간에 수업을 듣게 된다. 오후 시간 또는 저녁이 되면 정신이 말짱하게 돌아온다. 3년 동안 이런 쳇바퀴 같은 생활을 하고 졸업을 하게 되는 것이다. 모든 것은 수능을 잘 보기 위하여, 좋은 대학에 진학하기 위하여 해야 하는 어떻게 보면 학교 내 '새마을운동'과 같다. 6년을 생활하면서 남은 것은 우리나라 인문계 고등학교의 민낯을 고스란히 바라볼 수 있었다는 점이다. 나 자신도 조직의 부품이 되어 한낱 기계처럼 생활을 했다. 6년 동안의 인문계 고등학교 생활이 나 자신에게는 '잃어버린 6년'이었고, 많은 회한이 남는 시간이 되었다.

이런 숨 막히는 생활 속에서 몇 가지 프로그램 운영은 내게 탈출구가 되었다. 그중 하나는 '학교 밖 학교'란 프로그램이었다. 3년 동안 이루어진 '학교 밖 학교'는 밋밋한 학교생활 중에 활력소로 작용했다. 이 프로그램은 학생들에게도 도움이 되는 것이었다. 주말을 통해 이루어진 우리 지역의 문화유적 탐방은 진안고원의 자연, 해안과 평야를 축복처럼 끼고 있는 부안과 고창, 지리산 둘레길, 그리고 생태 공원 순천만과 시간이 멈춰 선 낙안읍성 일대까지 탐사를 다녔다. 뿐만 아니라 정지용 문학관, 오장환 문학관, 가사문학관, 태백산맥 문학관, 석정 문학관 등 문학 기행은 언제나 설렘으로 가득한 길이었다. 함께한 선생님들과의 대화, 학생들의 감상기를 듣는 시간이면 아부성(?) 발언이긴 하지만 행복했다. 학생들의 기발함은 3행시로 잘 나타나기도 했다.

소위 '명사 특강'을 마련하여 전문가들을 초청, 학생들에게 다양한 분야를 접할 기회도 마련했다. 송정수(전북대), 이동희(예원대), 곽장근(군산대), 조법종(우석대), 이경한(전주교대), 복효근(시인), 이영철(전주 KBS PD), 임상훈(기자) 등이 수고해 주신 분들이다.

진안을 떠나왔지만 진안과 인연의 끈을 놓지 않고 생활한 것은 스스로에게 큰 위안이었다. '진안 독서 교실', '진안 청소년 문화 탐방', '학생 신문 느티나무' 등이 끈이었으며 이주환(봉서중), 정선아(동중), 이정임(봉서중), 최은경(전라북도 장학사) 선생님의 헌신이 큰 힘이 되었다.

그리고 개인적으로 관심을 갖고 있는 풍수와 민속에 관한 글을 지역 신문에 연재할 수 있는 기회도 또 다른 활력소가 되었다. 〈전북도민일보〉에서 99회로 끝낸 '우리 마을 이야기'와 현재도 연재 중인 〈새전북신문〉 '이상훈의 마을 숲 이야기'가 그것이다.

지난 6년 동안 학교생활을 하면서 함께 근무한 선배가 왜 그렇게 무기력하게 생활하는지 한때 의아하게 생각한 적이 있었다. 그야말로 쳇바퀴처럼 반복되는 생활 속에서 몸과 마음이 지칠 대로 지쳐 그럴 수밖에 없었겠다는 생각을 한 것은 그 선배가 다른 학교로 떠난 후였다. 100명이 넘는 교직원이 함께하지만 정작 대화를 나눌 구성원이 몇이나 될까? 대부분은 수업을 들어갈 때 마주치면 눈인사가 다인 그런 삭막한 공간에서 생활한다는 것 자체가 가슴 아플 뿐이다.

전주에서 6년간 생활하면서 아쉬움과 미안함이 큰 곳은 '전북청소년교육문화원'과 지금 쓰고 있는 글이 실릴 '전북교육자치시민연대'다. '전북청소년교육문화원'에서 맡은 역할에 솔직히 너무 무책임하지 않았나 하는 생각에 매우 부끄럽다. '전북교육자치시민연대' 사무실을 단 한 번 방문했을 뿐이니 더 말해 뭘 하겠는가. 지난 6년의 시간 동안 가장 아쉬움으로 남는 것은 2번의 교육감 선거 때보다 더 치열하게 참여하지 못한 점이다. 전북 교육 수장을 뽑는 일은 교직에 몸담은 교사로서 큰 관심이 아닐 수 없는데 말이다. 기회는 다시 오겠지만, 그런 기회를 맞이할 준비가 필요한 시점은 언제나 '지금'이라고 생각한다.

인문계 고등학교의 정상화는 요원한 것 같으면서도 의외로 쉬울 수도 있다. 학교 공동체 구성원이 문제의식을 가지고 머리를 맞대면 해결할 수 없는 일이 없다고 생각한다. 즉, 보충 수업, 야간 자율 학습, 방학 중 보충 수업 등 비정상적인 교육 활동이 사라질 때 쉽게 학교 교육은 정상화되리라 생각되며 이는 학교 구성원의 요구로 충분히 해결할 수 있는 문제점이라고 생각한다.

2월이 되면 마령에 조그만 방을 구해 이사를 하려 한다. 봄볕이 나면 마령에 있는 사진 갤러리 '계남 정미소' 문도 열 것이다. 자전거를 타고 출퇴근하면서 좀 더 느긋하게 학생들과 정감 넘치는 인사를 나눠 볼 생각이다. 졸업하는 학생들에게 '의식을 갖고, 심지를 갖고, 무언가에 미쳐 생활하라.', '오직 세상에서 지극히 정성을 다하는 사람만이 나와 세상을 변하게 할 수 있다.'라고 한 말을, 이제 내 자신에게 전하며 진안 생활을 준비하려 한다.

진안, 가슴으로 담다

진안 지역 교육 공동체 운동

　진안과 인연을 맺은 시간이 내 삶에서 절반이 넘는다. 91년 진안고등학교로 발령받고 시작한 진안 생활은 많은 사람들과의 인연으로 이어졌다. 발령받자마자 시작된 진안지회 활동은 교육 운동을 어떻게 해야 하는지 어렴풋하게 인식하게 되는 계기가 되었다. 지역에 터전을 잡고 생활하면서 맺어지는 지역 사람과의 관계는 활기찬 학교생활을 하는 데 큰 힘이 되었다. 하교 후에 자전거를 타고 지인을 만나러 가도 생활 지도 하는 것으로 생각하여 학부모들이 수고한다고 하면서 보내는 환한 미소는 지역에 사는 편안함이자 장점이었다.

　지역을 중심으로 하는 교육 운동 가치는 참으로 크다. 산골 지역이지만 일단 교육에 대한 학부모의 관심은 어느 지역과 다르지 않기 때문이다. 이런 부분은 다양한 교육 활동 속에서 확인되었다. 그리고 10여 년 정도 지역에 살면서 지역 사람들의 신뢰 속에서 교육이 이뤄진 것 같다. 교육이라는 틀 속에서 뜻을 같이하는 교사, 학부모의 협력은 보다 많은 호응을 받을 수 있는 기반이 되었다.

지역에서 이루어진 '어린이날 행사', '진안 독서 교실', '역사 문화 체험', '학생 신문 제작', '벽화 그리기', '교육 네트워크 사업' 등은 나름의 성과와 함께 많은 반성도 하게 했다. 그것은 오늘날까지 사회단체의 연대 속에서 꾸준히 이루어지게 하는 힘이고, 어느 지역에서나 쉽게 찾아볼 수 없는 지역 교육의 자부심이 되었다.

'어린이날 행사'의 경우 초기 교사 중심에서 지역의 교육 관련 단체들이 연대해서 지역 어린이들에게 희망을 주는 행사로 자리 잡았다. 올해 17회를 맞은 어린이날을 찾았을 때 여전히 초창기 구성원들이 수고를 하고 있었지만 아주 많은 단체가 참여하여 꾸민 다양한 프로그램은 행사를 더욱 빛나게 해 주고 있었다. 몇몇이서 행사를 오랫동안 진행하기란 매우 힘든 일일 뿐만 아니라 결국은 개인 행사로 치부될 수밖에 없다. 지역에서 맺어진 연대의 힘은 매우 강하다. 물론 연대를 하기 위해서는 주관하는 단체와의 소통과 협력이 필수이지만, 그런 과정을 거친 행사는 보다 의미 있게 만들어질 수밖에 없다. 이런 점을 배우면서 현 위치에서 어떠한 교육 운동을 해야 할까 고민에 빠지기도 한다.

'진안 독서 교실과 역사 문화 체험'은 지역을 떠나 학교생활을 하면서도 필자의 생명줄이라도 되는 양 오랫동안 지속해 온 사업이다. 물론 여러 교사와 함께 이루어지는 사업이다. 지역에서 근무하는 교사부터 지역을 떠나 다른 곳에서 근무하는 교사까지 의기투합하여 운영하고 있다. '진안 독서 교실과 역사 문화 체험' 프로그램은 초기 초등생들을 중심으로 운영되었다. ○○○ 선생님의 열정과 학부모들의 관심으로 지역의 독서 교실은 매우 뜨거웠다. 매달 2번씩 진행한 것은 물론이고 방학에도 독서 캠프란 이름으로 진행되었다. 그리고 교육 네트워크 사업으로 면 단위 학생들까지 참여 기회가 이루어졌다. 현재는 중학생을 대상으로 이루어지고 있다. 많은 시행착오를 거치면서 '진안 청소년 독서 교실' 신입생을 받아 3년 동안 다양한 독서 교실과 역사 문학 기행, 지역 탐방 프로그램으로 운영된다. '진안 청소년 독서 교실'은 신입생으로 시작하여 어설프지만 3년 과정을 거치면서 학생들이 성장하는 과정을 살필 수 있다. 아이들이 이렇게 독서와 문화 체험을 통하여 신체적으로는 물론이고, 정신적으로도 풍요롭게 성장하는 모습을 볼 수 있다.

'진안 청소년 독서 교실'은 마치 '학교 밖 학교'처럼 지역 학교로 운영하고 있다. 올해도 새로운 신입생을 받고 독서 교실을 시작하였다. 지난달에는 서울로 1박 2일 역사 문화 탐방도 다녀왔다. 아직 어린애 티를 벗어나지 못했지만 3년 동안 생활하면서 어떻게 성장하는지를 알기에 마음 깊은 곳으로부터 훈훈한 미소가 배어 나온다.

'벽화 그리기' 사업도 타 단체가 지금도 학교 통학로를 중심으로 실시해 오고 있다. 그리고 '학생 신문'도 계속 발간되고 있다.

어느덧 교직 생활을 한 지도 시간이 상당히 흘렀다. 지역에서 가르친 제자들이 학부모가 되어 자녀 교육에 대해 상담을 해 온다. 그리고 학교 운영 위원회와 지역 사회에도 적극 참여하여 자녀가 행복할 수 있는 곳으로 만들고자 다짐한다. 그래서 지역을 바꾸는 힘은 지역 사람에게 있다고 생각한다.

교육 분야만이 아니라 어느 분야나 무엇을 이루기 위해서는 연대라는 공동체 속에서 이루어져야 한다. 그리고 지역 토대 속에서 그 구성원이 주체가 되어 노력해야 한다. 이런 생각에 대해 필자는 오늘도 되새김질을 하고 있다.

진안, 가슴으로 담다

# 진안중과 진안여중,
진지한 학교 통합 논의가 필요하다

진안중과 진안여중의 통합을 진지하게 논의할 시기가 된 것 같다. 아마 10년 전쯤에 논의되었다가 지금은 수면 아래로 잠긴 상태이다. 통합 논의가 실질적으로 늦은 감도 있다. 왜냐하면 진안중 건물을 현대식으로 신축할 당시에 진안여중과 통합을 논의하는 과정을 염두에 두어 그에 맞는 규모로 신축했어야 하는데 그렇지 못했기 때문이다.

현재 진안중 학생 수는 150명(1학년 50명, 2학년 50명, 3학년 50명), 진안여중은 124명(1학년 40명, 2학년 45명, 3학년 39명)으로, 두 학교의 학생 수는 274명이다. 그리고 두 학교 모두 한 학년에 2학급씩으로 구성되어 각각 6학급 규모에 불과하다.

진안 읍내 2개의 중학교 모두 소규모 학교가 된 상황에서 두 학교를 통합해야 하는 이유에 대하여 몇 가지 언급하고자 한다.

먼저, 두 학교의 통합은 교육적 효과 면에서 유용하다. 각각 6학급의 규모이다 보니 학교에 교사가 없는 교과가 생겨나고, 이를 해결하기 위해 현재 순회 교사를 받고 있는 실정이다. 순회 교사가 있기는 하지만 일주일에 한두 번씩 수업만 하고 가기 때문에 교육적으로나 학교 행사를 운영함에 있어서나 어려움이 많은 실정이다. 그런데 두 학교를 통합하면 한 학년에 4학급으로 구성할 수 있게 되어 순회 교사를 받지 않고 학교 자체적으로 적정하게 운영할 수 있다. 이는 학교 운영뿐만 아니라 교육적인 효과 면에서 대단히 중요하다고 생각된다.

다음으로, 학생 생활 지도 면에서 긍정적인 점을 찾아볼 수 있다. 근무 당시 진안여중 학생들에게 남녀공학에 대한 의견을 물어본 적이 있다. 학생들 중에서 남녀공학이 되는 것에 반대하는 이유는 남학생과 여학생이 함께 생활하면 불편할 것이라는 생각(여성의 생리 현상 등)과 성적이 뒤처지면 창피할 것이라는 생각이 대부분을 차지하고 있었다. 그러나 이 점은 현재의 남녀공학이 되기 이전 학생들 입장에서 우려하는 부분이다. 이 점은 오히려 남녀공학이 되면 쉽게 해결될 수 있다고 생각한다. 흔히 남녀공학에서 남녀 학생은 보다 자연스러운 분위기에서 이성을 이해하며, 인간관계를 넓혀 나갈 수 있다. 연구에 의하면 보통 남녀공학에서는 비형식적이고 자유로운 분위기를 형성하는 데 비하여 남녀 별학(동일한 성별 학생만 학습시키는 학교)은 엄격하고 통제 중심으로 이루어져 결국 남녀공학이 건전한 생활 습관이나 사회성 발달에 더 유익하다는 결론을 내리고 있다. 특히 남녀공학에서 여학생은 활동에 더 적극적이고 능동적이 된다고 한다. 이는 당시 진안군 청소년 상담실에서 상반기 상담을 분석한 결과, 가장 큰 고민이 성(性)에 관한 문제라는 점에 있어서도 시사하는 바가 크다. 마지막으로는 우리나라의 중등 교육 단계가 남녀공학이 일반화되고 있다는 점이다. 본래 남녀공학은 교육 인구의 팽창으로 인해 편리한 학생 배정의 수단으로 이용되기도 했다. 하지만 남녀공학은 일반적으로 학생들의 사회성을 촉진하고, 남녀가 차별되지 않고 교육 활동에 적극적 참여가 가능하며 또한 남녀 학생들에게 동등한 교육 기회를 제공할 수 있기 때문에 대부분의 학부모와 교사가 이에 대해 찬성하고 있다.

위와 같은 긍정적인 점에도 불구하고 통합에 따른 많은 문제점이 우려되는 상황이기도 하다. 지금은 문제점까지 포함하여 진안중과 진안여중을 통합하기 위한 진지한 논의가 시작되어야 할 때이다. 우선 지역 교육 관계자와 지역 주민을 비롯한 학부모, 학교운영위원회, 동문을 중심으로 활발하게 이루어져야 할 것이다. 또한 여기에 진안교육청도 적극적으로 학부모의 의견을 충분히 수렴, 종합적으로 검토해야 할 것이다. 진안중과 진안여중의 통합은 진안 지역 교육 여건 개선을 위한 중요한 문제이기에 모두가 관심을 갖고 추진되었으면 하는 바람이 간절하다.

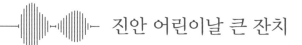

진안 어린이날 큰 잔치

　지역에서 생활하면서 지역 선생님이나 주민들과 함께 즐거움을 나눴던 일이 많았다. 여러 단체와 연대하여 추진했던 어린이날 큰 잔치, '마이 어깨동무·느티나무'라는 제호의 학생 신문 제작, 청소년 문화 축제, 지역을 바로 알기 위한 진안 역사 골든벨, 통일 골든벨, 전통문화 기행, 벽화 그리기 등이 그것이다.

　그리고 필자는 민속과 풍수에 관심을 가지고 진안의 수백 군데 마을을 답사하면서 지역 구석구석의 향토를 모아 《진안의 마을 신앙》, 《진안의 마을 유래》, 《진안의 탑 신앙》, 《진안의 마을 숲》 등 책을 엮어 내고 향토 교육에 활용하기도 했다. 그래서 지역 사람들은 필자가 진안 출신인 것으로 오해하기도 했다. 태어나고 자란 곳은 아니지만 마음은 늘 진안 사람이다. 그래서 지금은 고향이 어디냐고 물으면 겸연쩍게 진안이라고 대답한다.

　그러면서 인상 깊었던 활동은 어린이날 행사와 독서 교실이다. 지금도 학생 신문과 함께 행해지는 두 행사는 진안 지역에서 오랫동안 이루어진 교육 활동으로 지역에 활기를 불어넣었다고 생각한다.

독서 교실은 어렵게 사회단체로부터 지원받은 예산으로 시작하였는데 학부모님의 관심과 열기가 대단했다. 독서라는 것이 꼭 책 많이 읽고 글 잘 쓰자는 것만이 아니고, 우리 아이들이 정신적으로 좀 더 풍요롭게 살아갈 수 있는 지침과 교훈을 얻게 하자는 것 아니겠는가? 지금도 매달 쉬는 토요일이면 어김없이 독서 교실이 열린다.

진안 어린이날 큰 잔치는 우여곡절을 겪었지만 지역의 아이들에게 많은 즐거움을 주는 행사다. 10여 년을 이어 오는 동안에 지역 초등학교 선생님들의 헌신이 아니었다면 이렇게 지속되기는 어려웠을 것이다. 상대적으로 소외된 농촌 학생을 위해 어린이날을 지역 축제로 만든 열정적인 모습은 지금도 내 마음속에 살아 있다. 진안의 어린이날 큰 잔치는 단순히 어린이날 행사가 아니다. 이제는 학생과 학부모, 지역 사회가 함께하는 지역 축제가 되었다. 농민회는 어린이날 행사 때 손수 떡을 준비해 와 아이들과 함께 떡 메치기를 하고, 소방서에서는 아이들에게 소방 체험의 기회를 주기도 했다. 종교 단체는 1천여 명에 이르는 학생들에게 맛있는 점심을 준비해 주었고, 때로는 개인이 돼지 한 마리를 후원하기도 했다. 어린이날 행사를 도왔던 교대생이 졸업 후 지역 선생님으로 발령받아 진안 어린이날 행사를 진행하기도 했다.

무엇보다 진안 어린이날 행사의 힘은 많은 사회단체와의 연대에 있다. 진안 YMCA, 진안문화의집, 진안평생학습지도자협회, 소연문화원, 청소년지원센터, 무진장소방서, 진안농민회, 진안보건소, 진안 청소년수련관, 진안 지역아동센터 등 많은 단체는 어린이날 행사를 더욱더 풍요롭게 만들어 주었다.

아이들이 가장 즐거워하는 것은 선물을 받는 일이다. 아이들을 위하여 준비한 티셔츠는 비록 몇 천 원에 불과하지만, 혹시라도 늦게 와서 못 받으면 울고불고했던 아이들의 모습이 생생하다. 어느 해인가는 책 선물을 주기도 했고, 자전거를 주기도 했다. 다용도 가방을 챙겨 주기도 했다. 어느 해인가는 토마토 모종을 선물로 주기도 했다. 생명을 가꾸어 보라는 의미가 담겨 있으리라.

요즘은 매년 지역의 사회단체가 교대로 프로그램을 만들어 운영하고 있다. 진안문화의집, 다문화 가족 지원센터, 작년 진안군 장애인 종합복지관에 이어 올해는 진안 YMCA에서 수고해 주었다. 모두가 만족하지는 못했지만 언제나 우리 어린이뿐만이 아니라 지역 주민이 참여하는 한마당 축제가 되었다.

"언제나 진안 어린이날 행사에 함께해 주신 여러분 고맙습니다."

진안 청소년 독서 교실

진안에서 독서 교실은 지역 학생들이 정신적으로 풍요롭게 살아가기를 바라는 마음에서 10여 년 전부터 시작되었다. 독서 교실을 시작할 당시의 초등학생들이 이미 대학을 졸업하고 사회생활을 하고 있으니 그 연륜이 짧다 할 수는 없을 듯하다. 초등학생을 중심으로 실시된 초기 독서 교실은 지금 장승초등학교에 근무하는 윤일호 선생의 열성에 힘입은 바가 크며, 오랫동안 지속된 독서 교실은 당시 어린이날 행사와 함께 많은 학부모로부터 관심을 받았다. 나는 독서 교실이 지역 교육에 미력하나마 활력을 불어넣었다고 생각한다.

최근에는 중학생을 중심으로 진안 청소년 독서 교실이 이루어지고 있다. 중학교 1학년을 3학년이 될 때까지 지도하여 보내고 새롭게 1학년을 맞이하는 방식으로 진행하고 있는데, 1학년 때부터 학생들의 성장 과정을 지켜보면 많은 보람을 느끼게 된다. 중학교 시절에는 신체적으로 눈에 띄게 성장하는데, 신체적 성숙과 함께 독서와 다양한 체험 활동을 통해 정서적으로 성숙하는 모습을 볼 수 있는 점이 그 보람의 가장 큰 부분이라 할 수 있다. 현재 진안 청소년 독서 교실은 진안여중 정선아 선생과 봉서중 이주환 선생, 그리고 오송중 신은철 선생에 의하여 이루어지고 있다.

지난 3년간의 독서 교실은 책, 영화, 역사 문화 체험 등 다양한 방식으로 진행하였다. 〈수난이대〉, 《꽃들에게 희망을》, 〈화수분〉, 〈벙어리 삼룡이〉, 〈메밀꽃 필 무렵〉, 〈타클라마칸 배달 사고〉 등이 독서 교실에서 다루어진 작품이며, 때로는 영상을 통한 독서 교실이 이루어졌다. 김영춘 시인을 모시고 작품 〈나비의 사상〉에 대하여 듣는 시간을 가지기도 했다.

지난 3년 동안 역사 문화 체험을 지역뿐만 아니라 멀리는 서울, 부산, 수원, 춘천 등지로 다녀왔다. 지역을 안다는 것은 향토애를 심어 줄 수 있는 중요한 점이다. 그 일환으로 진안 지역의 무거마을이나 원강정마을부터 천황사, 용담호 사진관, 풍혈 냉천, 데미샘, 백운동 계곡 등 문화유적을 탐방하는 기회를 가져 보았다. 때로는 매사냥 재현 행사에 참여하여 무형의 유산에 대한 관심을 일깨우는 소중한 시간을 갖기도 했다.

지역의 범위를 확대하여 군산 지역 근현대 문화유산과 채만식 문학관을 다녀오기도 했다. 더불어 정지용 문학관, 태백산맥 문학관도 방문했다. 지난주에는 강원도 춘천의 김유정 문학촌도 다녀왔는데, 돌아오는 길에 쓰는 학생들의 3·4행시나 감상문 활동은 보람을 느끼게 하는 소중한 시간으로 자리 잡았다. 이 시간은 기행 인솔 교사에게 피로를 씻어 주는 시간이며 학생들이 선물을 주는 시간이다. 이번 김유정 문학 기행에서 진안중 학생은 김유정역 4행시를 이렇게 썼다.

　　김 : 김유정역은 우리나라에서 최초로

　　유 : 유일무이한 작가의 이름으로 된 역이다. 김유정은 시골에서 농민
　　　　 들의 삶을

　　정 : 정성스럽고 따뜻한 시선으로 보았기에

　　역 : 역시 작가의 이름으로 만들 만하다.

짧은 글이지만, 기행을 체험한 학생의 마음이 오롯이 담겨 있다. 서울
기행은 궁궐 탐방부터 서울 도성 걷기, 북촌·남촌 한옥마을, 광장시장,
전태일 동상과 서대문형무소를 찾는 기행으로, 서울의 전통과 현대사를
탐구하는 일정으로 찾아보았다. 부산 기행은 그 지역 문화와 함께 조은
극장에서 〈행오버〉라는 연극 체험까지 할 수 있는 기회를 가졌다. 학생
들은 이런 3·4행시를 선물로 주었다.

　　행 : 행복한 추억을 더 만들기 위해

　　오 : 오월 독서 캠프 1박 2일을 통해

　　버 : 버라이어티급으로 즐거운 추억을 만들고 간다.

　　조 : 조은극장에서 이루어지는 연극들은

　　은 : 은근 인기가 많았다. 그 이유는

　　극 : 극이 정말 재미있기 때문인 것 같다.

장 : 장시간을 봤지만 재밌어서 짧게 느껴졌다.

다음 달에는 3년 동안 함께한 학생들과 마지막 모임을 가질 예정이다. 그동안의 독서 활동과 역사 문화를 체험한 3년간 활동을 영상으로 꾸며 행복하게 활동한 모습을 되새기는 시간을 가질 것이며, 지역에 활력을 불어넣을 수 있는 학생으로 성장할 수 있도록 당부하고자 한다.

지역에서 다양한 독서 교실이 이루어져 어릴 때부터 행복한 삶을 살 수 있는 방법을 알아 가는 교육이 되었으면 좋겠다. 독서 교실을 마무리하는 계절이 오면, 문득 독서만큼 삶을 풍요롭게 하는 것이 없다는 평범하지만 진실된 말을 다시금 생각해 보게 된다.

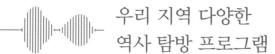

우리 지역 다양한
역사 탐방 프로그램

　역사란 거창한 것이 아니라 자기 지역을 아는 것부터 시작한다고 생각한다. 진안에 근무할 때 지역 역사를 알 수 있는 다양한 프로그램을 운영해 보았다. 마을의 유래, 전설, 역사 유적 등을 조사하도록 한 '우리 마을 이야기', 마을 지도에 옛날부터 전해 오는 지명을 조사하도록 한 '마을 지도 그리기', 민속 생활 용품을 수집하여 전통문화를 이해할 수 있는 '민속 생활 용품 수집을 통한 전통문화 이해' 등이 그것이다. 이런 과정을 통하여 자기가 살고 있는 지역(향토)을 제대로 아는 것이 중요하다는 사실을 심어 주려 하였다.

　우리 지역에는 다양한 역사 탐방 프로그램이 운영되고 있다. 매우 고무적인 일이다. 청소년을 대상으로 지역 바로 알기 탐방을 선구적으로 한 곳은 진안문화원이다. 초대 안일 문화원장 때부터 지역 학생을 대상으로 한 향토 탐방이 이루어졌다. 지금도 진안문화원에서는 매년 적은 예산이지만 3차례에 걸쳐 문화 체험을 진행하고 있다. 관내 중학생을 대상으로 올해의 경우 군산 근대 문화유산, 서울 도성과 북촌마을, 그리고 우리 지역 민속신앙과 섬진강 발원지 데미샘, 백운 물레방아, 매사냥 체험 등을 하면서 지역문화를 새롭게 살펴볼 기회를 가졌다. 그리고 문화원에서는 청소년들이 알기 쉽게 지역문화 유적을 설명한 《진안의 역사 쉽게 알기》,《간추린 진안군 향토사》, 만화로 편찬한 《보고 배우는 진안의 문화유산》 등 책을 출판 보급하고 있다. 자료들은 진안문화원에 가면 쉽게 구할 수 있다.

그리고 방학 중에 '내 고향 바로 알기 5박 6일 캠프' 프로그램이 진행되고 있다. 여러 사회단체가 연합하고 10여 명의 교사가 자발적으로 참여해 학생들과 동행하여 지역 문화유산과 생태 자원 탐방하며 애향심을 함양하는 프로그램이다. 특히 자연친화적인 생활을 통해 더불어 살아가는 삶을 실천하고 공동체적인 삶을 익혀 나간다는 취지는 매우 의미 있어 보인다. '내 고향 바로 알기' 프로그램에서 개선했으면 하는 점은 100명 정도 학생을 모집하여 한 차례 진행을 하는데, 예산을 분배하고 학생 규모를 축소하더라도 3~4차례에 걸쳐 실시했으면 하는 것이다. 소규모로 실시하면 교육적으로 효과가 있을 뿐만 아니라 특히 안전을 담보할 수 있을 거란 생각이다. 논란이 되고 있는 운영 주체는 학생과 친밀한 관련을 맺고 있는 교육 단체가 맡는 것이 순리일 것이다.

다른 지역에서 찾아볼 수 없는 것이 '고구려 역사 탐방'이다. 본래는 '개성 통일 기행'이었다. 2008년 민간 교류가 활발하게 전개되고 진안군이 개성에 인삼밭을 조성하면서 '개성 통일 기행'이 마련되었다. 당시 박연폭포, 선죽교 등 개성의 문화유적과 개성공단, 개성에 조성된 인삼

밭 등을 탐방했는데, 분단 상황을 피부로 느낌과 동시에 통일의 필요성을 새삼 생각하게 한 기행이었다. 그런데 이명박 정권이 들어서면서 남북 교류가 단절되어 '개성 통일 기행' 대신 '고구려 역사 탐방'으로 기획을 바꿔 실시하고 있다. 올해 5회째 실시된 '고구려 역사 탐방'은 우리 지역 초등학생, 중학생 각각 20명씩 총 40명이 고구려와 발해 지역 문화유적을 4박 5일로 탐방할 계획이다. '고구려 역사 탐방'을 통하여 중국의 고구려, 발해 역사 탐방을 통한 올바른 국가관 정립, 우리 민족의 역사와 뿌리를 찾는 민족의식 고취, 세계화 시대를 맞이하여 넓은 시야를 가진 인재 육성을 목표로 하고 있다. 지자체의 한정된 예산하에 이루어지는 프로그램이지만 '고구려 역사 탐방'과 같은 좋은 프로그램이 지속된다는 것 하나만으로도 매우 큰 의미가 있다 하겠다. 그럼에도 하나 더 제안하자면 우리 지역에서 초등학교와 중학교를 다닌 학생들은 적어도 학창 시절에 '고구려 역사 탐방'을 다녀왔다는 자부심을 가질 수 있도록 참여 폭을 확대해 나갔으면 하는 바람이다. 이렇게 우리 지역은 다양한 역사 탐방 프로그램이 시행되고 있는 부러운 곳이다.

＊ 현재는 진안군 중학교 2학년 전체 학생을 대상으로 해외 역사 탐방을 실시하고 있다.

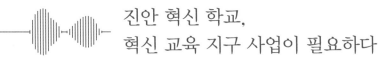

진안 혁신 학교, 혁신 교육 지구 사업이 필요하다

　김승환 교육감표 혁신 학교는 올해로 4년째를 맞이하고 있다. 현재 운영 중인 전북 혁신 학교는 101개 학교에 이른다. 약간씩 명칭은 다르지만 서울은 '서울형 혁신 학교' 67개 학교, 경기는 '혁신 학교' 282개 학교, 광주는 '빛고을 혁신 학교' 23개 학교, 전남은 '무지개 학교' 65개 학교, 강원은 '행복 더하기 학교' 41개 학교가 운영 중이며, 총 579개 학교에 이른다(2014년 3월 통계). 이렇게 볼 때 전북 혁신 학교는 적지 않은 숫자이다.

　전북 혁신 학교는 행복한 학교를 꿈꾸는 사람들의 간절한 마음을 모은 '진정성', 배움과 성장의 주체인 아이들로 학생을 바라보는 '존엄한 존재', 아이 눈으로 수업 보기를 통해 성장하는 '수업 혁신' 등 3가지 점을 추구하고 있다. 전북 혁신 학교는 4년 차를 마무리하는 시점에 와 있는데, 첫해 2011년 착근기를 시작으로 성장기, 확산기를 거쳐 올해는 일반화 단계를 목표로 운영한다는 계획이다.

전북 혁신 학교는 나름대로의 성과를 내면서 학교 현장에 변화를 주었다. 작년에 1기(2011~2013년)로 운영된 20개 혁신 학교의 평가가 있었다. 외부 기관의 평가 자료에 의하면 3~4개 학교는 낙제점으로 그 지정이 취소되어야 마땅했다. 그러나 올해 초에 재지정되었다. 외부 기관에 평가를 왜 맡겼는지 의아심이 든다. 혁신 학교 평가도 냉정하게 이루어져야 한다. 서두에서도 언급했지만 전북 혁신 학교는 결코 적지 않은 숫자이다. 이제 전북 혁신 학교는 숫자에 연연할 것이 아니라 내용적인 면에서 획기적인 변화를 가져와야 할 시점에 와 있다.

전북 혁신 학교 101개교 중, 초등이 68개교를 차지한다. 이에 비하면 고등학교는 5개 학교에 불과하다. 이 점은 무엇을 말하는 것인가? 혁신 학교 운영에서 초, 중, 고 연계가 전혀 되지 않는다는 점을 말해 주고 있다. 직설적으로 말하면 혁신 학교의 성과가 초등학교에서 그친다는 말이다. 이런 방식으로 운영된다면 혁신 학교 운영의 의미가 축소될 수밖에 없다.

우리 지역 혁신 학교 운영을 살펴보자. 장승초, 마령초, 동향초, 백운초, 진안 중앙초 등 5개 초등학교에서만 운영되고 있다. 중, 고등학교는 전무하다. 물론 혁신 학교가 아니라고 해서 학교 운영이 부실한 것이 아니다. 오히려 혁신 학교 이상으로 학생, 학부모, 교사가 삼위일체가 되어 교육적으로 모범을 보인 학교도 많다. 혁신 학교로 운영하는 5개 초등학교 중에는 전북뿐만 아니라 우리나라를 대표하는 혁신 학교라 말할 수 있는 곳도 있다. 그럼에도 아쉬운 점은 이러한 성과가 지역 사회의 중, 고등학교로 파급되지 못했다는 점이다. 특히 몇몇 초등학교의 경우에는 그 지역 중학교로 입학하기보다는 타 지역으로 진학하는 학생 수가 많다는 점이다. 이 점은 매우 중요한 문제이다. 혁신 학교가 지역을 토대로 운영한다고 할 때 우리 지역 혁신 학교는 치명적인 문제를 안고 있는 것이다. 그래서 우리 지역 혁신 학교, 혁신 교육 지구 사업이 필요하다. 혁신 교육 지구 사업은 지역의 중·고등학교와 연계하는 사업을 의미한다. 혁신 학교 운영이 초등학교 자체의 성과로 끝나서는 절대 안 된다. 이는 지역을 기반으로 하지 않았기 때문에 나타나는 문제이다. 가령 읍, 면 단위 초등학교를 혁신 학교로 지정했다면 연차적으로 그 지역의 중·고등학교로 확대해 나아가는 것이 바람직하다. 가령 마령면에서 마령초가 혁신 학교를 운영하고 있다. 그러면 그런 성과를 마령중학교와 마령고등학교로 파급할 수 있도록 혁신 학교를 연차적으로 지정하고, 연계 사업을 추진할 수 있도록 뒷받침해야 할 것이다. 우리 지역 혁신 학교가 대부분 소규모인데 이제는 진안읍을 중심으로 규모를 확대하여 새로운 운영을 검토해 볼 만하다. 특히, 읍내를 중심으로 한 초·중·고를 연계하는 혁신 학교 지구의 모델은 우리 지역에 교육적 활기를 불어넣어 줄 것으로 믿는다. 그래서 이제는 혁신 학교를 늘리는 것이 중요한 것이 아니다. 어떠한 방식으로 운영하는 것이 보다 효과적인지 논의하고 협의해야 한다. 필자는 대안 중 하나가 지역 단위로 혁신 교육 지구를 운영해야 한다고 생각한다. 이를 위해서는 학교뿐만 아니라 교육청, 지자체가 함께 머리를 맞대고 치열하게 고민해야 할 것이다.

지역사 교과서 개발이 필요하다

역사교사모임에서 발간하는 《역사교육》을 보면서 학생 수준에 맞게 재구성하여 여러 다양한 수업 모형을 시도해 보았다. 즉, 역사 신문, 토론식 수업, 재판식 수업, 역사 노래 만들기, 사료 수업 등이 그것이다. 대부분 읍내 중, 고등학교에 근무하면서 지역과 결합할 수 있는 것이 무엇일까? 하는 점을 착안하여 '우리 마을 이야기', '마을 지도(문화 지도) 그리기', '민속 생활 용품 수집을 통한 전통문화 이해' 등을 통하여 역사라는 것이 거창한 것이 아니라 자기가 살고 있는 지역(향토)을 제대로 아는 것이 중요하다는 사실을 심어 주려 하였다.

여기에서 절실히 필요한 것은 소위 말하는 '지역사 교과서'이다. 우리나라는 거의 모든 분야가 중앙 집권적이다. 교육 과정도 예외가 아니다. 정작 자기가 태어나고 자란 지역에 관해서는 잘 알지도 못할 뿐더러 무관심하다.

그러면 '지역사 교과서'라는 것은 무엇일까? 간단히 말하자면 지역과 역사를 결합한 것이다. 그래서 자기가 태어나고 자란 주변의 역사 유물, 유적을 통하여 쉽게 역사를 배울 수 있는 교과서를 말한다.

전라북도를 단위로 지역사를 배운다면 이런 식으로 구성하면 어떨까? 선사 시대를 배울 때 공주 석장리 구석기 유적 이야기가 아니라 진안의 구석기 유적 뗀석기를 이야기하고, 서울 암사동 유적을 이야기할 것이 아니라 진안, 부안, 군산 지역에서 발굴된 빗살무늬토기, 고창을 중심으로 집중적으로 분포해 있는 고인돌에 관해서 이야기하면 될 것이다. 삼국 시대를 이야기할 때도 웅포에서 발굴된 백제 고분이나, 익산 미륵사지 등을 언급하면 고스란히 역사의 줄기를 이어 갈 수 있다. 남북국 시대에는 5소경 중에 하나인 남원경에 관해서, 후삼국 시대에는 풍운아 견훤을 중심으로 전주를 이야기하면 좀 더 재미있게 수업을 할 수 있을 것 같다. 이뿐이겠는가? 고려 조선으로 와서는 전주 관노의 난, 부안 도요지의 고려청자, 황산대첩과 이성계의 조선 건국, 전주와 무주의 사고지, 논개, 곰티재 전투, 남원성 전투, 만인의총을 중심으로 한 임진왜란, 부안 유형원과 순창 신경준을 중심으로 실학, 공소를 중심으로 천주교 전래, 판소리와 춘향전을 중심으로 민중 의식의 성장, 그리고 갑오농민전쟁 등은 우리 지역 역사에서 압권이라 할 수 있다. 근현대사에 와서는 일제 강점기 수탈의 지역 김제, 부안, 군산, 원불교, 증산교 등의 종교 발생 등을 살펴보면 전라북도를 중심으로 전체 역사를 관통할 수 있지 않을까?

진안 지역사 교과서를 이런 식으로 구성하면 어떨까? '진안에서 선사시대 사람들은 어떻게 살았을까?'라는 주제로 구석기 시대(정천면 진그늘 유적 출토 주먹도끼), 신석기 시대(정천면 갈머리 유적 출토 빗살무늬토기),

청동기 시대(정천면 여의곡 유적 출토 민무늬토기나 반달돌칼) 등 지역과 관련된 유적과 유물을 관련지으면 좋겠다. 진안 역사 알아보기 주제로는 풍수로 본 진안, 행정구역(지명) 변천으로 본 진안, 금척무와 조선의 건국 이해하기, 성석린 좌명공신 왕지 이해하기, 웅치전투와 임진왜란, 정여립과 조선시대 붕당, 진안 어은동성당과 천주교 박해, 이석용 장군과 한말 의병 활동, 진안·마령 만세 운동과 3.1운동, 만덕산과 원불교 등은 중앙사와 연계하여, 지역에서 일어난 역사적 사건을 재구성하면 좋을 것 같다.

'진안 사람들은 어떻게 살았을까?'라는 주제를 가지고 현재도 전승되고 있는 매사냥, 마이산 신제 등을 구성하면 좋을 듯하다. 진안이라면 빠져서는 안 될 마이산과 주변의 유적을 함께 구성하면 좋을 듯하다. 이렇게 하면 지역을 바로 알 수 있고 학생들도 알기 쉽고, 신나는 한국사 수업이 되지 않을까? 이런 의미에서 지역사 교과서 개발은 필요하다.

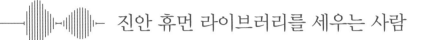# 진안 휴먼 라이브러리를 세우는 사람

최○○ 장학사는 대단히 맑은 사람이다. 현실에 안주하지 않고 치열하게 교육 운동을 해 왔으며, 그로 인해 많은 교사로부터 부러움과 시기, 질투(?)를 받은 교사였다. 그는 전국교직원노동조합(이하 전교조)이 출범한 1988년에 해직되었다. 이것은 그의 삶에서 가장 치열한 삶이 시작되었음을 알리는 것이었고, '참교육'을 실천하기 위한 몸부림으로 이어졌다. 초창기 전북 지역의 전교조를 이끌면서 그동안 뒤틀린 교육의 관행을 바꾸기 위해 무던히도 노력했고, 그 과정 속에서 좌절도 맛보았다. 이후 몇 년 동안의 해직 생활이 풀려 학교 현장에 돌아와 열심히 살았다.

그런 그가 장학사가 되었다. 그는 장학사가 되어 기초 학력을 향상시킬 목적으로 학생들에게 수업을 돌려주는 프로그램을 운영했다. 모둠을 구성하고 학생 구성원들이 서로 멘토와 멘티가 되어 교학상장(敎學相長)을 이루는 프로그램이었다. 수십여 개 학교에서 운영된 이 프로그램은 나름의 성과를 이루기도 했다. 또한 '온 동네의 지지로, 학생 또래가 만드는 어르신 자서전' 쓰기는 학교 현장에서 많은 호응을 얻었다. "두 명의 또래 학생이 어르신을 찾아가 살아온 이야기를 듣고, 그분들이 들려주는 인생 스토리를 채록하여 글로 옮긴 다음 이를 서사로 구성하여 한 권의 책을 만드는 프로그램이다. 학생 입장에서 배우는 일은 공적 가치를 실현하고, 어르신 입장에서는 다채로운 인생 경험을 기록으로 남긴다는 데에 충분한 가치가 있다."는 것에 의의를 두고 시행한 이 프로그램은 기대한 것보다 훨씬 중요한 의미와 성과를 가져오기에 충분했다.

올해 최○○ 장학사는 진안교육지원청으로 발령을 받았다. 학기가 시작되면서 "학교를 중심으로 모든 기관이나 단체 등이 독서 목록 및 프로그램을 개발하고, 이를 공유한 다음 독서 및 독후 활동에 함께 참여, 서로의 경험을 일상적으로 나누고 이를 축제 형식을 빌려 총화한다."라는 소위 '책 읽는 마을 진안 프로젝트'를 계획했다. "책 읽는 마을, 평생학습 공동체를 만든다. 책을 매개로 지역공동체가 서로 연대하고 소통한다. 온 마을 사람이 보편적 가르침을 경험한다. 어린 학생들이 진로를 탐색하고 꿈을 키우도록 지지한다. 교양을 갖춘 시민으로 성장한다."라는 목적을 가지고 현재 휴먼 라이브러리 참여자를 선정하여 운영 중이다. 특히 '진안 휴먼 라이브러리'는 지역의 학생이 진로와 직업에 관련된 다양한 책을 읽은 후 그 직종에 관련된 사람을 만나 이야기를 함으로써 직업에 대한 이해를 높이고 진로에 대한 꿈을 키워 가며, 삶의 지혜를 얻을수 있다는 데에 의의가 있다.

휴먼 라이브러리는 흔히 '사람책'이라고 일컫는데, 'Living Library'라는 명칭으로 시작된 이 이벤트는 덴마크 출신의 사회운동가 로니 에버

겔(Ronni Abergel)이 2000년 덴마크에서 열린 한 뮤직 페스티벌에서 창안한 것이다. 유럽에서 시작되어 빠른 속도로 전 세계에 확산되고 있고 신개념의 '소통 도서관'인 셈이다. 최근 우리나라에서 사람책 도서관이 곳곳에서 운영 중이다. 몇 년 전에는 사람책 도서관 창안자인 로니 에버겔이 방한하고 강연 및 심포지엄을 개최하여 많은 사람들의 관심을 받기도 했다. 우리나라에서 사람책 도서관이 최초로 운영된 곳은 서울 노원구이다. 이곳에는 각기 다양한 직종에서 500여 명의 사람책이 움직이고 있다. 특히 노원 휴먼라이브러리에서는 나눔, 소통, 공감에 가치를 두고 실천하고 있다. 우리 지역도 이제 걸음마 단계에 있지만 많은 사람책을 발굴하여 지역 학생들에게 지혜의 샘을 전달하는 프로그램이 일상적으로 이루어지면 좋을 것 같다. 지역 사회의 구성원이 각 분야마다 사람책 역할을 하면 지역 학생들의 삶이 풍요로워지리라 생각한다.

최○○ 장학사가 진행하고 있는 '온 동네의 지지로, 학생 또래가 만드는 어르신 자서전', '책 읽는 마을 진안 프로젝트', '진안 휴먼 라이브러리' 등에 담겨 있는 맥락은, 지역과 학생이 중심이 되어 풍요롭게 삶을 영위하도록 하기 위한 교육 공동체 운동이라는 것이다. 시작은 미미하더라도 그 끝에 지역의 구성원, 특히 학생이 행복해지는 프로그램으로 자리 잡을 수 있도록 많은 관심과 격려가 필요한 시점이다.

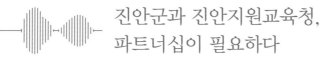

진안군과 진안지원교육청, 파트너십이 필요하다

지방 자치제가 출범한 지 20년이 지난 오늘날, 지자체마다 변화된 모습을 많이 볼 수 있다. 외형상으로 보면 꽤 큰 규모의 건물들을 쉽게 볼 수 있는데 이를 지역 발전으로 보면 착각이다. 그럼에도 지자체의 문화 유적 조성 사업이나 복지 정책, 교육 분야 등에서 변화된 모습을 볼 수 있다. 어느 분야든 다 중요하겠지만 교육 분야는 미래의 지역 활성화와 관련되기 때문에 매우 중요하다.

우리 지자체도 교육 활성화를 위해 많은 지원 사업을 전개해 오고 있다. 지자체 교육 지원 사업으로 가장 먼저 실시된 것은 급식 지원 사업이다. 물론 소위 '무상급식 지원'이 실현되기까지 많은 우여곡절을 겪어야만 했다. 학생에 대한 급식 지원 사업이 교육청 소관 사항이지 굳이 지자체까지 나서야 하느냐가 문제였다. 그러나 이후 교육청과 지자체가 파트너십을 발휘하여 현재는 시 지역 고등학교까지 급식비 50%를 지원하고 있다. 물론 우리 지역은 고등학교까지 지원되고 있다. 더 나아가 친환경

쌀까지 지원하고 있다. 한 가지 시정되어야 할 점은 처음 시행되면서 '무상급식 지원'이란 용어를 그대로 사용하고 있는데 굳이 '무상'이란 용어는 사용하지 않아도 될 것 같다.

농산어촌 교육 지원 조례가 제정되면서 국가적인 교육 지원 사업으로 농산어촌 교육 활성화에 탄력을 받게 되었다. 특히 군 단위마다 조성된 기숙형 고등학교는 그 역할을 톡톡히 해내고 있다. 도시로 인구 유출 방지는 물론이고 소위 말하는 명문대 진학에도 큰 성과를 내고 있다. 우리 지역에서는 초·중·고 방과 후 학교 운영, 한방고 진로 직업 교육, 방학 중 영어 집중 프로그램 운영, 기숙형 고교 학력 신장, 교육 환경 개선 등 다양한 부분에서 지원되고 있으며 지역 교육 활성화에 많은 역할을 하고 있다. 여기에 다른 지역에서 찾아볼 수 없는 '내 고향 바로 알기 문화 탐방'이나 '고구려 역사 탐방' 체험 프로그램은 어디에 내세워도 부족하지 않을 것 같다.

그럼에도 불구하고 농산어촌 지역 교육에 모두가 만족하는 것은 아닌 것 같다. 그런 측면에서 최근에 진안교육지원청에서 발간한 《진안군 교육 발전 종합 계획 수립 보고서》(이하 《보고서》)에서 진안군 교육 발전 종합 계획안(2015~2019) 및 로드맵은 많은 시사점을 준다. 《보고서》에서는 진안 교육의 가치로 다양성과 아이들만의 빛깔을 찾아가는 교육을 제시했다. 이런 가치를 추구하기 위하여 지역공동체의 지속 가능성 유지, 유출되는 인구에 대한 대안으로써의 교육, 교육 혁신을 통한 실력 향상 등으로 추진 방향을 제시하고 있다. 《보고서》에는 진안군 교육 발전 종합 내용이 총망라되어 있다. 특히 이항로 군수 교육 관련 공약 사항에 대한 제언도 언급하고 있다. 진안교육지원청이 진안군과 《보고서》와 관련하여 어느 정도 협의가 진행되고 있는지 확인할 수는 없지만 중요한 것은 교육청과 지자체가 파트너십을 발휘하는 일이다. 파트너십은 신뢰와 협력 속에서 이루어진다. 진안군은 교육 재정을 지원하면서 진안교육지원청을 존중하고 진안교육지원청도 진안군에 보다 협력하는 체제를 갖추어야 한다. 특히 《보고서》에서 제시된 진안교육발전 로드맵 일정표를 보면 협력이 더욱 절실하며 중요하다. 로드맵 일정표에도 제시되어 있지만 지역의 주민·행정·교육가 등 민관이 공동 협의 체제를 구축, 상시적으로 협의하여 교육 현안을 해결해 나갔으면 한다.

　새 학기가 시작된다. 지역에 많은 교육 현안들이 있다. 진안군과 진안교육지원청이 상시적으로 마주하면서 교육 현안을 협의하는 모습을 보여 줬으면 좋겠다.

추억을 담은 교무 수첩

　진안으로 이사 오면서 초임지에서 사용하던 교무 수첩을 찾았다. 한동안 잊고 있었는데 어딘가에 잘 보관돼 있을 거란 생각으로 찾으니 과연 있었다. 첫 발령지는 1989년 9월 부안고등학교였다. 1년 동안 졸업한 학과 사무실에서 근무하고 학교 현장으로 첫발을 디딘 곳이다. 당시는 전국 교직원 노동조합이 태동하고 많은 해직 교사가 길거리에서 참교육을 외치는 상황이었다. 어찌 보면 당시 발령은 해직 교사의 빈자리를 채우는 것이었고 첫 발령이 그런 원죄로 시작되었던 것이다.

　2학기에 발령을 받는데, 당시에 많은 인사이동이 있어 2학기 때부터 담임을 맡게 되었다. 전 담임으로부터 인수받은 것은 학생들 신상이 기록된 교무 수첩이었다. 교무 수첩 학생란은 학생마다 생년월일부터 주소, 전화번호, 출신 학교, 적성, 취미, 생활 정도, 종교, 혈액형, 통학 방법, 진로 희망, 가족 상황, 교우 관계까지 조그만 면에 모두 기록할 수 있는 구조였다. 그야말로 학생 정보를 한눈에 볼 수 있었다. 학생마다 빼곡하게 기록된 교무 수첩은 학생 지도에 도움이 되었다. 비록 얼굴은 뵙지 못했지만 전 담임의 마음 씀씀이를 느낄 수 있었다. 필자도 2학기부터 학생들에 관한 사항을 기록하게 되었다.

당시 교무 수첩을 보면서 교육계도 참 많이 변했구나라는 생각이 들었다. 사반세기(四半世紀)가 지났으니 당연한 일이겠지만 우선 눈에 띄는 것은 학급 정원이다. 현재 읍·면 단위 고등학교 학급 정원은 27명인데, 당시 교무 수첩에 있는 학생 수는 50명이 넘었다. 한 학급에 60명이 넘었던 70~80년대에 학교에 다닌 분들은 놀라지 않겠지만 그야말로 콩나물 교실이었다. 현재 학급 정원이 줄어들기는 했어도 시내 중·고등학교는 여전히 40명에 육박하는 실정이다. 교육의 내실을 위해서도 적정한 학급 정원이 요구된다. 20~25명 안팎이면 이상적이다. 학급 정원은 정부나 교육청에서 관심을 기울여야 하는 중요한 부분이다.

또한 그 당시에는 모든 것을 수기로 작성하던 때였다. 시험 출제부터 채점, 성적, 생활기록부에 이르기까지 모두 수기로 했다. 지금 교직을 시작하는 세대에게는 매우 생소할지 모르지만 그때는 그렇게 이루어졌다. 교무 수첩에 성적을 기록하는 난이 있는데, 수기로 과목별 성적이 매우 자세하게 기록되어 있다. 그렇다고 오늘날 네이스(교무업무지원시스템) 체계가 결코 편한 것은 아니다. 네이스 체계는 교무 수첩 작성을 방해하는 요인으로 작용하고 있다. 그리고 교직에서 업무 경감을 수없이 말하지만 네이스 체계가 됨으로 인해 수많은 업무들이 폭증하고 있다고 해도 과언이 아니다.

그 당시 교무 수첩은 왜 이렇게 작았는지 모르겠다. 을유문화사에서 출판된 미니 포켓용 책자 크기로, 휴대하기 편하게 할 목적이었을 것이다. 그러나 교무 수첩이 작다 보니 전체적으로 모든 것을 작게 기록해야 했다. 사진도 아주 작은 명함판 사진으로 붙였고 그야말로 깨알같이 적어야 했다.

그래도 변하지 않은 것은 전달 사항이었다. 지각하지 말 것, 수업 중에 조용히, 문단속 철저히 등이 그것이다. 100년이 지나면 변할지 모르겠지만…….

이후 몇 년간의 교무 수첩은 잘 보관하였다. 그러나 시간이 흐르면서 제대로 기록하지 못하기도 하고 보관을 소홀히 하여 25권 정도 있어야 할 교무 수첩이 채 몇 권 되지 않았다. 교직 생활에서 제자를 키운 것이 보람일 텐데 그 많은 제자를 기억할 수는 없는 일이다. 교무 수첩을 잘 보관만 하여도 그 속에서 많은 기억을 유추해 낼 수 있을 거란 생각을 해 본다. 앞으로 마령고등학교 생활에서 추억을 기억할 수 있는 교무 수첩을 작성해 보련다.

부안고등학교 초임지, 전 담임은 작년에 정년퇴직을 했다. 교직 사회가 좁아서인지 모르겠으나 오래전부터 전 담임과 만나게 되었다. 역시 생각했던 것과 같이 인품이 좋고 학생들에게 따뜻한 선생님이었다. 조만간에 만나 본래 주인에게 교무 수첩을 전해 드리려 한다. 그분도 학생 한 명 한 명의 사진을 보면서 추억을 되새길 수 있을 것 같다.

진안, 가슴으로 담다

학급과 담임

송기숙 선생님이 펴낸 산문집 《마을, 그 아름다운 공화국》이 있다. 선생님은 마을이란 세상의 축소판으로, 마을에는 대개 5가지 유형의 인물이 존재한다고 이야기한다. 한 유형의 사람이 없어지면 곧 새로운 인물이 나타나 그 자리를 메우게 마련이라는데, 존경받는 마을 어른이 있고, 늘 말썽만 부리는 버릇없는 후레자식, 일삼아서 이 집 저 집으로 말을 물어 나르는 입이 잰 여자와 틈만 있으면 우스갯소리로 사람들을 웃기는 익살꾼, 그리고 좀 모자란 반편(半偏)이나 몸이 부실한 장애인 등 다섯 가지 유형이라고 한다.

실은 학교에서 각 학급도 마찬가지이다. 학급에는 다양한 학생들이 모여 서로 친구 관계를 맺으며 사회성을 길러 나간다. 존경받는 학생이라고 하면 좀 어색하지만 친구들로부터 신임을 받고 지도력을 보이는 학생이 있다. 공부를 잘하는 아이일 수도 있고, 공부는 못하지만 성실하고 궂은일을 마다하지 않아 친구들로부터 신임을 받을 수도 있다.

늘 말썽만 부리는 버릇없는 학생도 있다. 송기숙 선생님은 후레자식을 이런 식으로 표현했다. 후레자식은 마을의 젊은이에게 도덕적 기준을 제공한다. 본받지 말아야 할 전범의 기능을 담당한다는 것이다. 아직 성숙하지 않은 학생을 이렇게 표현한다는 것은 무리가 따를 수 있으나 이런 유형의 학생들이 있는 것은 사실이다. 그러나 성장하는 학생은 언제나 변화 가능성이 있기 때문에 선입견을 가지면 안 될 것이다. 여기에 좀 몸이 부실한 장애인 학생도 있다. 이런 학생은 개별 학습반이라 하여 지도하고 있으나 보다 많은 관심과 배려가 필요한 학생들이다.

다음은 입소문 내는 학생, 말을 하지 않으면 입에 가시가 돋는 학생이다. 말을 참아 내야 하나 참을 수 없는 학생들도 있다. 또 수업 시간마다 입이 쉬지 않고 반 학우들에게 웃음을 선사하는 학생도 있다. 그런데 이런저런 학생이 있어야 한 시간 수업도, 하루해도 빨리 저무는 것이 아닌가 싶다. 그래서 송기숙 선생님은 다양한 구성원의 개성이 존중되는 마을은 안정적이라고 말한다. 학급도 마찬가지다. 다양한 개성을 가진 학생들이 부대끼면서 생활하여야 한다. 친구끼리 다투기도 하지만 서로 화해하고 잘못을 인정하는 학생, 친구 집안에 어려운 일이 생길 때 친구를 돕고자 하는 학생, 공부를 잘하는 학생, 운동을 잘하는 학생, 노래나 악기를 잘 다루는 학생, 인사성이 바른 학생, 청소를 잘하는 학생 등 모두가 구성원이 되어 학급을 이룬다. 물론 여기에 담임 역할이 중요하다.

실제로 교사들은 담임을 하고 안 하고에 따라서 학생들과의 친밀도가 달라진다. 초등학교의 경우 하루 일과를 함께 생활하기 때문에 그만큼 친밀하지만 중등의 경우에는 담임을 하지 않으면 학생들과의 친밀도는 매우 약하다.

학생, 학부모 입장에서는 선생님이 차별 없이 누구에게나 관심을 주었으면 하는 바람이지만, 한 반에 30여 명의 학생이 있을 때 담임 한 사람이 전체 학생을 챙겨 주기에는 힘든 것이 사실이다. 학교 현실은 반드시 학생, 학부모들이 바라는 대로 흘러가지 않는 것 같다. 그래서 학생과 학부모가 선호하는 교사가 생기고 그렇지 않은 교사로 분류되기도 한다.

교육의 목표는 학생들의 생활을 변화시키는 것이다. 충분히 그런 가능성을 열어 두고 학생을 대하여야 한다. 가령 한 반에 30명의 학생이 있고 그 담임은 우수한 학생들에게 많은 관심을 갖고 있다고 생각해 보자. 그 담임이 우수한 학생이 타 반보다 많이 있다고 하여 다음 해에도 그 학생들의 담임을 맡는다면 우수한 학생들은 담임의 많은 관심을 받게 되어서 좋을지는 몰라도 담임에게 관심을 받지 못한 학생은 두 해씩이나 소외될 수밖에 없다. 될 수 있으면 모든 학생에게 기회를 주어야 한다. 그래서 담임은 학급을 번갈아 가면서 맡아야 한다. 어느 학생이 어떤 담임을 만나 인생이 바뀔지 모르기 때문이다. 그리고 일이 년 담임을 맡아서 학생들의 인생을 책임질 수 있는 것이 아니다. 학생의 변화 가능성을 지켜보면서 교육했으면 한다.

요사이 교사들은 담임을 맡지 않으려 한다. 흔히 교직 사회에서 담임을 3D 업종이라고 한다. 오죽하면 담임을 맡게 되면 수당도 주고, 전보와 승진 가산점을 주겠는가? 진짜 담임을 하지 않으면 편하다. 그러나 아직은 담임을 맡지 않으면 허전할 것 같다.

 청소년에게
시를 읽히자

지난주에 복효근 시인이 학생들과 함께 시 이야기를 나누고 다녀갔다. 복효근 시인 강좌가 있기 전에 학생들에게 중학교 교과서에 실린 복효근 시인의 시를 보여 주었다. 그리고 시 낭송 시간을 가졌다.

안개꽃

꽃이라면
안개꽃이고 싶다

장미의 한복판에
부서지는 햇빛이기보다는
그 아름다움을 거드는
안개꽃이고 싶다

나로 하여

네가 아름다울 수 있다면

네 몫의 축복 뒤에서

나는 안개처럼 스러지는

다만 너의 배경이어도 좋다

마침내는 너로 하여

나조차 향기로울 수 있다면

어쩌다 한 끈으로 묶여

시드는 목숨을 그렇게

너에게 조금은 빚지고 싶다.

누구나 읽으면서 쉽게 이해되는 글이다. 그러면서도 감동을 주는 글이다. 안개꽃에서 사랑을 불러내는 것은 시인이다. 시인은 참 멋지다. 또 한 편의 시를 소개한다.

토란잎에 궁구는 물방울 같이는

그걸 내 마음이라 부르면 안 되나

토란잎이 간지럽다고 흔들어 대면

궁글궁글 투명한 리듬을 빚어내는 물방울의 둥근 표정

토란잎이 잠자면 그 배꼽 위에

하늘 빛깔로 함께 자고선

토란잎이 물방울을 털어 내기도 전에

먼저 알고 흔적 없어지는 그 자취를

그 마음을 사랑이라 부르면 안 되나

군이 설명을 덧붙일 필요가 없이 시를 읽으면 토란의 이미지가 선명하게 다가온다. 시에서는 알 듯 모를 듯한 사랑을 이야기하고 있다. 두 편의 시를 읽고 낭송하면서 학생들은 복효근 시인을 기다렸다.

최근 복효근 시인은 청소년 시집 《운동장 편지》(창비교육)를 출간했다. 질풍노도의 시기를 겪고 있는 청소년의 일상을 공감하면서 시집을 묶어 냈다. 열여섯 살의 화자가 되어 시인은 이성에 대한 호기심을 표현했다. 두근거림, 설렘을 시로 표현했다. 교실·학교에서 순수한 시대를 이야기하고 있다.

복효근 시인은 시를 인간의 사랑이라고 이야기한다. 시를 통해 우리는 무디었던 감성을 깨운다. 그것은 다름 아닌 '사랑'이란 한 단어로 되살아난다. 요즘 스마트폰과 게임에 빠져 기계 속에서 허우적거리는 우리 청소년들이 감성을 되살릴 수 있도록 시를 접할 기회를 많이 가졌으면 좋겠다고 한다.

《운동장 편지》에 실린 아이들 감정의 편린(片鱗)들은 순수했던 우리 기성세대의 자화상이다. 《운동장 편지》는 교직 생활이 일상이 되어 버린 필자에게도 반성과 함께 그동안의 생활을 되돌아보게 했다. 초임 발령을 받았을 때 나이 든 선배 교사를 보면서 타산지석으로 삼았던 모습들이 이제는 필자의 모습이 되었다.

학생들과 소통, 공감이 갈수록 부족해지고 일상화된 생활이 마음 아프게 다가왔다. 이래서 수업하기 싫다며 승진하는 교사들의 강변도 머릿속을 어지럽게 했다. 〈꿈의 학교〉, 〈선생님은 모르는 것〉, 〈우리가 시험을 치르는 동안〉, 〈정조준〉, 〈어떤 대결〉, 〈자리 바꾸기〉, 〈글쓰기〉, 〈현장체험학습〉 등은 필자 자신에게 학생들이 들려주는 학교 이야기 같았다.

세상 물정 모르고 교직을 시작했을 때 학생들과 부대낄 수 있었던 것이 열정이라면 그런 겁 없었던 때가 그립다. 전교조 출범과 함께 교직을 시작한 필자에게 '참교육'은 심장에 자리 잡은 교육의 화두였다. 이제는 심장을 힘껏 두드려도 박동 소리도 없이 너무 여유롭게 순응하는 생활이 필자의 자화상이 되어 버렸다. 그래서 《운동장 편지》는 필자에게 속삭인다. 공감 능력을 기르라고. 애써 인정하고 싶지 않았지만 《운동장 편지》는 필자가 읽어야 할 시였다는 것을 깨달으며 잠자리에 들었다.

필자는 그날 《운동장 편지》라는 시 내용을 꿈속에서 꾸고 싶었다.

운동장 편지

주말에 눈이 엄청 내렸습니다. 월요일 아침도 먹지 않고 새벽같이 학교로 달려갔습니다. 아무도 지나가지 않은 하얀 운동장에 발자국으로 하트를 그렸습니다. 하늘에서 잘 보이도록 운동장에서 가득하게 하트 안에 내 사랑 '이진성'도 썼습니다. 저런 정성 있으면 그 시간에 공부나 더

하지 하시는 선생님 잔소리는 아무렇지도 않습니다. 하느님은 내 마음 읽어 주셨을 테니까요.

진안, 가슴으로 담다

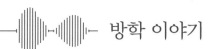 방학 이야기

학생들이 가장 기다리는 것 중 하나가 방학이다. 교사도 마찬가지지만……. 여름 방학이 끝나고 새 학기가 시작되기가 무섭게 학생이 겨울 방학을 언제 하느냐고 물었던 기억이 난다. 방학은 학교생활에서 지친 육체와 정신에 휴식을 선사하는 청량제 같은 제도이다.

실제 여름 방학은 1학기 기말고사가 끝나면서부터 시작되는 분위기이다. 평가도 끝나고 교과 진도도 끝나 가기 때문이다. 이때부터 교사는 방학 때까지 힘든 생활을 해야 한다. 기말 평가가 끝나면 학생들은 모든 것이 끝난 것처럼 도무지 교사의 말을 귀담아듣지 않으려 한다. 왜 귀찮게 하느냐는 표정이고 말투다.

그렇다. 그렇게 기다리던 방학이 되면 나름대로 계획을 세워 보람 있게 생활하는 학생이 있는가 하면, TV나 컴퓨터 게임에 빠져 자유롭다 못해 나태한 나날을 보내는 학생도 있다. 학생이 공부도 않고 빈둥거리면 학부모들은 한시라도 빨리 개학을 했으면 한다. 또한 부모들이 '교사들도 힘들겠구나.'라고 생각할 때가 이때쯤일 것이다. 평상시 부모와 자녀 간의 관계가 좋다가도 방학이 되면 신경전이 벌어지기도 한다. 열성적인 부모는 방학도 하기 전에 학원을 접수해 놓고 계획표를 만들어 학생이 학기 때보다 더 힘든 방학 생활을 보내기도 한다. 이 글을 쓰는 현재, 필자는 보충 수업을 하기 위하여 학교에 와 있다. 방학이 고작 19일간이다. 8월 11일이 개학이다. 고3 수능시험을 위해 2학기를 빨리 시작하는 교육 과정을 편성했기 때문이다. 개학이 빨라도 너무 빠르다. 그마저도 대부분의 인문계 고등학교는 짧은 방학 기간에도 보충 수업이 계획되어 있어 방학이 없어진 지 오래다.

방학은 학교에서 학기나 학년이 끝난 뒤 또는 더위, 추위가 심한 일정 기간 동안 수업을 쉬는 일, 또는 그 기간을 말한다. 우리나라에서는 초·중등학교의 경우 여름 방학은 7~8월을 중심으로 30~35일, 겨울 방학은 1~2월을 중심으로 40~50일, 학기 말의 봄방학은 2월 중에 15일 정도 실시된다.

프랑스 방학은 참으로 부럽다. 일단 프랑스는 월, 화, 목, 금일에 수업이 운영된다. 주 4일제로 운영하는 나라이다. 여름 휴가가 긴 것으로 유명한 프랑스 여름 방학은 보통 7, 8월 두 달간이다. 그리고 9월에 학기가 시작되면 2주씩 4차례의 방학이 시행된다. 10월 만성절 방학, 12월 말 크리스마스 방학, 2월 말 겨울방학, 4월 부활절 무렵 봄방학 등이 그것이다. 특히 프랑스에서는 방학을 학생들이 육체적, 정신적 건강을 위하여 필요한 기간으로 인식하여 이 기간에 충분한 휴식을 취하는 것을 중요하게 생각하는 나라이다. 또한 소득에 따라 학생들의 휴가 기회가 박탈되지 않도록 제도가 마련된 나라이다. 얼마나 부러운 나라인가?

우리나라 방학은 과거 경제적 어려움 때문에 에너지 절약 등을 위한 국가 시책에 따라 여름방학은 짧게 하고 겨울방학을 길게 한 것이 지금까지 관례처럼 굳어져 왔다. 그러나 이제는 학생들이 방학 동안 체험 학습을 많이 할 수 있게끔 여름 방학 기간을 늘려야 할 때가 되었다고 본다. 새 학기를 9월에 시작하는 여러 가지 이유가 있겠지만 여름 방학을 늘려야 하는 이유도 이와 무관하지 않다.

방학은 학생의 건전한 심신 발달을 위하여 필요하다. 그런데 우리나라는 지나친 교육열로 인하여 방학의 의미가 퇴색되어 가고 있는 실정이다. 최근에는 법정 수업일 수만 채우면, 학교의 형편에 따라 신축성 있게 단기 방학, 효도 체험, 가족 현장체험 등을 할 수 있도록 제도화하고 있다. 이를 제대로 활용할 수 있는 사회적 인식도 함께 필요하다.

방학을 이용하여 학업 성과를 이루기보다는 새로운 학기를 준비하기 위한 휴식기로 다양한 체험 활동과 독서 등이 이루어지는 방학이 되었으면 한다.

교장 단임제나 선출보직제가 필요한 이유

　소수점 셋째 자리까지 아주 정밀하게 측정하는 점수가 있다. 그 정밀도가 우주선 만드는 데 필요한 계산이나, 천체를 관측하는 계산에서 필요한 것일지 모른다는 생각을 할지 모르겠지만 그건 아니다.

　그것은 교사가 승진하기 위해 필요로 하는 끝자리 점수다. 믿어지지 않겠지만 사실이다. 그 점수를 따기 위해 교사들은 필사의 전쟁을 벌인다. 초등과 중등이 약간씩 다르기는 하지만 그렇게 큰 차이는 없다. 같은 학교에 근무하는 경우에 동료와 함께 승진할 수가 없다. 그래서 살벌한 '전쟁'이란 단어를 동원했다. 본인이 승진하기 위해서는 다른 동료를 주저앉혀야 하는 현실, 비참하게도 교직에 종사하는 사람이 승진하고자 한다면 채워야 하는 점수가 있는데, 바로 끝자리 0.001점부터 시작된다.

　생각해 보자. 농촌 지역에 근무하는 교사들은 도시와 다르게 어려움에 처해 있는 것이 사실이다. 출퇴근 전쟁, 많은 업무량, 심지어는 신입생 유치까지 동원되어야 하는 현실에 놓여 있으니까. 그러나 이 모든 것이 학생들은 위한다는 명분과는 거리가 있다.

도시로 가지 않고 농촌 지역에서만 근무지를 옮겨 다니는 이유 중 하나가 다름 아닌 승진 때문이다. 소위 농어촌 가산점을 따기 위해서다. 그래서 도시 지역에 비하여 농촌 지역에 승진하려는 교사가 집중되어 있다. 그러다 보니 학교 내에서 승진 경쟁이 치열할 수밖에 없고, 학생들을 위한 진정성 있는 교육이 될 턱이 없다. 학부모 입장에서는 불안함을 떨치지 못하고 농촌을 떠나가는 것이다.

교직 사회는 12월이 되면 인사에 반영할 필요 서류를 제출한다. 당연히 승진 대상자들도 인사 서류를 제출해야 함은 물론이다. 승진을 준비하는 교사는 서류를 제출하는 순간까지도 승진 점수를 소수점 셋째 자리까지 계산하고 있다. 경쟁자의 점수를 파악하기 위하여 안절부절못하기도 한다. 진안의 경우 매년 2월에 있는 교원 인사에서 초미의 관심지는 용담중과 송풍초등학교다. 갈 수만 있으면 용담중과 송풍초로 가고자 한다. 왜 그토록 선호하는 것일까? 벽지여서 승진에 필요한 점수를 더 받을 수 있기 때문이다. 교사가 학교를 옮기는 이유가 학생들을 위한 게 아니라 승진하는 데 초점이 맞춰져 있다. 왜 승진하느냐고 물으면 당당히 수업하기 싫어서라고 대답하는 교사도 있다는 점을 부인하기 어렵다. 이런 풍토는 진안 지역만이 아니고 전국적인 추세다. 따라서 승진 체계를 획기적으로 바꾸는 작업이 필요하다. 교장 단임제나 선출보직제가 그 대안이며 교사뿐만 아니라 교장까지도 평가제를 도입해야 한다는 생각이다. 다른 한 가지는 교직 사회에 대한 믿음과 교사를 존중하는 풍토가 필요하다. 그래서 평교사라 하여도 교직 사회뿐만 아니라 지역 사회에서 자부심을 가지고 생활할 수 있도록 해야 한다. 교직 사회의 민낯이나 다름없는 이야기를 토로하게 되어 오늘도 소수점 셋째 자리까지 점수를 계산하고 계시는 선생님들께 정말 송구하다.

장학사와 교장, 교감 수업

요즘 교육 대학이나 사범 대학 합격점이 매우 높다. 현재 직면한 우리 나라 현실을 반영한 모습이란 생각이 든다. 졸업 후 그렇게 어렵다는 교원 임용 고시에 합격하여 교단에 서는 이유는 학생을 가르치며 보람을 찾고자 함일 것이다. 그런데 우리 교직 사회는 어느새 수업보다 승진에 열중이다. 절대 그럴 리 없겠지만 승진하는 목적이 수업을 하지 않기 때문이란 이야기도 있다. 어느 교육감 공약 중 하나가 '장학사 참여 시범 수업 실시'를 한다는 내용이 있어 많은 교사의 관심을 불러일으킨 적이 있다. 장학 협의를 할 때 장학사가 교사의 수업을 참관하는 것이 아니라 시범적으로 장학사가 직접 수업을 실시한다는 것이다. 교직의 선배로서, 앞서 승진한 장학사라면 당연히 해야 할 본연의 업무 중 하나가 시범 수업을 잘해 내는 것이라고 본다. 시범 수업이 곤혹스럽다 해도 장학사 승진을 포기하지 않는 게 학교 현장 분위기이다. 물론 교육자라면 어느 위치에 있든 연수와 자기 수업 점검을 철저히 해야 함은 당연하다.

오래전 일이지만 장학 협의할 때 시범 수업을 한 장학사를 목격한 적이 있었다. 새내기 교사가 먼저 시범 수업을 하게 되었다. 새내기 교사는 지켜보는 장학사의 시선 때문인지 평소와 다르게 주눅 든 모습이었다. 이를 본 장학사가 나서서 수업을 진행하게 되었던 것이다. 아주 드문 일이긴 했지만 장학사가 직접 본을 보인 경우이다.

시범 수업을 잘하는 교사는 여러 가지 이유로 시범 수업을 자주 하게 된다. 잦은 시범 수업은 해당 교사나 수업에 참관하는 교사는 그렇다 쳐도, 학생들에게 고통을 주는 일이다. 특히 시범 수업은 어느 정도 연습(?)을 하고 진행된다. 심하면 평상시 수업을 전폐하다시피 하고 시범 수업을 준비하는 하는 교사도 있다. 시나리오에 의해 학생이 배우가 되고 감독에 의해 이미 알고 있는 내용을 연기해야 하는 인형 같은 학생들에 대한 배려가 필요하다. 학생들은 얼마나 밋밋하고 재미없을까. 그렇게 해서 잘한다는 소리를 듣는 것이 자랑스러울까? 수업은 적어도 재미있어야 한다. 학생이 관객이 되고 배우가 되었을 때 교사인 감독은 적어도 학생에게 즐거움과 배움의 기쁨을 주어야 한다. 그렇지 못한 수업이라면 학생들에게 고통이다. 수업은 그야말로 교사와 학생과의 의사소통을 하는 중요한 매개체이다. 이런 과정 속에서 교사와 학생 간의 신뢰가 쌓이고 스승과 제자라는 관계도 형성된다고 생각한다.

경기도 교육청에서 신선한 소식이 전해졌다. 9시 등교로 학교 교육의 정상화를 시작한 이재정 교육감이 교장과 교감도 자발적으로 수업에 참여하자고 제안한 것이다. 그렇다. 교장, 교감도 교원으로서 수업에 참여해야 한다. 교육법상 교장, 교감 모두 학생을 교육하는 것이 본연의 임무로 되어 있다. 일주일에 3~6시간 정도로 시험과 관련 없는 과목 시간에 인성 교육이나 특강을 담당하면 좋을 것 같다는 것이다. 교장, 교감도 교무 회의를 열어 교사들에게 뭔가 단순 전달만 할 것이 아니라 학생에게 직접 교육적 소신과 인생의 귀한 경험과 가치를 전달한다면 얼마나 좋겠는가. 우리나라 교육계에서는 승진하면 교육행정만 담당하게 되면서 학생과 멀어지게 된다. 학교 현장에서 교장, 교감이 교실에서 학생들과 함께 수업을 진행한다면 학교 운영은 물론이고 더 나아가 존경과 사랑을 받을 것이라 확신한다.

현재 교장, 교감이 수업에 참여하여 교사의 애로점을 해결해 주고 학생들과 소통하면서 모범적으로 운영하는 학교도 있긴 하다. 교장, 교감이 되어 수업을 하면, 해서는 안 될 일이라도 한 것처럼 생각해서는 절대 안 된다. 물론 그렇게 생각하는 교장, 교감은 없을 것이다. 내년 3월부터 전북의 학교 현장에서 교장, 교감의 수업 광경을 상상해 본다.

교사로 산다는 것은?

초임 발령을 부안고등학교로 받고 교직 생활을 시작한 지가 벌써 20년이 넘었다. 수많은 일이 있었지만 아직 잊지 못하는 여러 일들이 있다.

교직 생활을 하면서 눈시울 뜨겁게, 마음으로 반갑게 받은 몇 번의 촌지(?)가 기억난다. 초임지 부안고등학교에서 3학년 담임을 맡아 대학 원서를 쓸 때였다. ○○은 무척 성실하고 착실한 녀석이었는데, 충남대 공업교육과에 원서를 써 달라는 것이었다. 점수가 되지 않아 그곳은 힘들다고 하니 제 소원이니 써 달라고 한다. 그러면 어머니를 모시고 오라고 했다. 다음 날 오신 어머니는 ○○의 소원이니 써 달라고 부탁한다. 자식에 대한 애틋한 애정 표현이었으리라. 어머니는 나를 교무실 밖으로 부르더니 주머니에서 꼬깃꼬깃 접힌 몇 장의 천 원짜리 지폐를 꺼내 내 손에 쥐어 주었다. 한사코 받지 않겠다고 하니 서운함이 컸던지 눈시울까지 붉어졌다. 마음으로만 받아들였다. 졸업 후 ○○는 취직을 했고, 뒤늦게 대학을 다녔다. ○○이 언젠가 사계절 출판사에서 나온 《역사 신문》

진안, 가슴으로 담다

을 보내왔다. 그 책 속에는 쪽지가 들어 있었다.

세속적인 빛에 가리어 소중하고 귀한 것들을 잃어 가고 있는 지금, 잠시나마 선생님을 생각합니다. 형식적으로 선생님을 생각하는 것 같아 죄송한 마음이 드네요. 작년 12월 만남 이후 반년이 흘러가고 있죠. 만남을 기약하며 건강하시길 빕니다. 앞으로 할 수 있는 모든 분야에서 열심히 공부하고 바른 사람으로 살아가겠습니다. 늘 가정에 평온과 행복이 가득하시길 제자가 바랄게요.

제자 ○○○ 올림

　내가 스승의 날에 받은 최고의 선물이었다. 이래서 교사로 사는 것이 아닐까?

　또 다른 잊지 못할 일은 진안에서 근무하면서였다. 책 읽기를 좋아하는 녀석이었다. 조금은 엉뚱한 구석이 있었고 순진한 녀석이었다. 지금은 열심히 전자 제품 대리점에서 근무하면서 가끔씩 전화를 해 안부를 묻는 녀석이다. 학생 시절 담임인 내게 다가와 종례 끝나고 사거리에서 기다리고 있을 테니 잠시 그곳으로 오라는 것이었다. 사거리로 가자 그 애는 가방 속에서 비닐 주머니를 꺼냈다. 그 속에는 예쁘게 익은 살구가 옹기종기 모여 있었다. 그의 마음을 읽을 수가 있었다. 선생님만 먹으라는 소박한 그의 마음이었으리라. 올해도 스승의 날 무렵에 전화가 왔다. 교사는 이런 보람으로 살아가는 것이 아닐까?

　진안에서 교직 생활을 하면서 가르친 몇 명의 제자가 결혼을 할 때 주례를 보면서 가슴 한편에는 뿌듯함도 있었지만, 앞으로 교직 생활을 하는 동안은 더 열심히 학생들과 함께해야겠다는 다짐을 새로이 하는 계기가 되었다.

교사는 아이들과 부딪히며 희망을 주고 대신 보람을 먹고 사는 존재가 아닌가? 그래서 나는 오늘도 자전거를 타고 힘차게 출근하고 있는 것이 아닌가?

진안, 가슴으로 담다